대순진리회 신앙론

대순진리회 신앙론

초판 2쇄 2013년 9월 10일 | 출판등록 · 제300-2008-40호
지은이 · 이경원 | 펴낸이 · 김기창 | 펴낸곳 · 도서출판 문사철
표지디자인 · 정신영 | 본문디자인 · 최은경
주소 · 서울 종로구 명륜동 2가 93번지 두리빌딩 206호 | 전화 · 02-741-7719
팩스 · 0303-0300-7719 | 홈페이지 · www.lihiphi.com | 이메일 · lihiphi@lihiphi.com
ISBN · 978-89-93958-54-6

* 이 저서는 2012학년도 대진대학교 학술연구비 지원에 의한 것임

* 값은 뒤표지에 있습니다.

대순진리회 신앙론

이경원 지음

도서출판문사철

책머리에

한국종교로서의 대순진리회는 구한말의 대종교가(大宗敎家)이신 강증산(姜甑山; 1871~1909) 성사(聖師)의 역사적 생애를 근거로 하여, 이 분이 곧 강세하신 구천상제이심을 신앙하고 있는 굴지의 민족종단이다. 상제께서는 이조말엽에 극도로 악화한 종교적·정치적·사회적 도탄기(塗炭期)를 당하여 음양합덕(陰陽合德) 신인조화(神人調化) 해원상생(解冤相生) 도통진경(道通眞境)의 대순진리를 선포함으로써 정치적 보국안민(輔國安民)과 사회적 지상천국(地上天國)을 실현하시고자 하였다. 이에 상제께서는 40년간에 걸쳐 순회(巡廻)주환(周環)하시며 삼계공사(三界公事)를 행하시고 화천(化天)하시었으니 오늘날 대순진리회에서는 상제를 구천응원뇌성보화천존강성상제(九天應元雷聲普化天尊姜聖上帝)로 신앙하고 있는 것이다. 대순진리회의 창설과 역사적 발전은 이와 같은 상제님의 강세와 그 진리에 따른 결과라고 할 것이다.

오늘날 대순진리회의 교리와 사상은 대순종학(大巡宗學)이라는 학문의 범주에서 새롭게 연구되고 가치가 드러나고 있다고 해도 과언이 아니다. 비록 신생학문으로서 연구기반이 약하고 아직까지 많은 연구자를 배출하지는 못했지만 그 사상적 깊이와 연구의 범위는 실로 무궁무진하다고 할 수 있다. 하나의 신학(神學)이 포괄하는 범위가 학문의 전 영역에 미치듯이 대순종학 또한 인문 사회 나아가 과학 및 예술에 이르기까지 폭넓은 연구의 가능성을 지니고 있다. 더구나 오늘날의 학문이 통섭(統攝)을 부르짖고 새로운 미래를 주장하는 분위기 속에 대순종학이 지닌 학문적 가치는 더욱 중요하다고 본다. 하나의 신앙을 배경으로 하는 학문으로서 21세기를 살아가는 인류를 위해 신사고(新思考)와 신인간(新人間) 그리고 신세계(新世界)의 모습을 제시하는 대순진리야말로 모든 학자들의 관심을 끌기에 충분하기 때문이다. 대순진리회는 이런 점에서 한국의 신종교(新宗敎)로 각인되기도 한다. 대순종학의 과제는 대순진리회의 신앙을 긍정하고 그 교리적 가치와 이해를 기반으로 하여 건전한 지성에 도달하고자 한다는 점에서 무엇보다 신앙인들의 관심과 학자 제현(諸賢)의 노력이 요구되고 있다.

대순종학의 제 분야에서 가장 먼저 다루어야할 부분이 있다면 그것은 신앙론에 관한 것이다. '신앙'의 문제는 하나의 종교현상을 규정하는 본질적인 내용을 담고 있으며, 종교문화 그 자체로서 시작과 끝을 관통하는 것이다. 어떤 학자는 '종교'라는 단어 대신에 '신앙'이라는 단어를 사용할 것을 주장하기도 한다. 따라서 대순진리회 신앙의 본질에 관하여 논구하는 것은 대순종학의 이해에 있어서 그 출발점이 될 수 있는 것이다.

본서에서 다루고자 한 것은 대순진리회 신앙을 근거로 하여 그 체계적인 이해를 목표로 한다. 기본적으로는 종단문헌『대순지침』에서 밝힌 바 "대순진리의 신앙을 바르게 깨쳐나가도록 교화하라"는 박우당 도전님의 말씀을 토대로 하여 그 각각의 항목이 가지고 있는 위상을 밝히고자 하였다. 이것은 곧 본서의 구성이기도 하다. 먼저 본서의 1장에서는 신앙의 대상에 관한 문제로서 '강세하신 강증산이 구천상제이심'을 논하고 있다. 여기서는 우리 겨레의 신앙적 전통과 관련하여 최고신에 대한 관념이 현실화되는 사건으로서 강증산 구천상제의 주요 역사를 살펴보고자 하였다. 2장에서는 신앙의 진리에 관한 문제로서 '상제께서 천하를 대순하시고 광구천하 광제창생으로 지상선경을 건설하시고자 인세에 강세(降世)하셔서 전무후무한 진리의 도(道)를 선포하셨다'는 말씀에 근거를 두고 있다. 즉 상제께서 선포하신 진리는 9년간의 천지공사(天地公事)를 통해 드러났으며, 이것이 오늘날 종단의 종지(宗旨)로써 확립되어 있는 바 그 사상적 가치를 밝히고자 하였다. 3장에서는 신앙의 실천에 관한 문제로서 '해원상생·보은상생의 양대 진리가 마음에 배고 몸으로 행하도록 하여야한다'는데 근거를 두고 있다. 여기서는 하나의 실천적 진리로서 '해원상생'의 이론적 특징을 밝히고 또한 그 실천방법론에 대해서 논하고자 하였다. 4장에서는 신앙의 경전으로서 '전경(典經)'의 특징과 그 구성 체계를 논하고 있다. 『대순지침』에 따르면 '대순진리는 전경(典經)을 근본으로 하여 참다운 도인이 되도록 교화하여야 한다'고 하였다. 대순진리회 신앙체계에 있어서 이러한 경전의 문제는 빠트릴 수 없는 주요한 축이 되고 있음을 알 수 있다. 끝으로 제5장에서는 앞에서 다루어온 신앙의 제 문제에 대하여 각각 종교적 특징이 될 만한 내용으로 오늘날 대순진리회 신앙의 가치를 밝히고자 하였다.

본서를 출판하면서 필자는 종단의 많은 원로 수도인들과 연구자

분들에게 송구한 마음을 금할 수 없다. 구천상제님의 위대한 진리의 역사 앞에서 모래알보다도 작은 지식으로 감히 이론을 논하는 것이 어불성설이 될 수밖에 없다는 것을 알면서도 이렇게 한권의 책을 내놓을 수밖에 없는 것은 학자가 짊어진 멍에 때문이다. 어느 신학자의 말처럼 '이해를 필요로 하는 신앙'이라는 과업 앞에서 학자의 사명은 결국 책을 쓰는 것으로써 도리를 다할 수밖에 없다는 것이다. 이것은 결코 지적인 유희가 될 수 없으며 질책으로써 진리에 한 발짝 더 다가가기 위해서이다.

본서가 나오기까지 우선 필자의 거친 원고를 마다않고 처음부터 끝까지 읽고 꼼꼼하게 교정을 봐주신 대순진리회 교무부 연구위원 분들께 이 자리를 빌려 감사드린다. 본인들의 각별한 사양으로 일일이 이름을 거명하지 못하는 것을 안타깝게 생각하며 동학으로서 은혜에 보답할 기회를 가질 수 있기를 기대해본다. 또한 필자가 속한 대순종학과에는 오로지 학구열로 똘똘 뭉친 동료 교수님들과 학생들이 있다. 필자에게 언제나 자극이 되고 분발할 수 있도록 힘을 주는 사람들이다. 지면을 통해서라도 무한한 감사와 사랑의 마음을 전하고 싶다. 끝으로 어려운 출판환경에서도 양서발간을 위해 노력하시면서 본서의 출판을 배려해주신 문사철의 김기창 사장님께 심심한 감사를 드린다.

2012년 8월
왕방산의 늦여름을 바라보며
이경원

차례

- 책머리에   5

서론 ·········· 11
    1. 대순의 의미   11
    2. 신앙의 의미   12
    3. 대순진리회 신앙의 성립   15
    4. 대순진리회 신앙의 체계   16

제1장 신앙의 대상 – 구천상제론 ·········· 27
    1. 한국전통의 상제신앙   27
    2. 대순사상의 신관념 체계와 구천상제   37
    3. 선천의 진멸지경과 상제의 강세   54
    4. 강증산 구천상제의 역사적 생애   66
    5. 상제의 화천과 대순신앙의 정립   82

제2장 신앙의 진리 – 천지공사론 ·········· 96
    1. 천지공사의 개요   96
    2. 천지공사의 구조   100
    3. 천지공사의 사상적 특질   109
    4. 천지공사의 이념으로서의 대순종지   118
    5. 천지공사의 교학적 함의   143
    6. 부록: 천지공사의 종교적 상징체계   146

제3장 신앙의 실천 - 해원상생론 ········ 180
   1. 해원론   181
   2. 상생론   217
   3. 해원상생의 실천방법론   254

제4장 신앙의 경전 - 전경론 ········ 274
   1. 전경의 개요   274
   2. 전경의 구성 및 주요내용   278

제5장 대순진리회 신앙의 특징 ········ 294
   1. 권화적 인격신관   294
   2. 미래지향적 진리관   300
   3. 자력과 타력신앙의 조화   306
   4. 경전의 통전적 성격   311

■ 찾아보기   319
■ 저자약력   324

서론

1. 대순의 의미

대순진리회 신앙의 이해에 있어서 가장 먼저 접하는 단어는 바로 대순(大巡)이다. 이는 물론 종단 대순진리회의 명칭에서도 사용되고 있거니와 종학(宗學)의 세부 분야에서 두루 통용되는 용어이다. 대순종단의 고유한 사상을 담고 있으면서 대순종학의 출발점이 되는 이 용어에 대해서는 각별한 이해가 요구되고 있다.

기본적으로 '대순'은 한문 고전에 근거를 두고 있으나 오늘날 종단에서 이 용어를 사용한 것은 『전경』의 다음 구절들에서 비롯되고 있다.

첫째는 "…원시(原始)의 모든 신성(神聖)·불(佛)·보살(菩薩)들이 회집(會集)하여 인류(人類)와 신명계(神明界)의 겁액(劫厄)을 구천(九天)에 하소연 하므로 내가 서양(西洋) 대법국(大法國) 천계탑(天啓塔)에 내려와 천하(天下)를 대순(大巡)하다가 이 동토(東土)에 이르러…"(교운1-9)이다. 여기서 대순이란 곧 최고신 '구천상제'의 강림(降臨)을 가리키고 있다

둘째로 대순은 "…나는 서양(西洋) 대법국(大法國) 천계탑(天啓塔)

에 내려와 천하(天下)를 대순(大巡)하다가 삼계대권(三界大權)을 갖고 삼계(三界)를 개벽(開闢)하여 선경(仙境)을 열고 사멸(死滅)에 빠진 세계(世界) 창생(蒼生)을 건지려고…"(권지1-11)라고 하여 상제께서 행하신 천지공사의 대역사(大役事)를 나타내는 말이다.

셋째로 "공우(公又)가 삼년(三年)동안 상제(上帝)를 모시고 천지공사(天地公事)에 여러 번 수종(隨從)을 들었는데 공사(公事)가 끝날 때마다 그는 「각처(各處)의 종도(從徒)들에게 순회(巡廻)·연포(演布)하라」는 분부(吩咐)를 받고 「이 일이 곧 천지의 대순(大巡)이라」는 말씀을 들었도다."(교운1-64)라고 한 것은 대순이 상제의 천지공사에 따른 모든 신앙적 실천을 담고 있음을 말한 것이다.

이상에서와 같이 '대순'이란 종단의 신앙대상인 구천상제의 역사(役事)를 총괄하면서 상제께서 행한 천지공사와 그에 따른 신앙 행위를 아우르는 고유한 용어임을 알 수 있다. 오늘날의 종단에서는 이와 같은 대순의 의미에 입각하여 모든 신앙 활동이 이루어지고 있으므로 그 대순을 인용하여 종단의 명칭으로 사용하고 있는 것이다.

2. 신앙의 의미

'신앙(信仰)'이라는 단어는 주로 하나의 종교현상에 있어서 그 구성원들의 일정한 태도와 성향을 일컫는 말이다. 본래 한자단어는 불교고전에 언급되어 있지만,[1] 그 유래는 영어 '훼이쓰(faith)'에 대한 번역어로 사용된다. 영어의 기원이 되는 라틴어에서는 '휘데스(fides)'라고 하여 '믿다', '신뢰하다'(trust)의 뜻을 지니고 있다. 즉 무언가를 '믿는다'고 할 때 여기에 따른 모든 행동 양태를 총괄하여 '신앙'이라고 부르는 것이다.

신앙의 개념에 대해서는 종교적으로 또는 학문적으로 많은 논의가 있어왔다. 기독교 전통에 있어서 신앙은 '하느님과 인간의 올바른 관계'를 말하며, 불교에서는 'ŚRADDHĀ'라고 하여 불타에 대해 바치는 행동을 말한다. 정토불교에서 '정토(淨土)'는 흔히 'The way of faith'로 알려져 있다. 이슬람에서 '신앙'에 해당하는 ĪMĀN은 때때로 이슬람(islām=allegiance to God; 신에 대한 충성)의 동의어로 사용된다.[2]

신학자나 종교학자의 경우 '신앙'은 보다 합리적인 의미로 해석되고 있다. 어거스틴은 "신앙이란 인간이 그리스도를 통하여 하늘의 것을 인지하는 것이며 동시에 기독교의 사랑과 하나님의 율법에 대하여 지적으로 그리고 도덕적으로 인식하며 이 모든 것을 가능케 하는 언약에 대한 신뢰이다."라고 하였다.[3] 틸리히(Paul Tillich)의 경우 신앙이란 '궁극적으로 관심지어진 상태'이다.[4] 스미스(W. C. Smith)는 신앙에 대해 '종교'와 구분하면서 '하나의 활동적 성질로서 개인 인격체를 맡기는 행위, 그리고 그것에 의해서 개인 인격체가 자신의 창조주와 그의 동료들과 역동적 관계에 사로잡히게 되는 어떤 것'이라고 하고, '신앙은 초월적인 것을 볼 수 있는 능력이며 또 그것에 응

---

1 화엄경 14에 "人天의 等類가 信仰을 같이 한다"고 하였다. 「一切仙人殊勝行 人天等類同信仰 如是難行苦行法 菩薩隨應悉能作」
2 *The Oxford dictionary of world religions*, Oxford university press, 1997
3 『신앙이란 무엇인가』 한국장로교출판사, 2001 참조.
4 Paul Tillich, *Dynamics of faith*, New York: Harper & Row, 1957.

답할 수 있는 능력'이라고 하였다.[5] 종교철학자 힉(John Hick)은 '초월적인 신적 실재에 대한 인간의 응답'이라고 하였다.[6] 마르셀(Gabriel Marcel)의 경우 '신앙이란 삶의 의미를 찾으려는 실존적 결단'이다.[7]

이상에서와 같이 '신앙'의 의미는 다양한 해석이 가능하다. 그 다양성에도 불구하고 대체로 일맥상통하는 특징이 있다면 일단 인간이 주체가 된다는 점이며, 이어서 그 주체로서의 인간이 어떤 궁극적인 대상을 전적으로 신뢰하는 관계에 있어서 취하는 개인적 혹은 집단적 태도를 뜻한다고 본다. 이러한 신앙의 의미는 거의 모든 종교에 대해 적용할 수 있는 보편적인 가치를 지닌 것으로 오히려 '종교'라는 단어를 대체할 수 있을 정도이다. 유신론(有神論)이건 무신론(無神論)이건, 인격적이건 비인격적이건 모든 종교가 어떤 궁극적 실재를 대상으로 하는 한 그에 대한 인간의 반응은 언제나 '신앙' 행위와 관계되어 있다. 무엇보다도 '신앙'은 그 개념의 외연이 넓고 종교문화의 보편적인 현상을 설명하고 있다는 점에서 그 단어가 가진 위상은 날로 새로워지고 있다 하겠다.

---

[5] Wilfred C. Smith, *The Meaning and End of Religion*, Fortress Press, 1991.
[6] John Hick, *God has many names*, Westminster Press, 1982. 「the human response to a transcendent divine Reality which is other than us~」
[7] G Marcel. Journal *Metaphysique(1938~1943) in Presence et Immortalite*, Paris: Flammarion, 1959.

3. 대순진리회 신앙의 성립

우리는 앞서 살핀 '대순'과 '신앙'의 의미를 종합하여 대순신앙 즉 대순진리회 신앙이라고 부를 수 있다. 종단 대순진리회의 신앙은 오늘날 다양한 신앙이 공존하는 가운데 특별히 대순진리의 시각에서 말할 수 있는 신앙의 특수한 양태를 나타낸다.

그렇다면 이와 같은 대순진리회 신앙은 역사적으로 어떤 단계를 거쳐 성립되었는가. 오늘날의 종단기원은 한국역사에서 서기 1871년으로 거슬러 올라간다. 이때는 구천상제께서 여러 신성·불·보살들의 호소와 청원으로 인해 인세(人世)에 대강(大降)하신 해이다. 상제께서는 당신이 지니신 절대 권능으로 9년간에 걸친 천지공사(天地公事)를 단행하였으며, 이로써 어떤 원울(冤鬱)과 번뇌(煩惱)도 없는 무한한 지상선경의 낙원을 예비하시었다. 천지공사를 확정한 이후에 상제께서는 해탈초신(解脫超身)으로 화천(化天)하시어 구천응원뇌성보화천존(九天應元雷聲普化天尊)의 제위(帝位)에서 무한 무량한 세계를 굽어 살피고 계신다.

이어서 구천상제로부터 천부적인 종통을 계승받으신 조정산(趙鼎山) 도주(道主)께서는 상제의 진리를 핵심적으로 요약하였으며, 종지와 신조 그리고 목적이라는 체계 속에 그 신앙을 표현하였다. 50년 공부(工夫) 종필(終畢)로써 사명을 다하신 도주께서는 그 종통을 도전(都典) 박우당(朴牛堂)에게 전수하셨으며, 이로써 오늘날의 종단 대순진리회가 창설되었다. 도전께서는 1969년에 새로운 종단을 창설하여 건전하고 참신한 종교활동을 지속적으로 전개하였으며, 오늘날에 이르기까지 그 위업이 존숭되고 계승되고 있다.

이처럼 대순신앙은 구천상제의 강세로부터 비롯되어 조정산 도주, 박우당 도전으로 이어지는 종통계승의 관계에서 본격적으로 형성 발전되었다고 할 수 있으며, 오늘날 수많은 수도인들의 실천과 노력으로 그 가치가 발휘되고 있다.

4. 대순진리회 신앙의 체계

하나의 신앙을 체계적으로 이해한다는 것은 그것을 구성하는 주요 요소를 발견하고 이것이 각각 신앙의 전체를 구성하는데 있어서 어떤 의미를 지니는지를 살펴보는 것이다. 대순신앙의 체계를 이루는 주된 항목에는 여럿이 있을 수 있지만 여기서는 신앙의 대상, 신앙하는 진리, 신앙의 실천원리, 신앙의 근거로서의 전경 등으로 나누어 고찰해보기로 한다. 이러한 분류근거는 대순종단의 핵심문헌인 『대순지침』의 가르침에 따르고 있다.

즉 『대순지침』에서는 "대순진리의 신앙을 바르게 깨쳐 나가도록 교화하라"고 하고 다음의 네 가지 항목으로 이를 설명하고 있다.[8]

(가) 강세하신 강증산(姜甑山)이 구천상제이심을 분명히 일깨워 주어야 한다.

(나) 상제께서 천하를 대순하시고 광구천하·광제창생으로 지상선경을 건

---

8 대순진리회 교무부 발간, 『대순지침』, 대순진리회 출판부, 1984, p.17.

설하시고자 인세에 강세(降世)하셔서 전무후무한 진리의 도(道)를 선포하셨다.

㈐ 해원상생·보은상생의 양대 진리가 마음에 배고 몸으로 행하도록 하여야 한다.

㈑ 대순진리는 『전경(典經)』을 근본으로 하여 참다운 도인이 되도록 교화하여야 한다.

이상의 네 가지 지침에 입각하여 개별항목이 의미하는 바를 중심으로 신앙의 체계를 살펴보기로 하겠다.

1) 신앙의 대상 - 구천상제九天上帝

신앙론에 있어서 하나의 출발점을 이루고 있는 이 항목은 모든 종교 발생의 근간이자 궁극적인 실재로서의 위상을 지니고 있다. 신앙이란 그 개념상 일정한 '내(內)적 지향성'을 갖는 것을 말한다. 현대의 종교 정의에 있어서도 '어떤 궁극적인 것에 관심지어진 상태'를 말하기도 하므로 이러한 신앙의 대상은 해당 종교의 중심에 있으면서 언제나 인간의 이상적인 지향대상이 된다. 기본적으로 신앙대상은 궁극적인 속성을 지닌 만큼 인간의 한계를 넘어선 초자연적이고 영원하며 무한한 존재이다. 모든 종교체험의 가장 중요한 요소도 바로 이와 같은 궁극적인 실재와의 만남에 두고 있다.

여러 종교에서 발견할 수 있는 궁극적 실재의 호칭과 양상은 다양하다. 크게 나누면 비인격적인 '궁극적인 것'과 인격적인 '궁극적인 것'으로 구분할 수 있다. 비인격적인 실재 혹은 신앙의 대상에는 원시사회에서 볼 수 있는 '마나(mana)'가 있으며, 동양의 문명사회에서 일컬어진 법(法), 진여(眞如), 도(道), 리(理) 같은 것을 들 수 있고, 서양에서는 로고스(Logos), 유일한 것(Hen), 실체 같은 것이 있다. 인격적이면서 궁극적인 실재는 비인격적인 것에 비해 인간과의 소통이 가능하다는 점에서 보다 인간적인 성질이 있는 것을 말한다. 예를 들면 유대교의 야훼(Yahweh), 기독교의 신(God), 이슬람교의 알라(Allah), 힌두교의 시바(Siva), 유교의 천(天)·상제(上帝), 도교의 천존(天尊), 우리 민족의 하느님 등이 그것이다.

특별히 하나의 종교를 판단하는 데 있어서 그 신앙의 대상이 인격적이냐 아니냐가 그다지 중요한 잣대가 될 수는 없다. 왜냐하면 대부분의 오래된 종교는 역사적 발전단계에 있어서 실재가 지니는 인격적인 속성과 비인격적인 속성을 골고루 발휘하고 있기 때문이다. 지역적 특성과 시대적 상황에 따라서 이러한 두 속성은 언제나 신앙인들의 정서와 요구에 부응하여 다양한 면모를 드러낸다고 본다. 하나는 인간의 감성적인 측면에서 요구되는 속성이라면 다른 하나는 인간의 이성적인 측면에서 발견되는 속성이다.

신앙대상으로서 하나의 보편적 의미의 신을 생각할 때, 인간은 기본적으로 자신이 믿는 신과 소통하기를 원한다. 즉 인간은 자신의 마음을 알아주고 지극한 정성에 반응하면서 인간의 어떠한 어려움도 해결해 줄 수 있는 무한한 힘의 소유자를 필요로 한다. 이런 점에서 신은 인격적이어야 한다. 감성을 지닌 인간이라면 누구나 원초적으로 이와 같은 인격적인 속성을 지닌 신을 동경하고 있다고 해도 과언이 아니다. 한편으로 인간은 이성을 지닌 존재로서 인간자신과

이 세계의 존재문제에 대해 깊이 고민하고 반성하는 능력을 가지고 있다. 이에 따라 신의 문제에 있어서도 감성적인 문제에만 국한시키지 않고 인간은 신에 대해 이성적으로 접근하고자 하는 시도를 하였다. 그 결과 신은 인간의 이성적인 추리에 의해 파악되는 하나의 원리적인 특성으로 각인되었으며, 나아가 이 세계를 설명하는 일정한 법칙이나 틀로써 묘사되었다. 이러한 신의 속성은 비인격적인 것이며 보다 철학적인 성격의 신개념에 가깝다고 본다. 역사적으로 동·서양의 철학자들이나 지식인들은 이와 같은 비인격적인 속성을 지닌 신에 대해 규명하고자 노력하였다.

이상과 같이 하나의 신관념 혹은 궁극적 실재는 인격적이거나 비인격적인 속성의 양면을 고루 지니고 있다고 보아야 한다. 신앙의 대상이 되는 존재는 분명 본래의 절대성을 가지고 있는 것이 사실이지만 시대나 사회 환경, 민족적 특성에 따라 그 속성이 달리 드러날 수 있다는 점에서 역사적인 특수성 또한 지니고 있다는 것을 부인할 수 없다. 그럼에도 불구하고 신앙의 대상은 언제나 시대와 사회의 한계를 넘어서고자 한다는 점에서 보편성을 지향한다는 점 또한 간과해서는 안 될 것이다.

대순신앙에 있어서 신앙의 대상은 먼저 그 호칭에서부터 인격적인 속성을 취하고 있다. 즉 '구천상제(九天上帝)'는 동양 고대 한자문화권에서의 인격적인 하느님에 대한 호칭으로서 상제(上帝)의 최고 위격(位格)을 나타내는 말이다. 본래 정식 호칭은 구천응원뇌성보화천존강성상제(九天應元雷聲普化天尊姜聖上帝)로서 우주 최고신의 강세(降世)와 화천(化天)에 따른 역사적 종교체험에 기반을 둔 존칭이다.

이러한 호칭사용의 핵심요지는 바로 "강세하신 강증산이 구천상제이심"을 말하고자 한 것이다.

강증산(姜甑山, 1871~1909)은 역사적 실존인물로서 구한말의 대종교가로 알려져 있다. 그 신이(神異)한 행적과 가르침은 한국 근대 신종교의 활동을 불러 일으켰으니 오늘날에도 수많은 교파들이 있다. 특별히 대순진리회는 조정산(趙鼎山, 1895~1958) 도주(道主)의 득도와 종통계승으로 인한 종교활동이 모태가 되어 현대종교로서의 위상과 면모를 갖추게 되었다. 이 때 대순진리회의 신앙대상은 바로 구천상제이시며, 강증산은 곧 구천상제의 화신(化身)으로 신앙된다. 강세하신 강증산께서 구천상제이심은 역사 속의 인물인 증산이 초역사적인 최고의 신격으로 신앙됨을 의미한다. 이러한 신앙의 배경에는 분명 증산의 생애에서 주목되어야만 하는 구체적인 사실(史實)이 있었음을 짐작할 수 있다. 그것을 이름하여 '천지공사(天地公事)'라고 한다. 강증산은 천지공사를 통해 구천상제로서의 본성을 보여주었으며 많은 종도(從徒)들로 하여금 당신의 존재를 자각하게끔 하였다. 이에 사람들의 증언과 전승된 기록에 의하여 '인간 강증산'은 '최고신 구천상제'로 신앙되었으며 그 핵심 역사에 해당하는 '천지공사'에 관한 문제는 구천상제 신앙의 주요한 근거가 되고 있다.

2) 신앙의 진리 - 천지공사天地公事

신앙의 진리란 곧 신앙대상인 구천상제를 그렇게 신앙하게 되는 이유로서의 진리가 있다는 말이다. 이는 곧 신앙대상이 그만한 절대성을 지니고 있다는 사실을 뒷받침할만한 역사적 근거를 밝히는 문제이다. 여기서 언급되어야만 하는 것이 바로 '천지공사'다.

천지공사란 구천상제께서 진멸지경(盡滅之境)에 빠진 인류와 창생을 구제하기 위해 행하신 삼계(三界) 개벽공사(開闢公事)를 말한다. 구천상제께서는 삼계대권(三界大權)이라고 하는 절대 권능의 소유자로서 전 우주를 다스리는 천존(天尊)이시며 하느님이시다. 상제께서는 모든 신성·불·보살들의 호소와 청원으로 인해 서양 대법국 천계탑에 내려와 천하를 대순(大巡)하였으며, 마침내 한국 땅에 강세하시어 당신의 존재를 드러내고 또 창생을 구제하기 위한 주된 역사(役事)를 행하셨다. 오늘날 『전경』을 통해 확인할 수 있는 상제의 대공사는 「공사」편에 자세히 기록되어 있다. 그 대표적인 구절을 인용하면 다음과 같다.

> 상제께서 "선천에서는 인간 사물이 모두 상극에 지배되어 세상이 원한이 쌓이고 맺혀 삼계를 채웠으니 천지가 상도(常道)를 잃어 갖가지의 재화가 일어나고 세상은 참혹하게 되었도다. 그러므로 내가 천지의 도수를 정리하고 신명을 조화하여 만고의 원한을 풀고 상생(相生)의 도로 후천의 선경을 세워서 세계의 민생을 건지려 하노라. 무릇 크고 작은 일을 가리지 않고 신도로부터 원을 풀어야 하느니라. 먼저 도수를 굳건히 하여 조화하면 그것이 기틀이 되어 인사가 저절로 이룩될 것이니라. 이것이 곧 삼계공사(三界公事)이니라"고 김 형렬에게 말씀하시고 그중의 명부공사(冥府公事)의 일부를 착수하셨도다.[9]

---

[9] 대순진리회 교무부『전경』공사1-3.

여기서 천지공사란 '천지의 도수를 정리하고 신명을 조화하여 만고의 원한을 풀고 상생(相生)의 도로 후천의 선경을 세워서 세계의 민생을 건지는 일'이다. 이를 위해서 상제께서는 전 생애에 걸쳐 허다한 풍유(諷諭)와 암시(暗示)로써 혹은 권능(權能)과 조화(造化)로써 이적(異蹟)을 보이고 만고(萬古)의 위대한 진리를 선포하였으니 곧 대순진리이다.

상제께서 선포하신 진리는 오늘날 대순진리회의 종지로 요약되고 있다. 즉 '음양합덕(陰陽合德)' '신인조화(神人調化)' '해원상생(解冤相生)' '도통진경(道通眞境)'이 그것이다. 이 진리는 전대 미증유(未曾有)의 유일무이한 사상으로서 모든 사람이 이를 수행함에 의해 우리가 사는 세계가 개벽되고 또한 지상천국이 건설될 수 있다고 본다.

이처럼 상제께서 이룩하신 천지공사와 대순진리로 인해 비로소 인류가 소망하는 낙원의 선경(仙境)이 도래하게 되었으며, 해탈초신(解脫超身)으로 화천(化天)하시어 다시 천존(天尊)의 제위(帝位)에 복귀함으로써 무한 무량한 세계를 굽어 살피시고 있다는 사실을 신앙의 진리에서 밝히고 있는 것이다.

3) 신앙의 실천 - 해원상생解冤相生

모든 신앙은 그것이 단지 관념에만 머물지 않고 어떤 형태로든 표현되고자 한다. 가장 자연스러운 형태로는 인간의 종교적인 실천문제를 생각해볼 수 있다. 이와 같은 실천에 있어서 원리가 되는 것을 꼽으라 한다면 바로 '해원상생(解冤相生)'이 될 것이다. 아울러 '보은상생(報恩相生)'은 해원상생의 연장선상에서 일컬어지는 실천개념이다.

해원상생은 이미 대순진리회의 종지이면서 하나의 실천원리가 되는 것이다. '해원'의 진리는 구천상제께서 9년간에 걸쳐 천지공사를 진행하였던 주된 방향이다. 모든 공사는 해원(解冤)을 위주로 하였으며 이어서 보은(報恩)으로 종결하였다. 여기서 해원과 보은은 천지공사의 양대 원리이자 실천이념이 된다.

'상생(相生)'은 새로운 후천(後天) 문명을 지배하는 평화의 원리이다. 하나의 실천윤리이면서 모든 만물과 사람의 존재원리가 되는 것이기도 하다. 이것은 이전의 상극(相克)원리와는 정반대이다. 상극은 모든 만물과 사람이 이기적인 경쟁을 하며 상호 투쟁하는 대립의 원리를 말한다. 인류의 역사는 이러한 상극에 의해 오랜 선천(先天)의 세월동안 온갖 전쟁과 재앙을 겪어왔다. 하지만 후천의 상생원리가 지배하게 되면 모든 만물과 사람은 오직 서로를 위해서 존재하며 서로에게 혜택만을 주는 관계가 되어 영원한 평화가 도래하게 된다. 따라서 해원상생과 보은상생은 후천선경을 건설하는 진리이자 실천수행의 원리임을 밝히고 있다.

『대순지침』에 의하면 "해원상생·보은상생은 '남에게 척을 짓지 말고 남을 잘 되게 하라'는 진리이니, 화합·단결·상부상조를 강조하고 그것을 실천토록 교화하라."고 명시되어 있다.[10] 이처럼 척을 짓지 않음, 남을 잘되게 함, 화합·단결·상부상조하는 모든 것은 대순진리회 신앙인으로서 해원상생과 보은상생을 실천하는 길이 되고 있다.

---

[10] 『대순지침』, 대순진리회 교무부, 1984, p.27.

4) 신앙의 경전 - 『전경典經』

하나의 종교 내에서 경전은 단순한 책 이상의 가치를 지닌다. 오히려 '책 중의 책'이며, 최초의 궁극적인 책으로서 모든 책의 본보기이자 문학적 감흥에 따른 모든 이미지의 활자화가 이루어진 것을 말한다.[11] 경전은 단순히 사실을 매개하거나 전달하는 기능에 머물지 않고 일종의 존숭과 경배로 이끌어지는 문자화된 말씀이다. 인간은 그 자신이 지닌 기억과 말의 한계 내에서 시대를 뛰어넘어 세대 간의 전승(傳承)이 가능하도록 책을 발명하였다. 이 중에서도 경전은 가장 신성한 성격의 책으로서, 신앙대상으로부터의 의지와 가르침이 담긴 전승 가능한 형태의 문헌을 뜻한다. 이와 같이 신앙 활동을 하는 데 있어서 경전적인 근거가 되는 책을 대순진리회에서는 『전경(典經)』이라고 부른다.

『전경』은 신앙대상이신 구천상제의 역사와 가르침을 담고 있는 종단의 주된 경전이다. 하나의 경전은 전승된 기록의 산물이지만 시·공간의 제약을 넘어서 신앙을 지속시킬 수 있는 힘을 지니고 있다. 『전경』을 펼치는 순간 상제의 말씀이 현재화되며, 모든 사람이 신앙을 공유할 수 있는 중요한 매개가 되는 것이 곧 『전경』이다.

이와 같은 『전경』은 상제의 화천이후 종도들의 증언과 기록 수집을 통해 편찬되어 오늘에 이르고 있다. 당시에 여러 교단에서 상제님을 신앙하여 저마다의 경전을 편찬함으로써 서로가 신앙체계를 달리하였다고 본다. 하지만 대순진리회에서 간행한 『전경』은 많은

---

[11] Catherine Bell, *Scriptures-Text and Then Some*, Theorizing Scriptures, Edited by Vincent L. Wimbush, Rutgers Univ. Press, 2008, p.24

여타 경전에도 불구하고 독자적인 체계를 갖추어 편찬됨으로써 상제 신앙을 새로이 정립하고 있다는 데 의의가 있다. 특히 구천상제로부터의 종통계승 관계를 밝히고 여타 경전에 포함되어 있지 않은 내용을 가지는 것은 『전경』의 독자성을 잘 드러내주는 부분이다.

『전경』은 크게 7편으로 구성되어 있다.

첫째, 행록(行錄)편은 구천상제의 주된 생애를 연대기적으로 다루고 있다. 상제의 신비로운 탄강, 특출한 유년시절, 청년기의 유력(遊歷), 천지공사의 집행과 화천 등이 주요 내용이다.

둘째, 공사(公事)편은 상제의 천지공사에 대한 주된 기록을 결집한 것이다. 공사의 종류, 집행방법, 범위, 이념 등을 망라하여 상제의 주된 역사(役事)를 밝히고 있다.

셋째, 교운(敎運)편은 상제의 종통전수와 그 역사적 전개 그리고 조정산 도주의 계승과 종교활동의 역사를 다룬다.

넷째, 교법(敎法)편은 상제께서 남긴 윤리적 가르침과 생활교훈적인 내용을 중심으로 구성되어 있다.

다섯째, 권지(權智)편은 상제께서 재세시(在世時)에 지녔던 절대권능과 행사(行事)에 관한 것 그리고 그 탁월한 지혜의 말씀들을 통해 강세하신 강증산께서 구천상제이심을 자각케 한다.

여섯째, 제생(濟生)편은 강세하신 상제께서 전 생애에 걸쳐 행하신 민생(民生) 구제와 광제창생(廣濟蒼生)의 사실들을 다루고 있다.

일곱째, 예시(豫示)편은 상제님의 천지공사로 인해 주어지는 후천의 미래와 새로운 인류문명 그리고 이에 따른 마음가짐 등에 관하여 밝히고 있다.

이상으로 대순진리회 신앙의 기본 체계에 대해 살펴보았다. 본서에서는 위와 같은 네 가지 요소의 주제를 중심으로 그 신앙적 내용을 심도 있게 이해해 보기로 한다.

제1장

신앙의 대상 - 구천상제론

1. 한국전통의 상제신앙

1) 한자문화권 내에서의 전통

대순진리회 신앙의 대상은 '구천상제'(혹은 九天應元雷聲普化天尊姜聖上帝)이시다. 여기서 '상제(上帝)'라는 호칭은 한자용어로서 동양고대의 한자문화권에서 유래한 표현이다. 한자문화권이라고 하면 주로 중국대륙을 포함하여 오늘날의 동북아시아 일대를 말한다고 하겠는데, 한국 전통문화는 역사적으로 이와 같은 한자문화의 영향과 한글의 조화 속에서 형성되었다고 본다. 한자(漢字)는 소리글인 영어의 알파벳과 달리 대표적인 뜻글자로서 고대의 그림문자(상형문자)에 기원을 두고 있다. 따라서 한자 단어의 뜻을 파악하기 위해서는 그 글자의 원형을 찾아서 이해하는 것이 필요하다.

'상제(上帝)'라는 호칭도 한자표현인 만큼 한자문화의 배경 하에서 그 원의(原義)를 찾아야 한다. 대체로 한자의 원형으로 일컬어지는 갑골문은 기원전 16세기~11세기경에 사용되었던 은(殷 혹은 商)나라의 문자이다. 이 문자는 오늘날 한자의 변화발전 과정에 결정적인 영향을 미쳤던 것으로 이해되고 있다.[1] 갑골문자에 나타난 은나라의 종교문화에서 가장 눈길을 끄는 것이 바로 '제(帝)' 또는 '상제(上帝)'에 대한 관념이다. 이 '제'는 종교학에서 말하는 '최고신'(the highest God, supreme being)[2]이라고 할 수 있다. 그리고 은나라는 토지신을 비롯한 여러 자연신과 매우 특색 있는 많은 조상신을 높이 받들고 있었다. 이러한 애니미즘(Animism)적인 많은 신과 최고신인 '제(帝)'와의 관계는 그렇게 뚜렷하지 않다. 또한 '제'가 인격적인 신인지 아닌지도 뚜렷하지 않다. 다만 여기서는 주로 갑골문에 나타난 제 또는 상제의 특성만을 짐작할 수 있을 뿐이다.

은대(殷代) 임금들은 갖가지 신들의 뜻을 알아내기 위해 갑골(거북 배딱지와 소 어깨뼈)을 이용해 정성껏 점을 쳤다. 임금은 점치는 일을 맡은 관리(貞人)를 두고 있었다. 그 점의 결과에 따라 임금은 임금으로서의 할 일을 할 수 있었다.[3] 그 점을 친 내용이 갑골에 새겨져

---

[1] 한자체의 형태는 대체로 갑골문(甲骨文, B.C.16C~11C)→금문(金文, 商·周왕조때 청동기에 새겼던 문자)→소전(小篆, 秦왕조 221~207B.C.때 통용)→예서(隸書, 漢왕조 B.C.206~A.D.220)→해서(楷書, 漢왕조 말기에 출현)→초서(草書, 漢왕조 초기부터 唐까지 이어진 흘려쓰기체)→행서(行書, 삼국시대220~280A.D.와 晋왕조265~420A.D.때부터 유행)로 발전했다고 본다. 오늘날 중국의 간체자(簡體字 혹은 簡化字)는 1950년대에 이르러 중국정부에 의해 주도된 한자의 간략화 현상이다. (참고: 이낙의,『漢字正解』, 비봉출판사, 1994)

[2] 여기서 말하는 최고신은 지상신(至上神)이라고도 번역된다. 어떤 겨레나 어떤 지역에서 믿는 여러 신령들 가운데서 가장 높은 신을 뜻한다. 그 겨레의 문화적인 통합단계에 따라 최고신의 통합적인 성격도 다르게 된다. 은나라도 여러 자연신과 많은 조상신을 믿어 오다가 그 정치적인 권력이 집중됨에 따라 종교적으로도 자연과 인간을 아울러 다스리는 최고의 신을 믿게 되었다고 본다. 매우 발달한 많은 청동기를 남긴 은 겨레는 그만큼 정치권력도 강대하였을 것이다. 따라서 종교에 있어서도 그만큼 강대한 신을 믿게 되어 자연과 인간을 아울러 지배하는 절대적인 신을 믿게 되었을 것이다. 은 겨레의 이러한 최고신이 바로 제 또는 상제라고 할 수 있다

[3] 은대 임금들은 신들의 뜻을 알아내기 위해 정성껏 점을 쳤다. 임금을 위해 점치는 일

잘 보관되었다. 이러한 갑골들이 1899년 은허(殷墟, 河南省 安陽縣 小屯)에서 대량으로 발굴되어 '갑골문'이라는 이름으로 연구되었다. 갑골문에 나타난 점친 내용 가운데는 임금이 상제의 뜻을 알아내려는 것도 있다. 이렇게 임금이 점을 통하여 상제의 뜻을 알아보려는 내용에 의하여 '상제'의 신으로서의 성격을 짐작할 수 있다. 이를테면 '제(帝)'가 비를 내릴 것인지, 곡식을 잘되게 할 것인지 알아보려는 점들이 있고, 백성에 대한 '제'의 뜻이 순조로운지 여부를 알아내려는 점들도 있다. 그리고 임금이 '제'로부터 복이나 도움을 받을 수 있는지 아니면 '제'가 화나 고난을 내릴지 알아보려는 점들도 있다. 이렇게 임금이 점치게 한 내용을 통해 특히 은대 후반기에 숭배하고 있던 '제' 또는 '상제'의 특성을 어느 정도 짐작해 볼 수 있다. 즉 비, 바람, 천둥, 번개, 가뭄 같은 기상, 농사의 잘됨과 못됨, 전쟁의 승패, 백성들의 안전과 재난, 임금의 화나 복을 모두 다스린다고 믿은 가장 높은 실재(最高神)[4]가 바로 '제' 또는 '상제'에 대한 관념이었던 것이다.

후대로 내려오면 주(周)왕조에 이르러 '천(天)'이라는 이름이 등장한다. 이 글자는 해석에 의하면 "본래 사람의 모습을 그려냈다."[5]고

을 맡은 관리 또는 그 집단이 정인(貞人)이다. 이렇게 갑골을 이용하여 점을 쳐 신들의 뜻을 알아내고 그 뜻에 따라 임금은 임금으로서의 모든 정치 활동을 하였다. 이렇게 은대 임금은 신의 뜻에 따라 정치를 하였다는 점에서 '신권정치'(神權政治)라고 할 수 있다. 따라서 신의 뜻을 알아내는 점은 가장 중요한 종교적·정치적인 의식이다

[4] 호후선(胡厚宣)에 따르면 상제가 다스리는 영역은 다음과 같다. "(一) 風, 雲, 雷, 雨. (二) 農耕與收成. (三) 成市建築. (四) 戰爭. (五) 人間的休咎. (六) 君上的休咎." (胡厚宣, 「殷卜辭中的 上帝和王帝」, 『歷史硏究』, 1959, 第九期, p. 24-25) 진몽가(陣夢家)도 갑골문에 나타난 상제가 다음과 같은 영역을 다스리는 최고신이라고 하였다. "(一) 農耕與收成. (二) 戰爭. (三) 成市建築. (四) 君主之作爲." (陣夢家, 『殷墟卜辭綜述』, 北平, 科學, 1956, p.571)

[5] 『觀堂集林』上, p.282 ; "古文天字本象人形"

한다. 그 가운데서도 "그 머리가 무엇보다 크다"는 점 등으로 미루어 천이라는 글자는 본래 "사람의 정수리"를 나타낸 것이라고도 하였다.[6] 고고학자 곽말약(郭沫若, 1892~1978)도 "천이라는 글자는 정수리를 나타낸다"고 하였다. 그는 정수리가 사람의 맨 높은 곳이기 때문에 천이라는 글자는 나아가 모든 사물의 맨 위에 있는 "가장 높은 영역"인 하늘을 뜻하게 되었다고 한다.[7] 그리고 뒤에는 마침내 '천'이 최고신을 뜻하게 되었다고 한다. 한편 '제(帝)'의 자형(字形)은 『설문해자(說文解字)』에 따르면 "諦也, 王天下之號, 從二宋聲"이라고 하여 '위(二: 현재 上字의 古形)에 거(居)하면서 온 천하 사방을 두루 살피고 그 손이 미치지 않는 데가 없는' 존재를 뜻하고 있다. 따라서 '천'이 최고신을 뜻한다면 '천'과 '제'는 똑같은 신앙대상을 가리키는 것이 된다.

은나라 사회가 더욱 발전하여 중앙집권적으로 계층화함에 따라 '제'의 관념도 더욱 인간과 자연을 아울러 지배하는 최고신의 성격을 더해 갔다. 이래서 '상제'라는 이름도 생겨났고 마침내 '천'이라는 이름도 나타났다. 고전에서는 '천(天)'과 '상제(上帝)'가 결합되어 '호천상제(昊天上帝)' '황상제(皇上帝)' '천제(天帝)'라는 표현이 있고, 별도로 '상천(上天)' '황천(皇天)' '호천(昊天)' '민천(旻天)' '신천(神天)' 등도 인격성을 지닌 최고신의 호칭으로 사용되었다.

주나라 말기에 춘추전국시대를 거쳐 중국을 통일한 진제국(秦, B.C.221~207)은 이어 한제국(B.C.206~A.D.220)으로 이어졌으며, 중국의

---

6 郭沫若, 『靑銅時代』, 文治出版社, 民國34年, pp.4~5.
7 郭沫若, 『儒道天論發微』, p.11.

고대문화는 한제국에 의해 일단 완성되었다. 그리하여 뒷날 중국의 고대문화를 일반적으로 한문화라고 부르게 되었다. 이러한 한문화는 그 위력 때문에 주변 여러 민족들 사이에 널리 퍼져 나갔다. 그러는 사이에 여러 토착문화와 서로 다양하게 융합되었다. 한국의 고대문화는 기원 4세기경에 고구려와 백제 그리고 신라 순으로 중앙집권적인 고대국가를 이룩하게 되었다. 이 무렵부터 우리 겨레는 국가의 차원에서 한문화를 받아들여 우리의 독자적인 문화를 발전시켜 왔다. 이를테면 삼국(三國)은 국가 차원에서 유교와 불교를 이 무렵에 받아들였고, 도교도 그 뒤에 받아들이게 되었다. 이리하여 이른바 삼교(三敎)는 우리 겨레의 종교적인 삶에 많은 영향을 미쳐왔다. 특히 상제(上帝)·천(天)에 대한 한자 관념은 우리 민족의 하늘 신앙을 표현하는데 미묘한 영향을 미쳐 왔던 것으로 본다.

2) 우리 겨레의 하늘신앙과 상제

우리 겨레는 먼 옛날부터 하늘을 믿고 높이 받들어 왔다. 이런 전통이 그 뒤 계속 이어져 왔지만 고대에는 우리 글자가 없어서 오랫동안 우리 글로 직접 기록할 수 없었다. 그러다가 기원전 3세기 전후부터 중국의 철기문화를 받아들이게 되자 대체로 이 무렵부터 한자·한문도 차츰 받아들이게 되었다.

중국 전국시대(BC 401~221)에 하북성 쪽에서 일어난 연(燕)나라가 기원전 323년에 전국(戰國)의 칠웅(七雄·七大强國)이 되어 소왕(昭王, BC 311~279)때 매우 번성하였다. 이 무렵 우리 민족은 연나라를 중심으로 하는 북쪽 중국과 접촉하여 중국 철기 문화를 받아들였고 아울러 한자·한문 같은 정신문화도 접촉하게 된다. 위만조선을 쳐서 무너뜨린 한나라는 기원전 108년에 그 판권 안에 낙랑, 진번, 임둔의 세 군을 두었다. 이듬해(서기전 107년)에 지난날 창해군(滄海郡)을 세우려고 했던 예(濊)의 땅[8]에 현도군을 두게 되었다. 이리하여 이른바 한사군이 우리 겨레가 살고 있었던 땅에 세워졌다. 이 한나라 사군의 통치는 그 지역 안뿐만 아니라 그 지역 밖에까지도 사회적·문화적으로 큰 영향을 주게 되었다. 따라서 한자·한문도 그만큼 우리 민족 사회에 널리 보급되었을 것이다.

이리하여 고구려는 4세기 후반쯤에 『유기(留記)』 100권을 지었고 백제는 375년에 『서기(書記)』를 편찬하였고, 신라는 545년에 『국사(國史)』를 편찬하였다. 이들은 삼국의 최초 역사책으로서 모두 국가의 큰 사업으로 편찬된 것들이다. 아깝게도 이들은 모두 없어져 버렸지만 그 내용은 『삼국사기』 속에 대체로 전해져 있다. 우리 고대 삼국이 한문으로 이렇게 큰 편찬 사업을 하였다는 것은 이미 우리 민족 사회에 한자·한문이 뿌리를 튼튼히 내리게 되었다는 것을 뜻한다. 이후에 4세기 후반쯤부터 19세기말까지 한자·한문이 우리 겨레의 문자문화를 지배하게 되었다. 우리 겨레는 이른바 말로 하는 언어(口語)와 글로 쓰는 언어(文語)가 서로 달랐기 때문에 그 동안 입으로는 우리말을 하고 글로는 남의 글자인 한자·한문을 쓰게 되었다. 따라서 오늘날 우리 겨레의 순수한 정의(情意)와 사상을 이해하기 위해서는 언제나 한자와 한글을 병행하여 알지 않으면 안 될 것

---

8 『後漢書』 85권, 東夷列傳 제75 「濊:武帝以其地爲滄海郡數年乃罷」

이다.

우리 겨레가 고대로부터 하늘에 대한 신앙이 있었다는 것은 역사책『삼국지』에 근거하여 알 수 있다. 이 책은 중국 진(晉)나라 초기의 진수(陣壽, AD 233-297)가 지은 것인데 그 가운데 있는 동이전(東夷傳)은 3세기 중기까지의 우리 고대사회를 이해할 수 있는 기본적인 자료이다. 이 동이전에 따르면 부여·고구려·예에서는 다 같이 하늘(天)에 제사지냈고, 한(마한·진한·변한)에서는 천신(天神)에 제사지냈다고 한다. 여기서 '천'과 '천신'은 우리 겨레의 크고 작은 나라들이 집단적으로 제사지낸 신앙의 대상이다. 우리 겨레가 나라마다 가장 높이 받드는 가장 높은 신을 한자로 '천' 또는 '천신'이라고 나타냈던 것이다.

한편 우리나라 사람들이 쓴 가장 오래된 역사책은 고구려의『유기(留記, 4세기 후반)』, 백제의『서기(書記, 375)』, 신라의『국사(國史, 545)』같은 것이 있으나 이미 없어진지 오래다. 다만 1145년(고려 인종 23년)에 김부식(1075~1151)이 완성한『삼국사기』(50권)가 가장 오래된 우리 역사책일 뿐이다. 여기에는 위의 사서를 비롯한 삼국의 역사 문헌들이 다소 전해져 있다. 이『삼국사기』의 고구려 본기에는 '천제(天帝)'[9] 또는 '천(天)'[10]이라는 용어가 나오며, 고구려 장수왕 때인

---

[9] (주몽은) 강물(淹流水)에 알려 말하되 "나는 천제의 아들이며 하백의 외손이다. 오늘 도망가고 있는데 뒤쫓는 사람들이 따라잡으려고 하니 어쩌면 좋을까"라고 하였다. 그러자 물고기와 자라가 떠올라 다리를 놓았다.(『三國史記』제13권, 高句麗本紀, 제1 시조 동명성왕. 어쩌면 이 대목에는 고구려에서 4세기 후반에 지은『留記』의 내용이 전해져 있을 지도 모른다)

[10] … 임금이 이것을 듣고 노하여 "천(天)에 제사지낼 제물로 지정한 돼지를 어찌 다치게 할 수 있느냐"라고 소리질렀다. 마침내 두 사람을 구덩이에 묻어 죽였다.(『三國史記』卷 第30, 高句麗本紀 第1, 유리명왕 19년 8월)

414년(장수왕 2년)에 세워진 광개토왕릉비에는 '황천(皇天)'[11]이라는 용어가 보인다. 백제본기에서는 "천(天)과 지(地)에 제사지내는데 북과 피리를 썼다."[12]고 하였다. 신라본기에도 '천'은 신라의 임금이 나라를 다스리는 구석구석을 굽어 살피는 가장 높은 신으로 묘사되어 있다.[13] 이처럼 한국 고대의 삼국문화에서는 가장 높은 신을 입으로 말할 때에는 그들의 토박이말을 쓰고 글로 나타낼 때에는 글말인 '천' 혹은 '제'를 썼다. 이를테면 오늘날 우리가 "하늘이 굽어 살피신다"라고 할 때의 하늘을 고대에서 글로 쓸 때에는 천(天)이라고 썼던 것이다.

고려에서도 사람들은 그들의 가장 높은 신을 글로 나타낼 때에 천령(天靈), 상제(上帝), 천(天) 같은 말을 썼다. 고려사의 세가(世家) 권 제2(卷第二)에 "팔관(八關)은 천령과 오악(五嶽) 명산대천 용신(龍神)을 섬기는 것이다"[14]라는 구절이 보인다. 여기서 천령은 우리 겨레가 가장 높이 받드는 신을 말한다. 세가 권 제3에는 "상제가 말씀이 없이…"[15]라는 대목이 보인다. 이 상제는 우리 겨레가 믿어온 가장 높

---

11 (남쪽으로 내려오는) 길에 부여의 엄리대수(淹利大水)를 지났다. 임금이 나루에 다다르자 "나는 황천의 아들이며, 어머니는 하백의 딸이고, 바로 추모왕(鄒牟王)이다. 나를 위해 갈대를 이어놓고 거북을 떠오르게 하라"라고 말하였다. 그 말에 따라 곧 갈대가 이어지고 거북이 떠올라 건너갈 수 있게 되었다. (임금은) 불류수(沸流水) 골짜기의 홀본(忽本) 땅 서쪽의 산상(山上)에 성을 쌓고 도읍을 세웠다. 그러나 (임금은) 이 세상의 왕위를 즐기지 않게 되었다. 그러나 천은 황룡을 보내어 내려가서 임금을 맞이하게 하였다.(武田幸男, 『고구려사와 동아시아』, 암파서점, 1989, p.430:광개토왕 비문 역문 제1면)
12 『三國史記』卷24, 百濟本紀 제2, 고이왕 5년 정월.
13 『三國史記』卷8, 新羅 本紀 제8, 신문왕 7년 4월 「요즈음 도(道)로 말하면 임금으로서 백성 위에 있기 어렵고 의(義)로 말하면 천이 굽어 살피시는 눈에 거슬러 있습니다」.
14 『高麗史』世家 卷 第2, 태조 26년 4월.
15 『高麗史』世家 卷 第3, 성종 5년 9월.

은 신을 글로 나타낼 때에 즐겨 쓰는 말이다. 세가 권 제5에는 "백성들이 무리를 지어 천(天)에 호소하여 비를 빌었다"[16]는 구절이 보인다. 이 천은 고려에서도 우리 겨레의 신을 글로 나타내는데 흔히 쓰던 말이다.

한편 오랜 전통을 가진 우리의 민족적인 제천(祭天)의례는 유교로 정비된 조선의 예전에 따라 나라 차원에서는 아주 설 땅을 잃고 말았다. 이것은 우리 역사에서 매우 주목할 만한 일이다. 그러나 우리 고래의 제천의례가 아주 사라진 것은 아니다. 우리 겨레의 크고 작은 지역집단에서 갖가지 전통적 형식에 따라 예나 다름없이 하늘에 제사지내고 있었기 때문이다. 전국 마을 단위의 동신제(洞神祭)에서 직접 하늘에 제사 지내는 곳도 있었다. 또는 동신이 곧 산신(山神)인 마을이 매우 많은데, 우리 겨레의 산신은 본래 하늘에서 산에 내려오는 신으로서 결국은 하늘(天神)이라고 할 수 있다.[17] 혹은 전국적으로 자주 지내는 크고 작은 기우제·기청제(祈晴祭)에서도 직접 또는 간접으로 하늘에 제사 지내는 곳이 적지 않다. 이와 같이 하늘을 믿고 하늘에 제사지내는 것은 우리 전통 속에서 자연적으로 이루어진 민족 신앙 혹은 민족종교로서 우리 겨레 속에 깊이 뿌리를 박고 있다. 그 뿐만 아니라 하늘에 대한 신앙은 우리 겨레 한 사람 한 사람의 가슴속에 길이 남아서 한국인의 종교의식 형성에 바탕을 이루었다. 이러한 바탕 위에서 오늘의 종교적 형식이 전개되었다고 볼 수 있다.

---

16 『高麗史』 世家 卷 第5, 현종 15년 5월.
17 熊谷治, 『동아시아의 민속과 제의』, 웅산각출판, 1984, pp. 206~207.

그렇다면 오늘날 한자어로 표현된 '상제(上帝)'라는 호칭은 순수 우리말로서는 어떻게 이해될 수 있을까. 그것은 세종대왕께서 창시한 훈민정음(세종25년, 1443년)에 의하여 가능하다. 원래 우리말은 중국말과 다르므로 중국글자(한자)로 나타내 쓸 수 없다. 그러므로 우리말을 잘 나타내 쓸 수 있는 우리 글자를 따로 마련하지 않을 수 없었다. 참된 우리 글자는 우리말을 하는 모든 사람이 쉽게 쓸 수 있는 글자일 수밖에 없는데, 이것이 바로 훈민정음이다. 이 훈민정음을 통해 우리 겨레는 역사상 처음으로 우리말을 우리 소리대로 바르고도 쉽게 문자화할 수 있게 되었다. 이를테면 우리 고유한 신앙대상의 이름도 한글로 문자화할 수 있었던 것이다.

1447년(세종 29년)에 출판된 용비어천가(龍飛御天歌)의 제19장에 "셴 할미를 하늘히 보내시니(皤皤老嫗天之使兮)"[18]라는 구절이 보인다. 여기서 머리 셴 할미를 보내셨다는 '하늘'(ㅎ 끝소리를 가진 명사)은 지금까지 '천(天)'으로 나타내 오던 우리 고유한 말이다. 위 책의 제 102장에는 또 "하늘히 병을 ᄂᆞ리오시니(維皇上帝降我身病)"[19]라는 구절이 보이는데 여기서는 '하늘'이 '상제'를 가리키고 있다. 이와 같이 지금까지 '천' '천제' '상제' 등으로 나타내 오던 우리 고유한 신앙대상은 한글로 표현하면 '하늘'이라는 것을 분명히 알 수 있다. 이것은 어디까지나 훈민정음의 덕분이다. 또한 1598년(선조 31년)에 이인로(李仁老, 1561~1642)가 지은 태평사(太平詞) 끝 부분에 "천운순환(天運循環)을 아옵게다 하느님아"[20]라는 대목이 보인다. 이것은 물론 '하늘'에 '님'

---

18 『龍飛御天歌』, 국어국문학총림 6, 1988. p.189 (第十九章).
19 위의 책, p.356 (第一百二章).

을 붙인 말로써 오늘날의 하느님과 같은 말이다. 이인로는 1636년(인조 14년)에 지은 노계가(蘆溪歌) 끝머리에서도 "일생에 품운 뜻을 비옵ᄂ다 하ᄂ님아"라고 읊었다. 이와 같이 16세기 말엽에 우리 겨레가 '하ᄂ님'이라는 말도 쓰고 있었다는 것을 알 수 있다. 1933년 조선어학회에서 한글맞춤법통일안이 공표되면서 '한글의 자모의 수는 스물넉자'로 하고 공식적으로 '아래 ㅏ(·)'는 폐지되었다. 따라서 과거에 우리말로 표기된 '하늘'과 '하ᄂ님'은 각각 '하늘'과 '하느님'으로 표기할 수 있다.

이상으로 살펴본 바에 따라 정리하자면, 오늘날 대순진리회 신앙 대상의 호칭에서 사용하는 '상제(上帝)'의 뜻은 우리 민족이 고대로부터 고유하게 부르고 써왔던 말인 '하느님'을 한자어로 표현한 것이다. 우리 겨레는 이처럼 하느님에 대한 신앙을 옛날부터 간직해 왔으며, 대순진리회 신앙에 이르러 그 신앙 대상의 공식적인 호칭을 '하느님'의 뜻을 담은 한자어로 확정하게 된 것이다.

2. 대순사상의 신관념 체계와 구천상제

1) 신명계와 그 위계질서

대순진리회 신앙은 사상적으로 볼 때 하나의 특징적인 신관념을 보여주고 있다. 종단의 경전인 『전경』 전반에서는 다양한 신의 명칭들

---

20 『가사문학집성』, 국어국문학총림 27, 1988.

이 등장하고 있으며, 이에 따라 신의 세계에 대한 일정한 관념과 체계를 지니고 있다. 대순신앙이 하나의 종교적 신관념을 전제하고 있다면 신앙대상의 이해를 위해서는 먼저 그러한 사상의 특징들을 살펴보는 것이 필요하다.

일반적으로 신(神)이라고 하면 인격적이고 초월적인 성격으로 규정될 수 있으나 서양과는 달리 동양의 문화권에서는 주로 인간과의 유기적 관련 하에 신을 인식하는 면이 지배적이다. 인간을 창조하고 세계를 초월하여 존재하는 신의 권위에 대해 피조물로서 복종하는 주종관계보다는 인간의 주체성이 보다 강조된 내면적 삶의 근거로 신을 이해하는 것이 동양적 신관의 한 특징이다. 동양에서는 일찍이 신을 배타적이며 초월적인 면에서 바라보지 않고 항상 현실 세계 안에서 인식되어지는 것으로 보았던 것이다. 신은 인간과 상합(相合)관계를 이루고 있으면서 현실의 주체는 언제나 인간에게 놓여있었다.[21] 동·서양의 전통적인 신관념에 대해서는 면밀한 이해가 선행되어야 하겠지만 여기서는 주로 대순신앙에 나타난 신관념을 살펴보는 것이 주된 목적이다.

『전경』에 있어서 신(神)의 명칭은 '신명(神明)'[22] '영(靈)'[23] '귀신(鬼神)'[24] '혼백(魂魄)'[25] 등 다양하다. 여기서 '신'이란 이 모든 개념을 망라

---

21 虞書, 舜典「八音克諧, 無相奪倫, 神人以和」참조, 『春秋左傳』 桓公「… 對曰,夫民,神之主也,是以聖王先成民而後致力於神」, 고대의 유가경전에서나 공자의 天觀에서 볼 수 있듯이 신은 超越的이면서도 인간 內在的인 특성이 항상 조화되어서 신관의 전통을 이루었다고 볼 수 있다.
22 『典經』에 나타난 구절에 의하면 "지금은 신명 해원시대니라.…"(교운 1장 20절)등을 포함하여 총 69군데 神明이라는 용어를 사용하고 있다.
23 『典經』에 나타난 '靈' 字는 "이제 각 선령신들이 해원 시대를 맞이하여…"(교법2장14절)를 포함하여 총 16군데가 있다.

하는 종교적 대상의 총칭(總稱)으로 볼 수 있으나 인간계와 상대하여 말할 때는 주로 '신명계(神明界)'라는 표현을 쓰고 있다.[26] 특히 신명(神明)이라는 용어는 한국민족의 전통적인 종교심성을 담고 있는 표현으로 초자연적 경험의 세계, 또는 그런 정령세계를 총칭한 것이다. 이러한 신(神)의 존재가 대순사상에서 차지하고 있는 의미는 크게 다음의 세 가지로 나누어 볼 수 있다.

첫째, 신(神)은 인간에게 있어 절대가치를 지닌 궁극적 실재로서 언제나 이 세계에 충만되어 있다.

> 김광찬과 신원일이 상제를 모시고 계시던 정미년 정월 어느 날 상제께서는 그들에게 "귀신은 진리에 지극하니 귀신과 함께 천지공사를 판단하노라" 하시면서 벽에 글을 다음과 같이 써 붙이셨도다. (부도 생략)[27]

> 천지에 신명이 가득 차 있으니 비록 풀잎 하나라도 신이 떠나면 마를 것이며 흙 바른 벽이라도 신이 옮겨가면 무너지나니라.[28]

윗글에서 진리라고 하면 인간의 사고가 근본적으로 지향해야만

---

24 『典經』에 나타난 '鬼神'에 대한 설명으로는 "귀신은 진리에 지극하니 귀신과 함께 천지공사를 판단하노라…"(교운1장 19절)등을 포함하여 총 7군데에 나타나 있다.
25 魂魄에 대한 설명으로는 "사람에게 혼과 백이 있나니 …"(교법 1장 50절)등을 포함하여 총 12군데에 나타나 있다.
26 '신명계'라는 표현은 『전경』교운 1-9에 "…원시의 모든 신성과 불과 보살이 회집하여 인류와 신명계의 이 겁액을 구천에 하소연하므로…"에서 언급된 바 있다.
27 『典經』교운 1장 19절.
28 『典經』교법 3장 2절.

하는 불변의 법칙을 뜻하고, 철학적으로는 존재 그 자체이면서 종교적으로는 귀의의 대상이고 윤리적으로는 당위의 근거가 되는 것을 말한다. 그리고 '천지에 신명이 가득 차 있다'는 말은 신이 이 세계에 충만해 있으면서 모든 사물 및 생명의 본질을 구성하는 실체임을 가리킨다. 이러한 신관은 마치 범신론(汎神論)적인 성격을 지닌다고도 볼 수 있으나 그 이론만으로는 다 설명될 수 없는 부분도 있다.

둘째, 신은 일종의 '기운(氣運)'을 말한다. 『전경』을 보면

> 봄의 기운은 방(放)이다. 여름의 기운은 탕(蕩)이다. 가을의 기운은 신(神)이다. 겨울의 기운은 도(道)이다. 모두가 기(氣)로써 그것을 주장하는 것이다.[29]

라고 하였다. 여기서 기운이란 우주 변화의 원동력이며 모든 사물의 근거를 규정짓는 말이다. 또한 가을의 기운이 신(神)이라고 하였으므로 신은 그와 같은 기운의 특정한 변화 현상을 묘사하는 용어이기도 하다. 이 때 가을은 만물이 결실하고 열매 맺는 성숙의 계절이다. 가을의 자연 환경을 이루고 그 생기를 담당하는 기운이 곧 신(神)이라는 말이다. 이러한 신(神)의 작용이 없으면 만물이 성숙될 수 없다. 기(氣)의 종류에는 천기(天氣) 지기(地氣) 원기(元氣) 생기(生氣) 등등 수많은 명칭이 있지만 신(神)을 하나의 기운으로 정의할 때는 생명작용을 가능하게 하는 원질(原質)적인 힘을 지칭하는데서 나왔다. 어

---

[29] 『典經』 교운 1장 44절 "春之氣放也 夏之氣蕩也 秋之氣神也 冬之氣道也 統以氣之主張者也"

원적인 의미에서 신(神)자는 示 + 申으로 분석되며 示가 갑골문에서 제단(丁)을 상징하고 申은 갑골문에서 뇌전(雷電)을 형상한 것으로 본다. 시(示)자는 본래 생식신의 우상을 형상한 것으로 생명력의 원천으로 보며,[30] 신(申)자는 전광(電光)이 굴절되는 형상으로서 전(電)자의 초문(初文)이라고 하였다.[31] 이로써 볼 때 신(神)은 생명력의 근원을 담고 있으면서 절대자의 자기 현현 양상이라는데 그 의미를 찾을 수 있다.

신의 세 번째 의미에는 인간사후의 존재가 포함된다. 신은 인간의 육체에 깃들어 있으면서 인간 사후(死後)에는 그 몸에서 이탈되어 별도의 세계로 간다는 것이 그 주된 관념이다. 이렇게 이탈된 영적 존재는 인간과 신의 이원적(二元的) 세계를 구성하며 상호간에 의지하거나 계도하는 관계로서 서로 영향을 주고받는다고 본다.

> 김 송환이 사후 일을 여쭈어 물으니 상제께서 가라사대 "사람에게 혼과 백이 있나니 사람이 죽으면 혼은 하늘에 올라가 신이 되어 후손들의 제사를 받다가 사대(四代)를 넘긴 후로 영도 되고 선도 되니라. 백은 땅으로 돌아가서 사대가 지나면 귀가 되니라" 하셨도다.[32]

윗글에서 인간은 존재의 특성상 양면성을 지니고 있다. 즉 인간은 죽음을 통해 현실적이고 육체적인 삶은 끝나지만 불가시적(不可

---

30 朱芳圃編著,『甲骨學』文字篇, "蓋示之初意, 本卽生殖神之偶象也"臺北, 商務印書館, 民國61年, p.5.
31 葉玉森,『甲骨學』文14, "此象電耀折形, 乃初文電字", p.22.
32 『典經』 교법 1장 50절.

視的)이고 정신적인 삶은 계속 영위하게 된다고 믿는다. 이러한 관점에서 신이란 바로 육체적 요소를 지니지 않은 정신적 인간의 사후 형태를 가리킨다고 보아도 무방하다. 그리고 구조적으로 인간은 혼(魂)과 백(魄)으로 이루어져 있다. 사람이 죽게 되면 혼(魂)은 하늘에 올라가 신(神)이 되므로 이 때 신은 인간 사후의 존재방식에 다름 아니다. 따라서 신의 세계는 인간 세계와 유기적 관련을 맺으면서 인간사회와 유사한 체계를 갖춘 것으로도 보고 있다.

이상에서 살펴본 신의 의미는 대순신앙의 저변을 이루면서 하나의 특별한 신관을 구성하고 있다. 즉 『전경』에 나타난 신의 존재는 인간 삶의 형태만큼이나 다양한 모습을 보인다. 인간과의 유기적 관련 하에 이루어진 신 관념이다 보니 인간의 사고가 분화되고 다양해지는 만큼 신에 대한 관념도 복잡해져서 그 형태 또한 천차만별로 갈라지게 되었다고 본다.[33]

대체적으로 신의 유형을 살펴보면 씨족신, 기능신, 자연신 외에 최고신의 성격을 지니는 것이 있는가 하면 공간적으로 천신(天神), 지신(地神), 인신(人神)등으로 분류되기도 한다.

첫째, 씨족신의 관념을 들 수 있다. 씨족신이란 동일한 조상을 갖는 씨족원들로 구성된 사회에서 구성원들의 혈연적 자긍심을 가져다주고 그들의 존재를 결정지어주는 성격으로서 구성원들 사이에서

---

[33] 일반적으로 고대의 초보적인 사회에서는 다신교적인 것이 오랫동안 지배했으며, 그러다가 씨족 또는 부족 중심의 단일 사회가 교통·경제·정치·문화 등의 면에서 다른 사회와 접촉 융화하는 과정에서 연합 합체되어 소국가를 형성하면서 신들사이에서도 우열 강약이 생기고 신들의 세계에 통일이 이루어지게 되었다고 본다. 이후에 유일신적인 사상으로 진보해 나가는 것을 신관념의 발전과정으로 볼 수 있다. (李恩奉, 『종교세계의 초대』, 벽호, 1993, pp.61~62 참조)

는 절대적인 위치에 있게 되는 신을 일컫는다. 조선신명(예시 25절), 서양신명(예시 29절), 선령·선령신(공사3장9절) 등이 이에 해당된다.

둘째, 다양한 기능신의 존재를 들 수 있다. 신의 개념이 인간의식과도 많은 관련이 있는 것과 마찬가지로 사회가 발전하고 개인의 의식이 분화됨에 따라 신의 종류도 다양한 기능으로 분화되고 발전되며 전문화되는 것을 볼 수 있다. 이에 따라『전경』에서는 기능적으로 분화된 신의 이름을 살펴볼 수 있는데, 여기서는 크게 두 가지로 나누어 그 자체로 고유한 기능을 지니는 신과 또 하나는 상대적 관계에 의해 그 기능을 발휘하는 신으로 구분해 볼 수 있다.

먼저 그 자체로 고유한 기능을 지닌 신으로는, 우사(雨師; 행록4장31절, 권지1장16절, 권지2장35절), 조왕(竈王; 행록 4장36절), 서신(西神; 행록5장33절, 예시30절), 호소신(공사1장16절), 도술신명(공사2장4절), 도통신(공사3장15절, 교운1장41절, 권지2장37절, 예시 12절) 만사신(교운1장50절), 문명신(교운1장9절, 예시12절), 백복신(교운1장50절), 육정신(교운2장29절), 아표신(권지1장8절), 도로신장(권지1장13절), 괴질신장(제생23절) 등이 있다.

다음으로 상대적 관계에 따라 기능을 발휘하는 신에는 척신(행록3장16절, 4장47절, 교운1장2절, 교법2장14절), 원신(행록5장15절, 예시 3절), 보은신(공사3장18절), 역신(공사3장19절, 교법3장6절) 등이 있다.

셋째, 자연신이 있다. 자연신이란 곧 자연현상의 어느 특정한 면들이 신격화되어 숭배되는 것을 말한다. 자연현상의 모든 면들이 신격화되는 것이 아니라 그 중에서도 인간생활과 관계가 깊고 이해관계가 많은 면들이 신격화되는 경향이 있다.[34]『전경』에서는 주로 신장(神將)의 이름을 붙여서 부르는 것이 대부분인데 오방신장(행록2장 10절, 4장39절), 이십팔장(행록2장10절, 공사3장28절, 예시38절), 이십사장(공사3장28절, 예시38절), 천지신명(공사1장9절, 교법1장42절)등이 이에 해당한다고 볼 수 있다.

넷째, 최고신에 대한 관념이 있다. 이는 신들의 유형(類型) 가운데 가장 중요한 것에 해당되며, 잡다하게 많은 신들이 하나의 원리로 통일될 수 있는 유일신의 의미를 지닌다. 대순진리회 신앙에 있어서 이러한 최고신은 종교적 신앙의 대상으로 받들어진다. 그 명칭에 대한 것만을 살펴보면 먼저 '상제(上帝)'라는 호칭이 『전경』전반에 걸쳐 사용되고 있으며, 이외에 '천존(天尊; 행록2장 2절)', '천신(天神; 교운 1장 12절, 1장 23절)', '뇌성보화천존상제(雷聲普化天尊上帝; 교운2장 55절)등이 모두 최고신의 호칭으로 일컬어진 것이다.

이외에도 공간적인 분류로 볼 때 천계(天界), 지계(地界), 인계(人界)의 구조로써 신들의 유형을 살펴볼 수 있다. 이 때 천계(天界)란 지면(地面)과 상대하는 무형의 공간전체를 말하며, 지계(地界)란 유형(有形)의 형질에 근거한 가시적(可視的)인 것을 뜻한다.[35] 그리고 인계(人界)란 이러한 천지의 영역과 대비되어 주로 인간의 삶과 역사에 근거한 것을 말한다. 그 다양한 신의 명칭을 분류해보면,

첫째. 천계신(天界神)에는 중천신(공사1장29절), 황천신(공사1장29절), 천지망량 일월조왕 성신칠성(교운1장44절) 등이 이에 해당된다.

---

34 이은봉, 『종교세계의 초대』, 벽호, 1993, p.50참조.
35 宋龜峰 『太極問』, p.25 "出地以上, 無非天, 古詩云, 坎得一尺地, 便是一尺天 … 六合之內, 非質處便是氣, 非地處便是天"

둘째. 지계신(地界神)에는 육장금신(행록 2장16절), 지방신(교운1장 63절), 지하신(교운1장9절), 서양신명(예시29절), 만리장신명(예시 69절) 등이 이에 해당된다.

셋째, 인계신(人界神)에는 동학신명(공사2장19절), 관운장(권지2장 21절)등이 이에 해당된다.

이상에서 살펴본 신의 명칭들은 모두 대순사상의 신관념을 구성하는데 있어 신명계의 존재와 그 위계질서를 보여주는 것이다. 그렇다면 이러한 신관념의 사상적인 특징은 어떠한가. 이를 구체적으로 살펴보기로 하자.

2) 신관념의 특징

대순사상의 신 관념은 주로 신과 인간의 상보적이고도 유기적 관계에 초점이 맞추어져 있다. 신의 개념과 그 유형이 인간의식의 분화과정과 유리될 수 없듯이 대순신앙의 종교적 특성도 이러한 신과 인간의 관계에서 올바로 찾아질 수 있다.

그 사상적 특징을 서술해보면 먼저 신의 존재의의는 인간행위가 지향해 나가야만 하는 가치의 근원을 담고 있는 것으로 파악된다. 왜냐하면 인간은 신의 존재를 상정함으로써 인간 자신의 행위를 규율해 나갈 수 있고 하나의 궁극적인 지향점을 발견할 수 있기 때문이다.[36] 이와 관련된 『전경』의 내용을 찾아보면 다음과 같다.

---

[36] 『典經』 교운 2장 42절 陰陽經 "…人無神前無導而所依…"

신도(神道)로써 크고 작은 일을 다스리면 현묘 불칙한 공이 이룩되나니 이것이 곧 무위화니라. 신도를 바로잡아 모든 일을 도의에 맞추어서 한량없는 선경의 운수를 정하리니 제 도수가 돌아닿는 대로 새 기틀이 열리리라…(이하생략)[37]

사람마다 그 닦은 바와 기국에 따라 그 사람의 임무를 감당할 신명의 호위를 받느니라. 남의 자격과 공부만 추앙하고 부러워하고 자기 일에 해태한 마음을 품으면 나의 신명이 그에게 옮겨가느니라.[38]

여기서 '신도(神道)'란 신적(神的)인 질서와 법칙을 뜻하는 말이다. 인간과의 관계에서 신도는 인간의 역사를 일으키는 바탕이 되며[39] 나아가 그 역사의 바람직한 방향은 오직 신적인 근거에 의해서만이 설정될 수 있음을 밝히고 있다. 그리고 모든 신은 인간의 행위를 가능하게 하는 보호신명의 역할을 하며 이러한 신명의 역할이 전제될 때 비로소 인간 행위는 하나의 의미를 부여받게 된다. 따라서 신은 인간에 대해 하나의 궁극적인 가치의 근원자로 존재한다는데 사상적 의의가 있다.

다음으로 신과 마주하고 있는 인간은 이러한 신적 가치를 실현

---

37 『典經』 예시 73절.
38 『典經』 교법 2장 17절.
39 『典經』 예시 25절에 의하면 "상제께서 계묘년에 종도 김형렬과 그외 종도들에게 이르시니라. 조선 신명을 서양에 건너보내어 역사를 일으키니 이 뒤로는 외인들이 주인이 없는 빈집 들듯 하리라. 그러나 그 신명들이 일을 마치고 돌아오면 제 집의 일을 제가 다시 주장하리라."고 한데서 알 수 있듯이 인간의 역사는 모두 신적인 움직임이 선행하여 이루어지고 있음을 보여준다.

하는 주체가 된다.

> 천존과 지존보다 인존이 크니 이제는 인존시대라. 마음을 부지런히 하라.[40]

> 마음이란 것은 귀신의 추기요 문호요 도로이다. 추기를 열고 닫으며 문호를 들락날락하며 도로를 오고 가는 신(神)은 혹은 선한 것도 있고 혹은 악한 것도 있다. 선한 것은 스승으로 삼고 악한 것은 고쳐 쓰게 되니 내 마음의 추기와 문호와 도로는 천지보다도 크다.[41]

여기서 '천존'과 '지존'이라고 하는 것은 모두 신격(神格)이 부여된 대상을 가리키는 말이다. '존(尊)'자가 의미하는 바를 살펴보면 단순히 '존귀하다'는 뜻보다는 무형의 초월적 권위를 지니면서 한편으로 제사의 대상이 되기도 하는 신격(神格)의 담지자를 지칭하는 말이다.[42] 이에 '인존(人尊)'이라는 말은 전통적으로 '인본(人本)' '인도(人道)'과는 그 개념과 맥락을 달리 한다고 본다. 즉 인존은 천존·지존과 더불어 하나의 신격(神格)이 결합되어 있는 인간의 가치를 표현한

---

40 『典經』 교법 2장 56절.
41 『典經』, 행록 3장 44절 "心也者鬼神之樞機也門戶也道路也 開閉樞機出入門戶往來道路神 或有善或有惡 善者師之惡者改之 吾心之樞機門戶道路大於天地"
42 '尊'字의 字形을 고대 갑골문에서 살펴보면 🕱로서 본래의 뜻은 '술그릇, 또는 고대에 제사지낼 때 쓰던 그릇'이다. 고문의 자형은 두 손으로 술 항아리를 받쳐 들고 있는 모습이다. '공경하는 마음으로 술을 바친다'는 데서 그 의미가 확장되어 '존경하다', '존귀하다', '존중하다'등의 뜻을 갖게 되었다.(이낙의, 『漢字正解』 4권, 비봉출판사, 1994, p.765참조) 따라서 하나의 제사의 대상은 신적인 존재에 해당되는 것이며 이러한 신을 섬기는 마음으로 술을 바친다는 뜻에서 그 의미를 유추해 볼 수 있다.

것으로 본다. '인본' 또는 '인도'에서 강조되는 인간은 이성적 존재이면서 도덕적 주체라고 한다면 '인존(人尊)'에서의 인간은 종교적 신성(神性)과 권능을 지니고 역사(役事)해 나가는 신인(神人)을 지칭한다.

'천존'과 '지존'이 있었다는 것은 이때까지 천·지가 인간에 대해 절대권위를 지니고 모든 인간사물 위에 군림하는 우월한 근원자였다는 말이다. 원시시대 인간의 사고는 자연에 대한 외경심으로 자연현상에 대한 막연한 두려움이 있었으며 또한 원초적인 종교형태를 이루었다. 여기에 하늘과 땅이라는 것은 외화(外化)된 자연현상의 대표적인 것으로 인간의 인지(人智)가 발달하기 전에는 하나의 종교적 대상이 되기에 충분하였다. 신격(神格)이 하늘에 부여된 것을 천존이라고 하면, 신격이 땅에 부여된 것을 지존이라 할 수 있다. 천존(天尊)이라는 표현 속에는 하늘 공간에 존재하는 수많은 신이 포함되고, 지존(地尊)이라는 표현 속에는 땅에 존재하는 수많은 신의 이름이 거론될 수 있다. 하지만 '이제는 인존시대라'고 한 것은 신격이 '인간'존재에 깃들어 있으면서 인간의 모든 주체적 행위에 대해 절대 가치를 부여할 수 있다는 말이다.

인간이 신적 가치를 지닐 수 있는 근거는 바로 인간의 마음에서부터 찾을 수 있다. 이 마음(心)은 인간존재의 우주적 위상을 드러내는 본질적 요소이다. '마음(心)'이 인존으로서의 인간과 관련하여 중요하게 다루어지는 까닭은 그것이 신과의 교통(交通)을 가능하게 하는 주요 기관이라는 점이다. 위의 인용문에서 마음은 '귀신' 즉 신이 드나드는 추기요 문호요 도로이다. 인간의 주체적 행위는 모두 마음에서부터 나오며 그 마음은 항상 신과의 교통을 통해서 작용하므로 결국 인간행위의 결과는 신적 작용의 소산으로 귀결된다. 여기에 인간은 마음에 작용하는 신과의 교감을 통해 모든 가치판단을 하고 아울러 도덕적인 성과를 달성할 수 있도록 노력하여야 한다. 이것은 대순진리회 신앙에 있어 실천수도의 내용을 이루는 것이기도 하다.

셋째로 대순사상의 신관념 특징은 신과 인간의 상보적(相補的) 관계에 초점이 맞추어져 있다. 위에서 말한 신과 인간은 각각 별개의 존재로 독립해서 있지 않고 끊임없이 상호간의 교류 속에 놓여있다. 달리 말하면 신의 작용이 인간행위에 영향을 미치며, 또한 인간의 행위가 신의 세계에 영향을 미치기도 하므로 그 이상적 관계는 신과 인간의 상보성(相補性)을 통해 정립될 수 있다는 것이다. 먼저 신의 작용이 인간행위에 영향을 미치고 있다는 사실은 다음의 『전경』 구절에서 확인해 볼 수 있다.

> 상제께서 계묘년에 종도 김형렬과 그 외 종도들에게 이르시니라. "조선 신명을 서양에 건너보내어 역사를 일으키리니 이 뒤로는 외인들이 주인이 없는 빈집 들듯 하리라. 그러나 그 신명들이 일을 마치고 돌아오면 제 집의 일을 제가 다시 주장하리라."[43]

윗글에서 볼 때 인간의 역사란 모두 신의 움직임을 전제로 하여 이루어지고 있다. 이때의 신은 어떠한 특정 작용을 가하는 기능신의 역할을 한다고 본다. 신이 인간행위의 근간이 되는 것과 마찬가지로

---

[43] 『典經』 예시 25절.

인간의 행위가 또한 신의 세계에 영향을 미칠 수도 있다.

> 사람들끼리의 싸움은 천상에서 선령신들 사이의 싸움을 일으키나니 천상 싸움이 끝난 뒤에 인간 싸움이 결정되나니라.[44]

여기서는 사람들끼리의 싸움이 신들 사이의 싸움을 일으키고 나아가서 이러한 신들 간의 싸움이 끝나고 나서 그 결정이 다시 인간계의 역사를 결정짓는 것으로 그 상호 교류관계를 나타내고 있다. 이렇게 신과 인간은 상호 영향을 주고받으면서 이 세계를 구성하고 있다고 본다. 인간은 신과 단절된 관계가 아니라 인간행위의 근간이 되는 것이 신이며, 인간은 또한 신의 가치를 실현할 수 있는 주체적 존재로서 신이 의탁해야만 하는 대상으로서의 가치를 지닌다.

이상으로 대순사상의 신관념에서 인간과 신은 그 특성상 이원적 세계를 이루지만 상대적이고도 유기적 관계에 놓여 있으면서 영향을 주고받는 하나의 근원적 원리 속에서 이해되고 있다. 나아가서 대순사상에서의 신과 인간은 궁극적으로 그 교류와 통일을 통하여 신인조화(神人調化)라고 하는 하나의 이념을 실현하는 것으로 귀결된다.

3) 최고신으로서의 구천상제

대순신앙에 있어서 최고신의 호칭은 '상제'(구천상제)이다. 대순사상

---

[44] 『典經』 교법 2장 23절.

의 신관념에 있어서는 수많은 신이 등장하고 있지만 궁극적으로 '상제(上帝)'라고 하는 최고신의 권능(權能)과 주재(主宰)에 의해 체계적인 통일의 모습을 이루고 있음에 주목해야 한다. 앞서 살펴본 신의 유형(類型)이 지니는 특징은 무엇보다도 그 다양성에 있다고 하겠지만 그 다양성이 나아가 무질서한 궤도 속에 놓여있다면 그 일관된 원리를 찾기가 어려울 것이다. 신명계의 질서에 따른 그 통일된 원리를 궁구하기 위해서는 여러 신들 간의 관계 속에 존재하는 최고신으로서의 '상제'를 이해하지 않으면 안 된다. 신에 대한 관념이 사회적인 분화와 더불어 더욱 상세해지고 오늘날 단순한 국가의식이나 민족의식을 넘어서서 세계적인 큰 신격(神格)이 요청되는 것을 볼 때, 대순신앙에서는 다양한 신들 간의 관계를 넘어서 이를 통일된 체계에 의해 구축한다는 것으로 상제의 존재를 전제하고 있다. 앞서 살펴본 신관념의 특징에서 보면 신과 인간의 유기적 관계에서 신의 세계가 인간사회의 구조와 유사한 것으로 보았으며, 여기에 최고의 주재신에 해당하는 상제신(上帝神)은 군신(群神)을 통솔하는 위격을 지닌다고 본다. 그리고 상제는 신계(神界)의 질서를 감독할 뿐만 아니라 인간사에도 관여하여 그 권능을 행사한다는 것이 또한 신앙의 핵심이 된다.

상제께서 어느 날 김 형렬에게 가라사대 "서양인 이마두(利瑪竇)가 동양에 와서 지상 천국을 세우려 하였으되 오랫동안 뿌리를 박은 유교의 폐습으로 쉽사리 개혁할 수 없어 그 뜻을 이루지 못하였도다. 다만 천상과 지하의 경계를 개방하여 제각기의 지역을 굳게 지켜 서로 넘나들지 못하던 신명을 서로 왕래케 하고 그가 사후에 동양의 문명신(文明神)을 거느리고 서양에 가서 문운(文運)을 열었느니라. 이로부터 지하신은 천상의 모든 묘법을 본받아 인세에 그것을 베풀었노라. 서양의 모든 문물은 천국의 모형을 본딴 것이라」이르시고「그 문명은 물질에 치우쳐서 도리어 인류의 교만을 조장하고 마침내 천리를 흔들고 자연을 정복하려는 데서 모든 죄악을 끊임없이 저질러 신도의 권위를 떨어뜨렸으므로 천도와 인사의 상도가 어겨지고 삼계가 혼란하여 도의 근원이 끊어지게 되니 원시의 모든 신성과 불과 보살이 회집하여 인류와 신명계의 이 겁액을 구천에 하소연하므로 내가 서양(西洋) 대법국(大法國) 천계탑(天啓塔)에 내려와 천하를 대순(大巡)하다가 이 동토(東土)에 그쳐 모악산 금산사(母岳山金山寺) 삼층전(三層殿) 미륵금불(彌勒金佛)에 이르러 三十년을 지내다가 최 제우(崔濟愚)에게 제세대도(濟世大道)를 계시하였으되 제우가 능히 유교의 전헌을 넘어 대도의 참 뜻을 밝히지 못하므로 갑자년(甲子年)에 드디어 천명과 신교(神敎)를 거두고 신미년(辛未年)에 강세하였노라"[45]

위의『전경』내용은 대순진리회 신앙대상인 상제관(上帝觀)을 엿볼 수 있는 대표적인 구절이라 할 수 있다. 이 글을 보면 모든 신은 하나의 영역적 경계를 토대로 자기 영역을 굳게 지키면서 자리 잡고 있다. 하늘과 땅의 구분, 동양과 서양의 구분, 국가와 국가의 구분, 지방과 지방의 구분에 따라 신의 구분도 뚜렷하게 나누어져 존재한다. 그리고 인간의 문명을 개창(開創)하기 위해서는 기능신에 해당하

---

[45]『典經』교운 1장 9절.

는 '문명신'(文明神)의 역할에 의해 모든 문화와 문명이 발생하였음을 말하고 있다. 그런데 이러한 신들은 제각기의 영역을 굳게 지켜 서로 넘나들지 못하였던 것으로 설명하는데, 어떠한 특정 인물의 역사적 활동에 의해 서로 넘나드는 과정을 밟게 됨으로써 신들 간의 교류가 발생하게 되었다고 본다.

그러나 이러한 다양한 신적 구분 속에서도 그 통일된 체계를 구성하는 것은 무엇보다도 최고신 관념에 해당되는 '상제'의 존재이다. 상제는 천계(天界)에 있어서도 가장 최고위(最高位)라고 할 수 있는 '구천'(九天)[46]에 임재(臨在)한 신으로 유일신적 관념에서의 전능자(全能者)이며 전 우주를 주재관령(主宰管領)하는 주재신(主宰神)이다. 그보다 하위의 신격들은 이러한 최고신의 주재 하에 각자의 영역을 지키고 저마다의 역할을 담당하면서 우주의 질서를 유지해 왔던 것으로 볼 수 있다. 그런데 여기서 역사적으로 인류와 신명계의 무질서가 형성되고 진멸(盡滅)의 위기상황이 조성되자 최고신보다 하위의 신격인 신성·불·보살의 하소연이 있게 되었다는 것이다. 신적인 질서와 체계 속에서 그 위계적 차이에 따라 문제 해결의 능력도 차이가 날 수 있으며 보다 하위의 신격은 보다 상위의 신격에 대해 엄격한 상봉하솔(上奉下率)적 관계에 놓여 있음을 말해주고 있다. 따라서 상제관에서는 바로 그 무소불능(無所不能)의 최고신 상제께서 지상에 강세하게 되는 과정을 밟음으로써 이 세계의 새로운 역사를 창조하게 된다는 것이 핵심이 된다.

---

[46] 이 때 구천이라고 할 때의 숫자 구(九)의 의미는 양적인 개념보다는 상수학(象數學)적인 의미에서 지칭하는 '극수(極數)'를 의미한다.

이상에서 본 바에 따르면 최고신으로서의 구천상제는 다양한 신들 간의 관계 속에 여러 신을 통솔하는 자리에 있으며, 인간 사회의 구원을 위해 그 자신의 의지로써 인세에 강림하여 우주의 새로운 역사를 창조해 나가는 신으로 정리할 수 있다.

다음으로는 이러한 최고신 상제의 인신강세(人身降世) 배경과 그 구체적인 역사에 대해서 살펴보기로 한다.

3. 선천의 진멸지경과 상제의 강세

1) 선천先天의 현실과 신도神道의 몰락

상제의 강세 배경과 관련하여 그 세계관으로서 먼저 이해해야 될 개념은 '선천'(先天)에 관한 것이다. '앞선 하늘'이라고 번역될 수 있는 선천은 '뒤 하늘'에 해당하는 '후천'(後天)과 구분되는 용어로서 시간과 공간 모두 상대적으로 존재하는 세계이다. 선천은 곧 '선천지인(先天地人)'을 뜻하며, 후천은 '후천지인(後天地人)'의 약자이다. 그러므로 선천 후천 모두 천(天)·지(地)·인(人) 삼계(三界)의 우주를 포괄한다. 이와 같은 구분은 그만큼 대순신앙이 역사적으로나 종교적으로 유일무이한 독자적인 가치를 지니고 있음을 표현하기 위한 것이다. 말하자면 선천은 인간이 그 욕심으로 말미암아 심각한 진멸(盡滅)의 지경에 이르게 된 원한의 세계이며, 후천은 이를 극복하고 더 없는 평화와 풍요를 누리는 도화낙원의 세계이다. 그 전환의 계기가 되는 것이 바로 최고신 상제의 강림이며, 그에 대한 역사가 오늘날의 대순신앙을 이루고 있다. 인류의 역사를 지배해 왔던 하나의 이념이나 그 발전법칙은 새로운 원리로 대체되며, 종교적으로는 하나의 '신종교(新宗敎)'로서의 가치를 지니고 기성 집단에게 새로운 패러다임을 제시하고자 하는 것이 또한 대순신앙이다. 여기에 '선천'과 '후천'은 대순신앙의 세계관을 이해하는데 빼놓을 수 없는 개념이 된다.

본래 '선천'(先天)이라고 하면 '후천'(後天)의 상대개념으로 『주역(周易)』의 경문(經文)에서부터 유래한 것이다.[47] 그 개념은 대략 공간적인 면과 시간적인 면으로 나눌 수 있는 데,[48] 대순신앙에서 말하는 '선천(先天)'은 주로 신앙이 발생한 시점 이전의 역사를 일컫는다. 이와 상대된 개념으로서의 후천은 선천의 위기와 한계상황을 극복하고 새로운 역사와 문명이 이루어지는 세계를 말한다. 그렇다면 대순신앙에서 논의되는 선천의 세계는 구체적으로 어떠한 한계상황이었는가. 다음의 성구(聖句)를 통해 살펴보기로 하자.

상제께서 "선천에서는 인간 사물이 모두 상극에 지배되어 세상이 원한이 쌓이고 맺혀 삼계를 채웠으니 천지가 상도(常道)를 잃어 갖가지의 재화가

---

[47] 『周易』 乾卦, 文言傳 "夫大人者 與天地合其德…先天而天不違, 後天而奉天時, 天且不違而 況於人乎"

[48] 先天後天說은 주로 본체와 현상의 세계를 구별하여 설명한 학설이다. 邵雍이 팔괘도를 이용하여 伏羲의 八卦圖는 先天學이고 文王의 八卦圖는 後天學이라고 설명한 것에서 근거를 찾을 수 있다. 두 개의 圖는 팔괘방위로써 구별된다. 先天에 관하여는 邵雍과 朱熹, 명대의 王幾 등에 의하여 설명되었다. 邵雍은 그의 『皇極經世書』에서 "先天의 學은 心이고 後天의 學은 迹이며 出入·有無·死生이 道이다."라고 하였다. 후에 花潭은 말하기를 "太虛는 맑고 형체가 없으므로 先天이다"라고 하여 先天을 氣의 본체인 太虛라고 설명하였다. 또한 그는 一氣가 음양을 낳고 陰陽二氣가 聚散과 生剋의 운동을 하여 日月星辰·水火萬物을 형성하는데 이것을 後天이라고 하였다.(『花潭集』卷二, 原理氣)

일어나고 세상은 참혹하게 되었도다. 그러므로 내가 천지의 도수를 정리하고 신명을 조화하여 만고의 원한을 풀고 상생(相生)의 도로 후천의 선경을 세워서 세계의 민생을 건지려 하노라. 무릇 크고 작은 일을 가리지 않고 신도로부터 원을 풀어야 하느니라. 먼저 도수를 굳건히 하여 조화하면 그것이 기틀이 되어 인사가 저절로 이룩될 것이니라. 이것이 곧 삼계공사(三界公事)이니라"고 김형렬에게 말씀하시고 그 중의 명부공사(冥府公事)의 일부를 착수하셨도다.[49]

윗글에서 선천은 먼저 그 지배원리가 '상극(相克)'으로서 모든 존재가 '서로 이기고자' 하는 관계로 이루어져 있다. 상대를 이기고자 하는 것은 상호 투쟁과 갈등을 불러일으키며 급기야는 상대를 죽음으로까지 몰고 가기도 한다. 역사적으로 발생한 수많은 전쟁이 그와 같은 원리의 단적인 현상에 해당한다. 상극은 비단 인간사에만 적용되는 것은 아니며 동·식물을 포함한 자연의 세계에도 두루 지배되는 원리이다. "상제께서 어느 날 종도들이 모여 있는 자리에서 '묵은 하늘은 사람을 죽이는 공사만 보고 있었도다. 이후에 일용 백물이 모두 핍절하여 살아 나갈 수 없게 되리니 이제 뜯어고치지 못하면 안되느니라' 하시고 사흘 동안 공사를 보셨도다."(공사1장 11절)라고 한 것은 이와 같은 상극이 과거 모든 자연사물에 걸쳐서 지배된 원리임을 뜻한다. 그래서 자신의 생존과 이익을 위해서는 상대를 제거하거나 지배하는 것이 그 방법이 되었고, '적자생존(適者生存)'과 '약

---

[49] 『典經』 공사 1장 3절.

육강식(弱肉强食)'이 자연과 인간사회에 똑같이 적용되었던 세계가 바로 선천이었던 것이다.

　선천의 역사에 있어서 가장 두드러진 성과가 있었다고 하면 그것은 바로 문명사회의 등장이라고 할 수 있을 것이다. 인간이 자연을 정복하고 이용하는 과정에서 다양한 문명이기가 개발되었고 이로써 인간자신의 편리함을 추구한 것은 가히 인류 문명의 혁명이라고 해도 과언이 아니다. 현재 시점에서도 꾸준히 발명되고 개발되고 있는 문명의 이기들은 그 발전의 정도를 볼 때 과거에 비해 점점 가속화되고 있음을 실감하게 한다. 하지만 선천의 현실에서 특히 주목해야 할 점은 그와 같은 문명의 가시적인 발전 이면에 존재했던 인간의 이기적 욕심이며 가치관의 전도(顚倒)문제이다. 이것은 선천을 하나의 한계상황으로 몰고 가는데 따른 근본문제이며, 어떻게 하여 선천세계가 위기에 이르게 되었는가를 설명한다. 다음의 성구(聖句)를 통해 살펴보기로 하자.

　상제께서 어느 날 김형렬에게 가라사대 "서양인 이마두(利瑪竇)가 동양에 와서 지상 천국을 세우려 하였으되 오랫동안 뿌리를 박은 유교의 폐습으로 쉽사리 개혁할 수 없어 그 뜻을 이루지 못하였도다. 다만 천상과 지하의 경계를 개방하여 제각기의 지역을 굳게 지켜 서로 넘나들지 못하던 신명을 서로 왕래케 하고 그가 사후에 동양의 문명신(文明神)을 거느리고 서양에 가서 문운(文運)을 열었느니라. 이로부터 지하신은 천상의 모든 묘법을 본받아 인세에 그것을 베풀었노라. 서양의 모든 문물은 천국의 모형을 본딴 것이라" 이르시고 "그 문명은 물질에 치우쳐서 도리어 인류의 교만을 조장하고 마침내 천리를 흔들고 자연을 정복하려는 데서 모든 죄악을 끊임없이 저질러 신도의 권위를 떨어뜨렸으므로 천도와 인사의 상도가 어겨지고 삼계가 혼란하여 도의 근원이 끊어지게 되니…"[50]

위의 내용에서 알 수 있듯이 먼저 서양인 이마두(利瑪竇, Matteo Ricci 1552~1610)의 동양 전도(傳道)활동은 천상과 지하의 경계를 개방하는 역사적 계기가 되었다. 즉 신명계는 제각기의 지역을 굳게 지켜 서로 넘나들 수 없는, 경계가 뚜렷한 세계이다. 그리고 하나의 지역에는 하나의 문명을 담당하는 문명신이 있어 그 민족과 지역의 문화를 형성한다. 동양에는 동양의 문명신이 있는데 이마두의 사후(死後)에 그가 동양의 문명신을 거느리고 서양에 건너가 문운(文運)을 열었다고 하였으므로 이것이 서양문명 발전의 전기(轉機)가 되었다고 본다. 근대과학문명의 급속한 발전은 이와 같은 역사적 계기를 필두로 하여 문명신의 활동에 의해 이루어진 결과라고 할 수 있다. 특히 과학문명은 그 원형이 천국에 있다고 하였으므로 곧 '신(神)의 문명(文明)'을 본받은 것이 된다. 이렇게 보면 인간의 이성적 노력 뒤에는 항상 신의 의지가 개입되어 있었다는 것도 알 수 있다.

그런데 이와 같은 인간문명의 발전은 대순신앙의 발생배경에서 볼 때 그 부정적인 측면이 더욱 부각되고 있는데, 그것은 바로 인류의 교만에 따른 신도(神道)의 몰락을 가져왔기 때문이다. 일반적으로 문명(文明)과 문화(文化)는 그 구분이 명확하지는 않으나 문화를 주

---

50 『典經』 교운 1장 9절.

로 인간의 가치관·신념·지식체계 등을 가리키는 것이라면, 문명은 그것이 가시(可視)화된 측면으로 보아도 무방하다. 흔히 '야만'과 반대된 개념으로서의 '문명'은 인간을 인간답게 만드는 하나의 척도로 인식하기도 한다. 이 때문에 문명은 주로 물질적인 측면에서 인간의 삶을 윤택하게 만드는 모든 도구들의 총체로 볼 수도 있다. 인간의 문명사회에서 존중되는 것은 이러한 물질적 가치를 지니는 모든 것이라고 해도 과언이 아니다. 이것을 가능하게 하는 방법론이 바로 '과학(Science)'이라는 이름으로 포장되고 있다. 인류는 자신들이 개발한 문명의 이기(利器)들을 사용하여 마음대로 자연을 파괴하고 이용하였으며, 또한 과학을 동원하여 인류가 원하는 기계들을 만들어냈으므로 인간 이외의 어떤 존재의 도움도 바라지 않게 되었다. 모든 것은 과학의 힘으로 얻어낼 수 있을 것이라 확신하고 심지어는 인간 자신의 존재마저도 복제하여 만들어 내려고 하고 있다. 이렇게 인류는 과학의 이름하에 자신의 존재에 대한 자존심을 갖게 되었고 이는 방종과 교만으로 발전하여 그 폐단을 가져오게 되었으니 바로 천리(天理)에 대한 망각과 자연에 대한 죄악행위이다.

 천리를 망각했다는 것은 문명사회의 물질만능주의적 풍조에 따른 인간의 윤리도덕적인 타락을 말하는 것이다. 금전적 가치를 획득하기 위해 패륜을 저지르고 인간사회의 기강을 무시한 부도덕한 행위들은 모두 물신(物神)이 지배하는 사회에서 발생하는 부정적인 현상에 다름 아니다. 여기서 발생한 인간의 모든 행태는 또한 자연을 향한 파괴적 본능으로 치닫게 되었으니 현대의 환경오염 실태는 그와 같은 물질문명의 문제점을 극명하게 보여주고 있다.

인간의 문명이 물질에 치우쳐 생겨난 폐단은 궁극적으로는 "신도(神道)의 권위를 떨어뜨렸다."는 데 있다. 대순신앙의 세계관에서 주요한 부분을 차지하고 있는 신명계는 이 세계의 질서를 부여하고 나아가 인간의 행동을 통제 감독하는 중심역할을 담당한다. 하지만 물질적 가치에 더욱 비중이 두어진 인간사회에서는 상대적으로 정신적 가치에 대한 것은 소홀해지기 쉬우며 정신이 황폐화된 현상을 불러일으키기도 한다. 따라서 형이상학적이며 초월된 세계에 대한 것보다는 세속적 가치에 더욱 관심을 기울임으로써 성스러운 신(神)에 대한 권위는 부정되거나 무시되는 경향이 있다. 신도(神道)의 몰락은 이와 같은 현대문명의 폐단이 인간으로 하여금 정신적 가치 혹은 신의 존재를 업신여긴 결과를 지칭하고 있으며, 문명사회에서 종교적 가치가 과학적 가치에 비해 열등한 것으로 전락해야만 했던 부정적인 역사를 대변하고 있는 것이다.

2) 인류 진멸盡滅의 위기와 신성神聖들의 하소연

인간이 물질적 가치를 숭상함으로써 신도(神道)의 권위가 떨어지고 그 결과 선천세계는 도덕적 근거를 잃어버린 혼란 상태가 되어버렸다. "천도(天道)와 인사(人事)의 상도(常道)가 어겨졌다"는 것이 그 대표적인 양상이다. 천도(天道)는 인사의 기준이 되며, 상도는 인간이 마땅히 따라야만 하는 도덕을 말한다. 인간행위의 가치기준을 상실하고 방종과 일탈을 일삼는 인간사회는 그 자체로서 부조리한 것이 되고 인간을 둘러싼 세계전체를 혼란하게 만든다. 자연을 황폐화시키고 신의 권위에 도전하며 성장해 온 인간의 오만은 천도(天道)에 입각한 인간 본래의 심성을 망각하게 하였다. 이는 급기야 인류가 지녀야 할 참된 가치로서의 도덕을 잃어버린 것이 되니 곧 "도(道)의 근원이 끊어졌다"라고 한 것이다.

　이로써 선천세계는 인류를 진멸(盡滅)의 지경으로까지 몰고 가게 되었다는 것이 하나의 한계로 지적된다. 그 직접적인 원인으로서는 바로 '원한(怨恨)'이라고 하는 부정적인 감정상태를 들 수 있다. 원한은 곧 상대에게 자신의 이권(利權)이나 생존을 빼앗겼을 때 생기는 감정이다. 원한이 발생할 수밖에 없는 배경에는 물질에 치우친 선천의 문명이 도사리고 있다. 희소한 자원과 그에 따른 생산물의 불평등한 분배는 욕심에 찬 인간 사이의 필연적인 쟁탈을 야기한다. 그리하여 선천의 인류는 자신의 행복을 오로지 물질적 부에만 두고 인생을 살아왔던 것이다.

> 이제 천하 창생이 진멸할 지경에 닥쳤음에도 조금도 깨닫지 못하고 오직 재리에만 눈이 어두우니 어찌 애석하지 않으리오.[51]

　상대의 권리나 이익을 침탈하는 과정에서는 반드시 상대에게 해(害)를 끼치게 되며, 이러한 해는 상대의 파멸 또는 죽음을 의미하기도 한다. 그리고 원한의 감정을 지닌 존재는 자신의 권리를 되찾는 과정에서 또 다시 상대로 하여금 원한의 감정을 갖게 만들면서 상대를 파멸시키고자 한다. 전쟁이 또 다른 전쟁을 낳는 것과 같다. 역사

---

[51] 『典經』 교법 1장 1절.

는 곧 전쟁의 역사인 것이다. 인류의 역사발전을 대립과 투쟁의 과정에서 찾는 이론들이 오늘날 하나의 학설로 자리 잡을 수 있었던 것은 상극 원리에 지배된 선천 세계를 집중적으로 조명한 결과로 볼 수 있다.

자연과 인간의 관계에서도 상극의 원리는 여전히 파행적인 결과를 가져오게 된다. 자연을 정복하고 이용하고자 하는 인간은 급기야 자연을 파괴하는 행동으로 치닫게 되고 이는 반대급부로써 환경오염을 가져와 인간이 그 폐해를 입게 된다. 현대인의 자연친화적인 삶을 위해 "인간과 자연의 대화"라는 주제는 신세기 인류의 과제로 제시되기에 충분한 것이라 하겠다. 말하자면 선천은 모든 사물이 상극에 지배됨으로써 세상에 원한이 가득 차게 되었다는 것이다. 따라서 모든 사물들 간의 관계는 '원한'이라고 하는 고리로 형성되어 영원한 평화를 기약할 수 없는 세계가 선천이며, 급기야는 인류의 생존마저도 위태롭게 하는 진멸(盡滅)의 상황에까지 이르게 되었음을 말한다.

인류가 진멸의 상황에 처했다는 것은 우주 전체의 총체적 위기가 발생하였음을 의미한다. 비단 인간 사회만의 문제가 아니며 상극에 지배된 선천의 세계 전체가 문제가 된다. 선천에서 발생한 원한(怨恨)은 인간만이 아닌 자연 사물, 신(神)에 이르기까지 모든 존재가 담지하고 있으며, 그 얽힌 마디가 너무도 복잡하고 다양하여 세계가 당장이라도 파멸할 지경에 처했다는 말이다. 이런 의미에서 인간에게만 국한되기 쉬운 원한의 감정은 선천세계의 본질과 한계를 지적하는 용어로써 보편적 의미의 '원(冤)'으로 대체된다. 여기서 '원(冤)'

은 인간을 포함한 모든 존재 전체의 한계상황을 지적하는 용어이다. 후천(後天)이 선천의 한계를 극복한 세계라면 이전에 선천을 한계상황으로 몰고 갔던 '원(寃)'이 어떤 역사적 계기에 의하여 해소되는 단계를 거친 것을 말한다. 최고신 상제의 강림이 이루어지는 배경도 바로 여기에 해당된다. 말하자면 진멸(盡滅)에 처한 선천세계의 위기는 신명계로부터의 구원의지에 의해 새로운 전기점을 마련하게 되었다는 것이다.

> "…원시의 모든 신성과 불과 보살이 회집하여 인류와 신명계의 이 겁액을 구천에 하소연하므로 내가 서양(西洋) 대법국(大法國) 천계탑(天啓塔)에 내려와 천하를 대순(大巡)하다가 이 동토(東土)에 그쳐 모악산 금산사(母岳山金山寺) 삼층전(三層殿) 미륵금불(彌勒金佛)에 이르러 三十년을 지내다가 최제우(崔濟愚)에게 제세대도(濟世大道)를 계시하였으되 제우가 능히 유교의 전헌을 넘어 대도의 참 뜻을 밝히지 못하므로 갑자년(甲子年)에 드디어 천명과 신교(神敎)를 거두고 신미년(辛未年)에 강세하였노라"고 말씀하셨도다.[52]

원시의 모든 신성·불·보살은 인간의 역사에 있어서 종교적 성인(聖人)으로 추앙되는 인물들을 신격화한 것이다. 성인(聖人)은 인사(人事)의 지침을 마련한 인류의 스승으로서 천도(天道)에 입각하여 인간의 상도(常道)를 지도해주는 사명을 실천했던 인물이다. 하지만

---

[52] 『典經』 교운 1장 9절.

물질에 치우친 선천의 문명은 이 같은 상도를 타락시키고 그 도(道)의 근원을 망각하였으니 과거 성인이 지녔던 사명을 어디에서도 찾아볼 수 없게 되었다. 인간의 과학문명이 천국을 본받았다고 하였으므로 문명의 폐단이 발생했을 때에는 그에 대한 계도의 책임 또한 성인들이 통감(痛感)한다고 본다. 따라서 신명계의 성인들은 이를 수수방관할 수 없어서 그 대책을 강구하게 되니 곧 신명계의 회집(會集)을 통한 구제의 노력이 그것이다.

　신성·불·보살들의 회집 결과 선천의 진멸상황은 이전에 성인들의 힘으로 해결하기에는 역부족이었다고 본다. 즉 이미 타락할 대로 타락한 인류와 돌이킬 수 없는 전 우주적인 역사는 새로운 창조의 권능을 지닌 최고신의 역할이 아니면 해결될 수 없는 문제였던 것이다. 그것은 이 세계를 지배하는 근원적인 원리를 바꾸는 것과 같은 총체적인 변혁을 요구하고 있었다. 성인들이 선(善)을 향한 계도(啓導)의 노력을 하기 이전에 급박한 진멸 지경에서 인류를 먼저 구제하는 것이 급선무였다고 본다. '원(冤)'이 발생하여 생긴 선천의 문제를 해결하기 위해서는 먼저 그 원을 근본적으로 해소시켜줄 수 있는 역사적 작업이 선행되어야 하며, 나아가 다시는 그러한 원(冤)이 발생하지 않도록 구조적으로 세계를 새롭게 구성하는 작업이 필요하다. 이 같은 작업은 신성·불·보살이 감당할 수 없으며 조물주이자 전능자로서 존재하는 최고신 상제의 권능이 아니면 불가능하다고 본다. 그리하여 모든 신성·불·보살들은 자신들보다 상위의 능력을 지니고 있는 상제(구천상제)께 하소연하였으며 이로써 상제강림의 역사가 이루어지게 된 것이다.

3) 상제의 천하대순天下大巡과 강세降世

최고신 상제의 강림과 그 역사에 대한 의의는 '대순'(大巡)이라는 용어에 잘 나타나 있다. 『전경』 구절 가운데 "내가 서양(西洋) 대법국(大法國) 천계탑(天啓塔)에 내려와 천하를 대순(大巡)하다가 이 동토(東土)에 그쳐…"(교운 1장 9절)라든가 "공우가 삼 년 동안 상제를 모시고 천지공사에 여러 번 수종을 들었는데 공사가 끝날 때마다 그는 '각처의 종도들에게 순회·연포하라'는 분부를 받고 '이 일이 곧 천지의 대순이라'는 말씀을 들었도다."(교운 1장 64절)라는 글귀에서 알 수 있듯이, '대순(大巡)'은 최고신 상제의 강세를 의미하는 핵심용어이다. 여러 신성·불·보살들의 하소연을 받고 권화(權化)하여 강림한 상제께서는 자신의 사명과 역사를 '대순'이라는 개념 속에서 표현하였던 것이다.

대순이라고 할 때의 대(大)는 크기, 높이, 넓이에 있어서 한량없는 정도를 가리키며, 순(巡)은 '순시'(巡視) '순회'(巡廻) '순찰'(巡察)과 같이 "자세히 살피면서 돈다"는 의미를 지닌다. 이로써 볼 때 대순이 지니는 교학적 의미는, 첫째 신앙대상이 되는 최고신 상제의 현현이며, 둘째 상제의 절대능력으로써 천하를 구제하고자 하는 의지와 그 활동을 말하며, 셋째 그 유지(遺志)를 숭신(崇信)하며 귀의(歸依)하는 신앙적 실천을 포함하고 있다.

'구천(九天)'에 임재(臨在)한 상제의 존재는 단지 초월적인 관념에만 머물지 않고 직접 인간 세계를 굽어 살피며 순회 감독하는 인격적인 성격의 최고신이다. 그 존재의 위상을 담고 있는 '대순(大巡)'의 결과로 상제는 절대권능을 지니고 인세(人世)에 강림하였으며 인간을 위한 대역사(大役事)를 행하게 된다. 여기에는 또한 상제강림 당시의 종교적 관념이 현실세계에서 구체적으로 실현되기를 바라는 한국 민중의 염원이 담겨져 있다. 나아가서 '대순'은 한국의 특수한 역사에만 국한되지 않고 인간의 보편적 종교심성에 다가가 전 인류의 구원을 가능하게 하므로 '천하대순'의 의미로 인식되어진다.

'대순'의 과정을 영역별로 세분한다면 천계(天界)와 지계(地界) 그리고 인간계(人間界)로 나눌 수 있다. 이를 묶어서 삼계대순(三界大巡)이라고도 한다. 천·지·인 삼계의 대순과정에서 인간의 몸으로 강세하신 상제께서는 자신의 주된 역사를 인간계에서 펼치게 되었다. 많은 사람들과 같이 호흡하면서 인간의 현실적인 삶을 목도하였고, 인간의 참된 소원을 직접 청취하였으며, 인간이 진정으로 바라는 이상세계 건설을 위해 상제께서는 당신의 모든 능력을 발휘하였던 것이다. 상제의 천하대순은 결국 상제의 인신(人身)강세(降世)로 귀결되고, 인간 상제의 권능과 법설을 통해 위대한 가르침이 전개되었다는 것이 바로 오늘날 대순진리회 신앙의 핵심이 되고 있다.

그렇다면 인간의 몸으로 강세한 상제께서는 구체적으로 어떤 역사적 기록을 가지고 있는가. 다음 절에서 이를 살펴보기로 하겠다.

4. 강증산 구천상제의 역사적 생애

1) 탄강誕降과 유력遊歷

천하대순(天下大巡) 과정에 따른 상제의 인신강세(人身降世)는 구한말한반도의 구석진 촌마을에서부터 시작된다. 최고신이신 구천의 상제께서 인간의 몸으로 탄생하셨다는 것은 이미 역사적으로 인간의 성씨(姓氏)를 지니고 하나의 가계(家系)를 배경으로 하고 있음을 의미한다. 즉 실존인물이자 역사적 대종교가로 알려진 강증산(1871~1909)에 대한 기록이 바로 신앙의 기원을 이루고 있는데, 다음의 『전경』내용은 그 구체적인 사실(史實)로 전해지고 있다.

객망리에 강씨 종가인 진창 어른부터 六대에 이르렀을 때 상제께서 탄강하셨으니, 상제의 성은 강(姜)씨이오. 존휘는 일순(一淳)이고 자함은 사옥(士玉)이시고 존호는 증산(甑山)이시니라. 때는 신미(辛未)년 九월 十九일인 즉 이조 고종(李朝高宗) 八년이며 단기로서는 四千二百四년이고 서기로는 一千八百七十一년 十一월 一일이로다.[53]

그리고 그 탄강하신 마을을 손바래기라고 부르며 당시에 전라북도 고부군 우덕면 객망리(全羅北道古阜郡優德面客望里)라고 부르더니 지금은 정읍군 덕천면 신월리(井邑郡德川面新月里) 새터로 고쳐 부르도다.[54]

부친의 성함은 문회(文會)이며 자는 흥주(興周)이고 그는 범상에 우렁찬 음성을 가진 분으로서 그의 위엄은 인근 사람만이 아니라 동학의 의병들에게까지 떨쳤도다.[55]

---

53 『典經』행록 1장 5절.
54 『典經』행록 1장 6절.
55 『典經』행록 1장 8절.

모친은 권(權)씨이며 성함은 양덕(良德)이니 이평면(梨坪面) 서산리에 근친가서 계시던 어느 날 꿈에 하늘이 남북으로 갈라지며 큰 불덩이가 몸을 덮으면서 천지가 밝아지는도다. 그 뒤에 태기가 있더니 열 석달만에 상제(上帝)께서 탄강하셨도다.[56]

강증산이 탄강한 때는 1871년 신미년 음력 9월 19일이며, 이조 고종 8년째 되던 해이다. 탄강지명의 현재 주소는 전북 정읍군 덕천면 신월리 새터에 해당된다. 역사적으로는 서학(西學)이 전래되고 외세의 물결이 밀려와 조선의 근대화를 부추기던 시대였고, 동학의 창시자인 최수운이 활동하다가 혹세무민하였다는 죄목으로 처형당한지 8년째 되던 해이다. 증산의 본명은 강일순(姜一淳)이며 '증산(甑山)'은 그의 자호(自號)이다. 어릴 적 이름은 사옥(士玉)이라고 하였다. 부친의 성함은 강문회(姜文會)이며 모친의 성함은 권양덕(權良德)이시다. 모친이 태기가 있은 지 열석 달 만에 증산께서 탄강하였다고 전한다.

현재 전하고 있는 증산의 유년시절 기록을 살펴보면 다음과 같다.

상제께서는 어려서부터 성품이 원만하시고 관후하시며 남달리 총명하셔서 뭇사람들로부터 경대를 받으셨도다. 어리실 때부터 나무심기를 즐기고 초목 하나 꺾지 아니하시고 지극히 작은 곤충도 해치시지 않을 만큼 호생의 덕이 두터우셨도다.[57]

---

56 『典經』 행록 1장 9절.
57 『典經』 행록 1장 11절.

상제께서 일곱 살 때에 어느 글방에 가셨는데 훈장(訓長)으로부터 놀랄 경(驚)의 운자를 받고 '원보공지탁 대호공천경(遠步恐地坼大呼恐天驚)'이라고 지으셨도다.[58]

상제께서 글방에 다니실 때 훈장으로부터 들으신 것은 그 자리에서 깨우치시고 언제나 장원하셨도다. 하루는 이런 일이 있었노라. 훈장이 서동(書童)들의 부모에 미안함을 느껴 속으로 다음 서동에게 장원을 주려고 시험을 뵈었으나 역시 상제께서 장원하셨던 바 이것은 상제께서 훈장의 속셈을 꿰뚫고 그로 하여금 문체와 글자를 분별치 못하게 하신 까닭이라고 하도다.[59]

유년시절 증산의 성품은 원만 관후하고 총명하였으며 지극히 작은 곤충 하나도 함부로 해치지 않을 정도로 호생의 덕이 두터웠다. 그리고 어릴 적에 지은 시구(詩句)에서 "멀리 발을 내딛으면 땅이 꺼질까 두렵고 크게 소리 지르면 하늘이 놀랄까 두렵다(遠步恐地坼大呼恐天驚)"라고 한 것은 그 기상이 보통 사람과 달랐음을 알게 해주는 내용이다. 남달리 총명하였다는 것도 항상 서당에서 장원하였던 기록에서 알 수 있다. 이 외에도 잃어버린 모시 베를 다시 찾은 일(행록 1장 14절), 그 기력이 출중하여 돌절구를 머리에 쓰고 상모 돌리듯이 한 일(행록 1장 15절), 부친의 빚을 지혜로써 갚은 일(행록 1장 17절) 등의 일화가 전해온다.

---

58 『典經』 행록 1장12절.
59 『典經』 행록 1장13절.

장성하여서의 기록은 주로 갑오 동학혁명(1894)을 전후로 한 유력(遊歷)생활을 담고 있다. 이때는 증산께서 흉흉한 세태를 지켜보면서 비판하기도 하고 사람들의 올바른 처세법을 가르치기도 하였으며, 비로소 광구천하(匡救天下)의 뜻을 품게 된 시기이다. 이 시대의 역사적 상황을 알게 해주는 내용으로는 『전경』의 다음과 같은 구절들이 있다.

상제께서 갑오(甲午)년에 정 남기(鄭南基)의 집에 글방을 차리고 아우 영학(永學)과 이웃의 서동들을 모아서 글을 가르치시니 그 가르치심이 비범하여 모든 사람들로부터 칭송이 높았도다. 글방은 처남의 집이고 금구군 초처면 내주동(金溝郡草處面內住洞)에 있었도다. (행록1장20절)

이 해에 고부인(古阜人) 전 봉준(全琫準)이 동학도를 모아 의병을 일으켜 시정(時政)에 반항하니 세상이 흉동되는지라. 이 때에 금구인 김 형렬(金亨烈)이 상제의 성예를 듣고 찾아 뵈인 후 당시의 소란을 피하여 한적한 곳에 가서 함께 글 읽으시기를 청하므로 글방을 폐지하고 전주군 우림면 동곡(全州郡雨林面銅谷) 뒷산에 있는 학선암(學仙庵)으로 가셨으나 그 곳도 번잡하기에 다른 곳으로 떠나셨던 바 그 곳을 아는 사람이 한 사람도 없었도다.(행록1장21절)

전봉준(全琫準)이 학정(虐政)에 분개하여 동학도들을 모아 의병을 일으킨 후 더욱 세태는 흉동하여져 그들의 분노가 충천하여 그 기세는 날로 심해져가고 있었도다. 이때에 상제께서 그 동학군들의 전도가 불리함을 알으시고 여름 어느 날 '월흑안비고 선우야둔도(月黑雁飛高單于夜遁逃) 욕장경기축대설만궁도(欲將輕騎逐大雪滿弓刀)'의 글을 여러 사람에게 외워주시며 동학군이 눈이 내릴 시기에 이르러 실패할 것을 밝히시고 여러 사람에게 동학에 들지 말라고 권유하셨느니라. 과연 이 해 겨울에 동학군이 관군에게 패멸되고 상제의 말씀을 좇은 사람은 화를 면하였도다.(행록 1장 23절) 고부지방의 유생들이 을미(乙未)년 봄에 세상의 평정을 축하하는 뜻으로 두승산(斗升山)에서 시회(詩會)를 열었을 때 상제께서 이에 참여하시니라. 이때 한 노인이 상제를 조용한 곳으로 청하여 모셔가더니 작은 책 한 권을 전하거늘 그 책을 통독하셨도다.(행록1장24절) 유생들은 세상이 평온하다고 하나 세도는 날로 어지러워졌다. 상제께서 이 때 비로소 광구 천하하실 뜻을 두셨도다.(행록 1장 25절)

위의 일련의 구절들에서 살펴볼 때 증산의 청년기는 19세기 말엽 특히 동학농민혁명을 중심으로 전개되어 나가는 국내·외의 혼란기이다. 이 시대의 역사적 전개상황을 단적으로 파악하기 위해 여기서는 편의상 주요 역사서의 내용을 참고로 요약해보기로 한다.

1876년 개항은 한국사회를 새로운 단계에 들어서게 만든 획기적 사건이었다. 문호개방은 한국사회 내적인 요구도 있었지만 일본의 요구에 의해 타율적으로 이루어졌다. 한국사회는 개항으로 세계자본주의체제에 편입되었으며 세계자본주의체제의 변화가 한국사회의 전개과정에 큰 영향을 미치게 되었다. 서구 열강을 비롯하여 일본과 청국은 개항을 계기로 그들의 이익을 차지하기 위하여 조선에 정치적·경제적 압력을 가하기 시작하였다. 이러한 사회적 과제를 해결하기 위하여 당시의 사회세력들은 치열하게 노력해 갔다. 그들은 개혁의 방향을 둘러싸고 동도서기파·개화파

위정척사파·부농·빈농 등으로 다양하게 분화되어 갔다.… 그들 사회세력은 외세에 대한 대응, 사회적 위기의 극복방향을 둘러싸고 서로 대립하기도 하였다. 그것의 극복대립 과정이 정치적 사건이나 사회운동으로 분출되었다. 병인양요, 신미양요, 임오군란, 갑신정변, 상인들의 철시운동, 농민의 외국상인 배척운동, 농민항쟁 등은 그러한 예였다.

1894년은 그러한 대립이 정점에 달한 획기적 시기였다. 농민들은 반외세·반봉건을 기치로 내세우고 전면적인 투쟁을 벌였다. …이 전쟁은 농민들이 중심이 되어 외세의 침략을 배척하고 중세사회체제를 타파하면서 자주적인 근대사회를 만들려는 아래로부터의 변혁운동이었다. 온건개화파들은 이 농민전쟁에 자극을 받아 농민들의 요구조건을 수용하면서 한국사회를 근대화시키는 변혁운동을 시도하였다. 그것이 1894년의 갑오개혁이었다. … 한편 외세 특히 일본은 1894년 농민전쟁을 빌미로 조선에서 영향력을 확대해 가려고 하였다. 그리하여 일본은 청일전쟁을 일으켰고 그 전쟁에서 승리하자 조선과 만주에 대한 간섭을 강화해 갔다. 이에 러시아 등 서구 열강이 일본의 영향력 확대를 견제하면서 조선에 진출하였다.(삼국간섭) … 조선은 1905년 을사조약을 계기로 일본의 보호국이 되었고 국권을 상실할 위기에 처하게 되었다. 이에 개화파들은 민들을 계몽하면서 힘을 키우는 자강운동을 벌여갔고 위정척사파들은 민들과 함께 의병운동을 통하여 무너져 가는 조선을 구하고자 하였다. 그러나 조선의 국권을 되찾지는 못하였다.

요약하면 조선은 19세기 중엽 이후 안으로 중세 사회체제를 극복하고 근대사회체제를 이루어가야 했으며 밖으로는 서구 열강의 침략을 막고 국권을 수호해야 하는 시대적 과제를 안고 있었다. 당시의 사회세력들은

자신이 처해있던 계급적 입장에서 사회모순을 인식하고 나름대로 그 해결방식을 구해가고 있었다.[60]

이처럼 안팎으로 혼란한 때 강증산께서는 글방을 차려 마을의 학동들에게 글을 가르쳤으며 다양한 서적을 탐독하기도 하였다. 또한 증산께서는 광구천하(匡救天下)의 뜻을 품고 인심 및 속정을 살피기 위해 전국을 주유(周遊)하였다.

상제께서 정유(丁酉)년에 다시 정 남기(鄭南基)의 집에 글방을 차리고 아우 영학(永學)과 형렬(亨烈)의 아들 찬문(贊文)과 그 이웃 서동들을 가르치셨도다. 이 때에 유불선 음양참위(儒佛仙陰陽讖緯)를 통독하시고 이것이 천하를 광구함에 한 도움이 되리라 생각하시고 얼마동안 글방을 계속하시다가 인심과 속정을 살피고자 주유의 길을 떠나셨도다.[61]

상제께서 삼년 동안 주유하신 끝에 경자(庚子)년에 고향인 객망리에 돌아오셔서 시루산 조모님의 묘를 면례하시니 이 때 류 서구(柳瑞九)가 지사(地師)로서 상제를 보좌하였도다. 이후에 상제께서 항상 시루산 상봉에서 머리를 푸시고 공부를 하셨도다. 그러던 어느날 호둔하고 앉아 계셨을 때 마침 나뭇군들이 지나가다가 이것을 보고 기겁하여 상제의 부친께 아뢰는지라. 부친께서도 당황하여 시루봉에 오르니 범은 보이지 않고 상제께서 태연자약하게 앉아서 공부하고 계시는 것만이 보였도다.[62]

---

60 한국역사연구회,『한국역사입문』3 근대·현대편, 풀빛, 1996, pp. 23~25.
61 『典經』 행록 2장 1절.

3년의 주유 끝에 고향 객망리로 돌아온 증산께서는 조모의 묘를 면례(緬禮, 묘를 이장함)하였다. 그리고 이후에 항상 시루산 상봉에서 공부하였다고 한다. 이때의 공부는 인심과 속정을 살핀 후 광구천하의 방안을 마련하기 위한 것이며 수많은 주문을 외우면서 여러 신명들과 더불어 행하였던 것으로 본다.[63]

　　광구천하의 공부를 통해 강증산께서는 혼란한 천하를 바로잡을 수 있는 신력(神力)과 대권(大權)을 얻을 수 있었으며, 이로써 증산의 생애에는 많은 기행 이적들이 행하여졌다.

2) 이적異蹟과 신력神力

강증산의 생애에 나타난 여러 신이(神異)한 행적들은 구천상제로서의 권위에 입각한 것으로서 그 절대권능을 지니고 있음을 보여주는 일련의 사실로 알려진다. 증산께서 인심과 속정을 살피고 돌아와 시루산에 머물면서 행했던 공부는 광구천하를 위한 본격적인 행보(行步)를 시작한 것이며 신명계(神明界)를 포함한 천하 창생의 구제를 위해 최고신 상제의 신력(神力)을 확보하는 과정으로 볼 수 있다. 증산의 생애에 있어서 이 같은 의미를 지니는 공부는 1901년(신축년) 대원사에서 행해졌다.

　　상제께서 신축(辛丑)년 五월 중순부터 전주 모악산 대원사(大院寺)에 가셔

---

62 『典經』 행록 2장 7절.
63 이 때 외웠던 주문으로서 진법주(眞法呪)가 있으며, 오방신장(五方神將)과 사십팔장(四十八將) 이십팔장(二十八將) 등의 신명을 불러 공사(公事)를 보았다고 전한다. (『典經』, 행록 2장 10절 참조)

서 그 절 주지승 박금곡(朴錦谷)에게 조용한 방 한간을 치우게 하고 사람들의 근접을 일체 금하고 불음 불식의 공부를 계속하셔서 四十九日이 지나니 금곡이 초조해지니라. 마침내 七月 五일에 오룡허풍(五龍噓風)에 천지대도(天地大道)를 열으시고 방안에서 금곡을 불러 미음 한잔만 가지고 오라 하시니 금곡이 반겨 곧 미음을 올렸느니라… 64

상제께서 대원사에서의 공부를 마치고 옷을 갈아입고 방에서 나오시니 대원사 골짜기에 각색의 새와 각종의 짐승이 갑자기 모여들어 반기면서 무엇을 애원하는 듯 하니라. 이것을 보시고 상제께서 가라사대「너희 무리들도 후천 해원을 구하려함인가」하시니 금수들이 알아들은 듯이 머리를 숙이는도다. 상제께서「알았으니 물러들 가있거라」고 타이르시니 수많은 금수들이 그 이르심을 좇는도다.65

대원사에서의 49일 공부를 통해 증산께서는 오룡허풍의 천지대도를 열었으며, 선천의 한계상황과 진멸의 위기로부터 창생을 구제할 대권(大權)을 확보하였다. 대원사의 공부를 마치고 나오자 대원사 골짜기에 각색의 새와 짐승들이 반겨 맞으면서 무엇을 애원하는 듯 하였다고 하니 증산은 이들에 대해서도 '후천해원'을 시켜줄 것을 약속하였다. 이로써 강증산은 더 이상 인간의 한계에 머물지 않고 인간의 몸을 지닌 채로 최고신 상제로서의 모습을 보여주게 된다. 증산께서는 곧 구천상제의 화신(化身)으로서 그가 지닌 무소불능의 신

---

64 『典經』 행록 2장 12절.
65 『典經』 행록 2장 15절.

력(神力)을 행사하며 자신의 본래적인 사명을 시작하게 된 것이다.

증산에 관한 기록에서 이적(異蹟)이나 신력(神力)은 모두 절대자 구천상제의 권능을 행사한 것으로 일반 인간의 능력을 초월한 것이었다. 그 몇 가지만 살펴보면 다음과 같다.

> 상제께서 삼계의 대권(三界·大權)을 수시수의로 행하셨느니라. 쏟아지는 큰 비를 걷히게 하시려면 종도들에 명하여 화로에 불덩이를 두르게도 하시고 술잔을 두르게도 하시며 말씀으로도 하시고 그 밖에 풍우·상설·뇌전을 일으키는 천계대권을 행하실 때나 그 외에서도 일정한 법이 없었도다.[66]

> 상제께서 와룡리 황 응종의 집에 계실 때 어느 날 담뱃대를 들어 태양을 향하여 돌리시면 구름이 해를 가리기도 하고 걷히기도 하여 구름을 자유자재로 좌우하셨도다.[67]

> 상제께서 동곡에 머무실 때 그 동리의 주막집 주인 김 사명(金士明)은 그의 아들 성옥(成玉)이 급병으로 죽은 것을 한나절이 넘도록 살리려고 무진 애를 썼으나 도저히 살 가망이 보이지 않자 아이의 어머니가 죽은 아들을 업고 동곡 약방으로 찾아 왔도다. 상제께서 미리 아시고 "약방의 운이 비색하여 죽은 자를 업고 오는도다"고 말씀하시니라. 성옥의 모는 시체를 상제 앞에 눕히고 눈물을 흘리면서 살려주시기를 애원하므로 상제

---

[66] 『典經』 공사 1장 4절.
[67] 『典經』 권지 2장 11절.

께서 웃으시며 죽은 아이를 무릎 위에 눕히고 배를 밀어내리시며 허공을 향하여 "미수(眉叟)를 시켜 우암(尤菴)을 불러라"고 외치고 침을 흘려 죽은 아이의 입에 넣어주시니 그 아이는 곧 항문으로부터 시추물을 쏟고 소리를 치며 깨어나니라. 그리고 그 아이는 미음을 받아 마시고 나서 걸어서 제 집으로 돌아가니라.[68]

그 후 어느 날 금곡이 상제를 정중하게 시좌하더니 상제께 저의 일을 말씀하여 주시기를 청원하였도다. 상제께서 가라사대 "그대는 전생이 월광대사(月光大師)인 바 그 후신으로서 대원사에 오게 되었느니라. 그대가 할 일은 이 절을 중수하는 것이고 내가 그대의 수명을 연장시켜 주리니 九十세가 넘어서 입적하리라"하시니라.[69]

위의 내용은 모두 인세(人世)의 상제께서 자연의 조화를 자유자재로 부릴 수 있는 권능을 지녔으며, 죽은 자를 살린다든지, 살아있는 자의 수명을 연장시켜준다든지 하여 절대능력을 행사하고 있었음을 보여준다. 이와 같은 기록은 인간의 몸을 지닌 상제가 신적 존재만이 행할 수 있는 능력을 그대로 발휘하였음을 밝혀서 역사적 인물로서의 강증산이 바로 절대권능의 소유자인 최고신 상제였음을 밝히는데 의의가 있다.

전통적 신관념에서 볼 때 인간이 겪는 길흉화복과 운명의 문제는 인력이 미칠 수 없는 신의 영역에 속한다고 본다. 자연현상의 변

---

[68] 『典經』 제생 9절.
[69] 『典經』 행록 2장 13절.

화 또한 인간의 능력 밖에 있다. 그러나 역사적 인물로서의 증산께서는 최고신 구천상제로서의 위상을 지니고 그의 절대능력을 보여줌으로써 상제에 대한 새로운 신앙을 가능하게 했다. 즉 상제께서는 인간의 몸으로 강세(降世)하였으며 전 인류와 창생을 위해 자신의 사명을 다하고자 했다. 상제의 사명은 한순간의 기행 이적을 보여주는 것이 아니라 그 자신의 절대권능으로 진멸에 빠진 세계창생을 구제하는 것이다. 강세하신 강증산이 구천상제로 신앙될 수 있는 이유는 바로 이와 같은 창생구제의 대역사에 근거를 두고 있다.

3) 대역사大役事로서의 천지공사天地公事

상제께서는 그가 지닌 절대권능과 신력(神力)으로써 당시의 소외받은 민중의 고통을 덜어주는 한편 선천세계에 놓여 있는 인류 전체의 진멸위기를 직시하였다. 여기에 상제의 진정한 사명의식이 드러났다고 볼 수 있는데, 먼저 인간 증산은 천상세계로부터 강림한 최고신 상제의 화현(化現)이라는 것과, 상제는 천하창생을 위해 새로운 천지를 재창조해야만 하는 일대(一大) 작업을 단행해야 한다는 것이다.

주지하다시피 강증산의 탄강은 이미 그전에 신의 세계로부터의 역사가 있었다. 즉 "상제께서 구천에 계시자 신성·불·보살들이 상제가 아니면 혼란에 빠진 천지를 바로잡을 수 없다고 호소하므로 서양(西洋) 대법국 천계탑에 내려오셔서 삼계를 둘러보고 천하를 대순하시다가 동토에 그쳐 모악산 금산사 미륵금상에 임하여 삼십년을 지내시면서 최수운에게 천명과 신교를 내려 대도를 세우게 하셨다가 갑자년에 천명과 신교를 거두고 신미년에 스스로 세상에 내리기로 정하셨도다."(예시 1절)라고 한 것이 그것이다. 여기서 구천에 계신 상제의 강림은 여러 신성·불·보살의 하소연에 의해 이루어졌다. 그리고 상제께서는 일시적으로 금산사 미륵불상에 임하여 있다가 최수운에게 신교를 내렸다고 하였으므로 수운이 신앙하였던 '하늘님' 또는 '천주'의 존재[70]는 다름 아닌 구천의 상제임을 알 수 있다. 그런데 최수운의 전도활동이 구천상제의 본래 뜻에 합당하지 않았으므로 그 기운을 거두고 직접 인간의 몸으로 강세하게 되었으니 바로 강증산이라는 것이다. 이로써 증산은 역사적 인물이기 이전에 '상제' 다시 말해서 구천상제의 화신(化身)이라고 할 수 있다. 구천상제께서는 그의 새로운 사명을 다음과 같이 밝힌 바 있다.

> 상제께서 어느날 종도들에게 "내가 이 공사를 맡고자 함이 아니니라. 천지신명이 모여 상제가 아니면 천지를 바로잡을 수 없다 하므로 괴롭기 한량없으나 어찌할 수 없이 맡게 되었노라"고 말씀하셨도다.[71]

---

[70] 최수운(1824~1864)이 창시한 동학은 1860년(경신년) 4월 5일에 있었던 최수운의 종교체험에서 비롯된다. 최수운이 지은 것으로 알려져 있는 『동경대전』과 『용담유사』에는 그 당시의 상황이 자세하게 기록되어 있는데, 여기서 수운은 자신이 구도활동을 하던 어느날 비몽사몽간에 만난 신적인 존재에 대해서 설명하고 있다. 그 신은 스스로 '상제' 또는 '천주'로써 설명되며, 수운은 이를 한국의 '하늘님'으로 이해하였다. 이로써 한국 근대에 최초의 민족종교로서의 신앙체계가 성립되었는데, 이른바 하늘님의 진리는 '무극대도(無極大道)'이며, 신앙대상은 '하늘님' '천주' '상제'로서 최고신이다. 신앙의 방법은 '수심정기(修心正氣)'하여서 '시천주(侍天主)'하는 것이며 신앙목적은 하늘님의 도에 합한 '신선(神仙)'이 되는 것이다. 3년여에 걸친 최수운의 종교활동은 1863년 12월에 혹세무민하였다는 죄목으로 관가에 붙잡혀서 이듬해 1864년 3월에 효수형에 처해졌다. 오늘날에는 '천도교'등의 교단에서 그 사상을 이어 신앙 활동이 이루어지고 있다.

[71] 『典經』 공사 1장 9절.

윗글에서 알 수 있듯이 구천상제는 모든 천지신명의 하소연으로 강세하였으며, 또한 혼란한 천지를 바로잡기 위한 일대작업(또는 공사)을 단행해야 됨을 알 수 있다. 인간을 포함한 천지의 자연 사물이 모두 상극에 지배되어 상도를 잃은 결과 천하가 진멸지경에 빠졌으므로 이를 구제할 수 있는 자는 바로 절대 권능을 지닌 구천상제 밖에 없다는 것이다. 그 구체적인 역사와 활동의 총체를 일컬어 '천지공사(天地公事)'라고 하니 『전경』에는 다음과 같이 기록되어 있다.

> 시속에 말하는 개벽장은 삼계의 대권을 주재하여 비겁에 쌓인 신명과 창생을 건지는 개벽장(開闢長)을 말함이니라. 상제께서 대원사에서의 공부를 마치신 신축(辛丑)년 겨울에 창문에 종이를 바르지 않고 부엌에 불을 지피지 않고 깨끗한 옷으로 갈아입고 음식을 전폐하고 아흐레 동안 천지공사를 시작하셨도다. 이 동안에 뜰에 벼를 말려도 새가 날아들지 못하고 사람들이 집 앞으로 통행하기를 어려워하였도다.[72]

즉 신축년(1901년)부터 시작된 천지공사는 인간의 몸을 지닌 구천상제의 창생구제의 대역사(大役事)를 일컫고 있다. 그 범위는 천·지·인 삼계에 걸쳐있고, 이를 공히 다스리는 존재는 삼계(三界) 대권(大權)을 지닌 개벽장으로서의 구천상제이시다.

천지공사는 이상과 같은 취지에 의해 시작되고 이후 상제의 권능을 발휘하여 9년간에 걸친 대 작업으로 이루어지니 역사적으로

---
[72] 『典經』 공사 1장 1절.

전무후무한 대단원을 장식한다. 천지공사가 지닌 역사성은 우주가 생성된 이후의 초유의 사건으로서 무엇보다도 최고신으로 강림한 구천상제의 주재(主宰)하에 이루어졌다는데 의의가 있다. 나아가 유일회(唯一回)적인 의미에서 독창성을 지닌다. 이와 관련해서는 다음의 구절을 참고할 수 있다.

> 상제께서 이듬해 사월에 김형렬의 집에서 삼계를 개벽하는 공사를 행하셨도다. 이 때 상제께서 그에게 가라사대 "다른 사람이 만든 것을 따라서 행할 것이 아니라 새롭게 만들어야 하느니라. 그것을 비유컨대 부모가 모은 재산이라 할지라도 자식이 얻어 쓰려면 쓸 때 마다 얼굴이 쳐다보임과 같이 낡은 집에 그대로 살려면 엎어질 염려가 있으므로 불안하여 살기란 매우 괴로운 것이니라. 그러므로 우리는 개벽하여야 하나니 대개 나의 공사는 옛날에도 지금도 없으며 남의 것을 계승함도 아니오. 운수에 있는 일도 아니오. 오직 내가 지어 만드는 것이니라. 나는 삼계의 대권을 주재하여 선천의 도수를 뜯어고치고 후천의 무궁한 선운을 열어 낙원을 세우리라" 하시고 "너는 나를 믿고 힘을 다하라"고 분부하셨도다.[73]

즉 상제의 천지공사는 "옛날에도 지금도 없으며 남의 것을 계승함도 아니오. 운수에 있는 일도 아니오. 오직 내가 지어 만드는 것이니라."고 하였듯이 최고신 상제의 독보적인 역사(役事)임을 말한다. 그 위대하고 극적인 가치를 가리켜 '개벽'(開闢)이라고 하며 이와 같

---

[73] 『典經』 공사 1장 2절.

은 개벽을 주도하는 분은 다름 아닌 '구천상제'이시다.

이상으로 대순신앙의 핵심을 '천지공사'와 관련하여 정리해보면, 첫째 인류가 처한 선천은 상도를 잃은 진멸지경의 세계이며 이를 구제하기 위해 구천에 계신 상제께서 인간의 몸으로 직접 강세하셨으니 곧 역사적 대종교가로서의 강증산이시다. 둘째는 구천상제께서 재세(在世)시에 행한 천지공사는 선천의 참혹한 상태를 뜯어고치기 위한 구제의 역사이며 인류에게 이상낙원을 가져다주는 삼계개벽의 공사이다. 이로써 인류는 다시는 반목과 쟁투가 없는 무한한 선경의 낙원을 맞이하게 된다는 것이다.

상제의 인신강세 배경과 관련하여 광구천하의 사명을 다하고 나아가 인류를 위해 무한한 낙원의 세계를 만드는 것이야말로 구천상제의 대역사(大役事)에 해당된다 하겠다.

5. 상제의 화천과 대순신앙의 정립

1) 화천化天

화천(化天)은 곧 강증산 구천상제께서 40년간에 걸친 인세(人世)에서의 삶을 마치고 다시 본래의 신명계로 되돌아가는 것을 말한다. 이것은 인간적 현상으로 볼 때는 강증산 생애의 마침이라고 하겠지만, 구천상제의 화신(化身)으로서는 다만 육체적인 조건으로부터 벗어났음을 의미한다. 말하자면 해탈초신(解脫超身)으로 상계(上界)에 올라가 보화천존(普化天尊) 제위(帝位)에 임어(臨御)하시어 다시 삼계(三

界)를 굽어 살피시게 된 것이다. 선천의 인류가 처한 진멸(盡滅)의 위기상황에서 이를 구제하기 위해 상제께서 강세하시고 구원의 대역사로서 천지공사를 행하여 무한한 선경(仙境)의 낙원을 예비하였다는 사실은 오늘날 그 화천에 따른 신앙적 과제를 남기고 있다.

여기서는 먼저 상제의 화천에 대한 역사적 사실을 살펴보고 그 신앙적 의미를 고찰하기로 한다. 『전경』에는 다음과 같은 화천에 대한 기록이 나온다.

경석으로 하여금 양지에 '전라도 고부군 우덕면 객망리 강 일순 호남 서신 사명(全羅道古阜郡優德面客望里 姜一淳湖南西神司命)'이라 쓰게 하고 그것을 불사르게 하시니라. 이 때에 신 원일이 상제께 "천하를 속히 평정하시기 바라나이다"고 아뢰니 상제께서 "내가 천하사를 도모하고자 지금 떠나려하노라" 하셨도다.[74]

상제께서 수박에 소주를 넣어서 우물에 담구었다가 가져오게 하셨도다. 그 수박을 앞에 놓고 가라사대 "내가 이 수박을 먹으면 곧 죽으리라. 죽은 후에도 묶지도 말고 널속에 그대로 넣어두는 것이 옳으니라" 하셨도다. 상제께서 약방 대청에 앉아 형렬에게 꿀물 한 그릇을 청하여 마시고 형렬에게 기대어 가는 소리로 태을주를 읽고 누우시니라. 이날 몹시 무더워 형렬과 종도들이 모두 뒤 대밭가에 나가 있었도다. 응종이 상제께서 계신 방이 너무 조용하기에 이상한 마음이 들어 방을 들여다보니 상제께서

---

[74] 『典經』 행록 5장 33절.

조용히 누워 계시는데 가까이 가서 자기의 뺨을 상제의 용안에 대어보니 이미 싸늘히 화천(化天)하신지라. 응종이 놀라서 급히 화천하심을 소리치니 나갔던 종도들이 황급히 달려와서 상제의 돌아가심이 어찌 이렇게 허무하리오 하며 탄식하니라. 갑자기 뭉게 구름이 사방을 덮더니 뇌성벽력이 일고 비가 쏟아지는 가운데 화천하신 지붕으로부터 서기가 구천(九天)에 통하는도다. 때는 단기 四천 二백 四십 二년 이조 순종 융희 三년 기유 六월 二十四일 신축 사시이고 서기로는 一九○九년 八월 九일이었도다.[75]

위의 내용에 나타난 화천의 사실은 먼저 상제께서 인간계의 모든 사명을 다 마쳤으므로 다시 신의 세계로 돌아가고자 하는 결단이 나타나 있다. 그리고 인간계에서의 사명이 실현되기 위해서는 또한 신명계에서의 상제역할이 필요하다는 뜻이기도 하다. 이처럼 화천도 상제께서 주관하고 상제에 의해 의도된 신비한 사건으로 파악된다.

상제의 화천이 뜻하는 중요한 신앙적 의의를 되새겨본다면, 그것은 9년간의 천지공사를 확정지음으로써 구천상제의 사명을 완수하였다는 데 있다. 주지하다시피 상제의 강세는 상제 자의(自意)에 의한 것이라기보다는 오직 천지신명의 애절한 하소연에서 비롯되었다.[76] 그렇게 해서 시작된 창생구제의 역사는 혼란한 천지를 바로잡기 위한 절대권능자의 위대한 활동으로 나타났으며, 따라서 화천

---

75 『典經』 행록 5장 35절.
76 『典經』 예시 1절 「상제께서 구천에 계시자 신성·불보살 등이 상제가 아니면 혼란에 빠진 천지를 바로잡을 수 없다고 호소하므로 서양(西洋) 대법국 천계탑에 내려오셔서 삼계를 둘러보고 천하를 대순하시다가 동토에 그쳐…」

은 천지공사의 종결을 의미하고 있다.

상제께서 六월 어느날 천지공사를 마치신 후 '포교 오십년 공부종필(布敎五十年工夫終畢)'이라 쓰신 종이를 불사르시고 종도들에게 가라사대 "이윤(伊尹)이 오십이 지 사십 구년지비(五十而知四十九年之非)를 깨닫고 성탕(成湯)을 도와 대업을 이루었나니 이제 그 도수를 써서 물샐틈 없이 굳게 짜놓았으니 제 도수에 돌아닿는 대로 새 기틀이 열리리라" 하셨도다.[77]

다시 말씀을 계속하시기를 "九년간 행하여 온 개벽공사를 천지에 확증하리라. 그러므로 너희들이 참관하고 확증을 마음에 굳게 새겨두라. 천리는 말이 없으니 뇌성과 지진으로 표명하리라." 상제께서 모든 종도들이 지켜보는 가운데 글을 써서 불사르시니 별안간 천둥치고 땅이 크게 흔들렸도다.[78]

즉 천지공사는 새로운 시대를 여는 개벽공사로서 상제께서 짜놓은 물 샐 틈 없는 도수에 해당한다. 천지공사를 확정짓는다는 것은 공사의 내용대로 이후의 역사가 전개되어 나갈 것을 의미한다. 말하자면 필연적인 역사의 설계와도 같다. 창생구제를 위해 구천상제의 권능으로 행해진 신천지의 건설작업이 완료되고, 이후부터는 선천이 아닌 후천의 세계로 진입하는 것이다. 이에 따라 인류는 후천의 생활법으로서 모든 삶을 살아나가야 한다. 그리고 이러한 설계는 상

---

77 『典經』 공사 3장 37절.
78 『典經』 공사 3장 38절.

제의 화천과 더불어 천지에 확증되었으며 그것이 종도들이 보는 앞에서 공인(公認)되었음을 보여주고 있다. 상제의 강세는 이렇게 천지공사의 종결과 더불어 그 사명을 다하게 되었고, '화천'은 이러한 대역사의 단계적 완성을 의미하고 있다.

2) 대순신앙의 정립

상제의 화천과 함께 이룩된 천지공사는 모든 인류가 새로운 천지에서 살아가는데 목적이 있다. 즉 누구나 천지공사의 위대한 역사를 알고 새로운 세계의 이념과 생활법을 실천할 수 있을 때 비로소 상제의 대순하신 의의가 드러날 것이다. 그러기위해서는 무엇보다도 구천상제의 역사를 신봉하고 수행하기 위한 실천적인 노력이 요구된다. 하나의 종교 활동은 이러한 수행을 조직적으로 전개하고 올바른 신앙체계를 정립하기 위한 필수불가결한 과정이다. 따라서 대순진리회 신앙의 이해는 역사적인 측면에서 그 종교 활동의 효시로부터 이어진 신앙의 정립과정에 대한 고찰을 필요로 한다.

먼저 구천상제의 역사에서 발견되는 새로운 신앙 성립의 가능성은 '도통(道通)'에 대한 언급에 있다. '도통(道通)'은 곧 상제 신앙을 통해 도달하는 궁극적 경지이자 수행의 완성을 뜻한다.『전경』에는 다음과 같은 상제의 말씀이 기록되어 있다.

> 또 상제께서 말씀을 계속하시기를 "공자(孔子)는 七十二명만 통예시켰고 석가는 五백명을 통케 하였으나 도통을 얻지 못한 자는 다 원을 품었도다. 나는 마음을 닦은 바에 따라 누구에게나 마음을 밝혀주리니 상재는

七일이요, 중재는 十四일이요, 하재는 二十一일이면 각기 성도하리니 상등은 만사를 임의로 행하게 되고 중등은 용사에 제한이 있고 하등은 알기만 하고 용사를 뜻대로 못하므로 모든 일을 행하지 못하느니라" 하셨도다.[79]

윗글에서 상제께서 언급한 도통은 천지공사의 처결로 인해 후천의 인류가 누리는 보편적인 종교적 경지이다. 비록 상·중·하의 차등은 있으나 모두 각자 마음을 닦은 바에 따라 획득하는 경지이므로 상호간의 원망은 있을 수 없다. 이러한 도통을 얻기 위해서는 수행이 필요하며 그 방법과 절차에 대한 가르침이 전수되어야 한다.

그리고 "내가 도통줄을 대두목에게 보내리라. 도통하는 방법만 일러주면 되려니와 도통 될 때에는 유 불 선의 도통신들이 모두 모여 각자가 심신으로 닦은 바에 따라 도에 통하게 하느니라. 그러므로 어찌 내가 홀로 도통을 맡아 행하리오"라고 상제께서 말씀하셨도다.[80]

말하자면 도통은 그 방법만 알면 누구나 심신으로 닦은 바에 따라 통하게 되는 경지이므로 그 방법에 대한 전수를 필요로 한다는 것이다. 여기에 도통줄을 이어받은 대두목의 역할이 드러나며 하나의 종교활동이 시작되는 계기가 있다.

강세하신 강증산의 역사를 본격적으로 구천상제에 대한 신앙으

---

[79] 『典經』 교운 1장 34절.
[80] 『典經』 교운 1장 41절.

로 확립한 것은 도주(道主) 조정산(趙鼎山, 1895~1958)에 이르러서이다. 구천상제의 화천이후 남겨진 신앙 과제에 대하여 그 올바른 신앙 체계를 확립하는 것은 상제 강세(降世)의 역사만큼이나 중요한 단계라고 할 수 있다. 도주 조정산께서는 바로 구천상제의 종통을 계승함으로써 대순신앙의 체계를 세우신 인물이다.

도주께서는 1895년에 경남 함안군 칠서면 회문리 함안 조씨 가문에서 탄강하였다. 도주의 성은 조(趙)씨요, 이름은 철제(哲濟)이시고 존호는 정산(鼎山)이시다. 그 조부[81]는 홍문관(弘文館)[82]정자(正字)[83]까지 벼슬하였으며, 굴욕적인 을사보호조약(1905)이 체결되자 이에 통탄한 나머지 분사(憤死)하였다. 조부로부터 이어진 배일사상의 가풍은 도주의 부친[84]에게도 이어졌으며, 부친이 반일운동에 활약하면서부터 도주께서는 그 사상적 영향을 받고 성장하게 되었다. 이같이 부조(父祖)전래(傳來)의 배일사상을 품고 성장한 도주 조정산은 한일합방이 결정단계에 있음을 개탄하시고 부친 숙부 등과 같이 만주 봉천(奉天)[85] 지방으로 망명하게 되었으니 이때가 도주의 나이 15세, 기

---

[81] 휘는 영규(瑩奎)이다. 배일사상가로서 민영환등과 교우하며 지내다가 을사보호조약에 분개하여 심화(心火)로 토혈 서거하였다. (『대순진리회요람』, 1969 참조)

[82] 이조시대 정치기구 가운데 삼사(三司; 司憲府, 司諫院, 弘文館)의 하나, 주로 경적(經籍)을 모아 전고(典故)를 토론하고 문한(文翰)을 담당하여 왕의 고문역할을 담당하는 문필기구로서 그 임무의 성격상 언관(言官)의 기능도 함께 수행하였다.(변태섭,『한국사통론』, 1995 참조)

[83] 이조 때의 관직, 홍문관(弘文館), 승문원(承文院), 교서관(校書館) 등의 정9품벼슬이며, 정원은 2명이었다.

[84] 휘는 용모(鏞模), 조부의 유의를 승봉(承奉)하여 그 아우(휘는 용의(鏞懿), 용서(鏞瑞) 두 사람)와 반일운동에 활약하였다. (『대순진리회요람』 참조)

[85] 현재 중국의 지명은 심양(瀋陽)이다. 중국 요령성의 수도이고 북경과 상해, 천진에 이어 네 번째로 큰 도시이다. 당나라때 심주치(瀋州治)라고 불렸으며, 명나라때 심양중위(瀋陽中衛)라고 하였다. 청의 시조 누루하치가 이곳을 도읍으로 설치, 성경(盛京)으로 이름붙였으며, 청나라 순치14년(1657년)에 봉천부(奉天府)라고 이름을 지었

유년(己酉年, 1909) 음력 4월 28일이었다.

만주 지방으로 망명한 도주께서는 동지들과 구국운동에 활약하던 중 도력(道力)으로 구국제세(救國濟世)할 뜻을 정하시고 입산공부를 하였으니 이 과정에서 도주께서는 강증산 구천상제의 진리를 접하게 된다. 도주의 입산공부는 총 9년(1909~1917)에 걸쳐서 이루어졌으며, 9년째 되던 해인 정사년(丁巳年, 1917년, 도주의 나이 23세시) 음력 2월 10일에 구천상제로부터 종통계승의 계시를 받았다.

그 당시의 상황에 대해서는 『전경』에 다음과 같이 기록되어 있다.

도주께서 어느 날 공부실에서 공부에 전력을 다하시던 중 한 신인이 나타나 글이 쓰인 종이를 보이며 「이것을 외우면 구세제민(救世濟民) 하리라」고 말씀하시기에 도주께서 예(禮)를 갖추려 하시니 그 신인은 보이지 않았으되, 그 글은 「시천주 조화정 영세불망 만사지 지기금지 원위대강(侍天主造化定 永世不忘萬事知 至氣今至願爲大降)」이었도다.[86]

그 후에 도주께서 공부실을 정결히 하고 정화수 한 그릇을 받들고 밤낮으로 그 주문을 송독하셨도다. 그러던 어느 날 「왜 조선으로 돌아가지 않느냐. 태인에 가서 나를 찾으라」는 명을 받으시니 이때 도주께서 이국땅 만주 봉천에 계셨도다.[87]

다. 광서 33년(1907)에 봉천성(奉天省)이라고 하여 봉천부 지역을 다스리게 하였다. 1914년에 심양현으로 이름을 달았다가 1934년에 심양시(瀋陽市)로 이름을 확정한 것이 현재에 이른다.
86 『典經』 교운2장7절.
87 『典經』 교운2장8절.

이렇게 중국 땅으로 망명한 지 9년 만에 배일(排日)구국(救國)과 구제창생(救濟蒼生)의 대지(大志)를 품고 귀국한 도주께서는 상제의 계시에 따라 전국 각지를 편력 수도하면서 종교 활동의 기반을 닦았고, 또한 구천상제께서 남긴 봉서를 물려받았다.[88] 당시 구한말의 소위 증산교계는 상제의 화천 후 친자(親子)종도(從徒)[89]의 종교 활동으로 인해 수많은 교파가 난립하고 있었으며 저마다 종통계승의 정당성을 주장하고 교세확장에 주력하고 있었다. 이와 같은 상황에 도주의 종교 활동은 여타 종도들의 활동이 미칠 수 없었으며 독자적인 성격으로 전개되어나갔다. 도주께서 행한 것으로 기록된 백일공부(1921)와 납월도수(1922), 북현무도수(1922), 둔도수(1923), 단도수(1924), 폐백도수(1924) 등은 모두 도주의 종교 활동을 대변하는 고유한 것이다.

도주의 종교 활동은 1925년 을축년 종단 무극도(無極道)를 창설하는 것에 의해 결실을 보게 된다. 하나의 종단이 성립되기 위해서는 인적인 조직과 교리 그리고 고유한 의례가 필요하다. 여기에 도주께서는 초기교단의 형태로서 새로운 신앙체계를 다음과 같이 마련하

---

[88] 『典經』교운 2장 13절 "도주께서 다음 해(1919) 정월 보름에 이 치복(호:석성)을 앞세우고 정읍 마동(馬洞)김 기부의 집에 이르러 대사모님과 상제의 누이동생 선돌부인과 따님 순임(舜任)을 만나셨도다. 선돌부인은 특히 반겨 맞아들이면서 '상제께서 재세시에 늘 을미생이 정월 보름에 찾을 것이로다'라고 말씀하셨음을 아뢰이니라. 부인은 봉서(封書)를 도주께 내어드리면서 '이제 내가 맡은 바를 다 하였도다'하며 안심하는도다. 도주께서 그것을 받으시고 이곳에 보름 동안 머무시다가 황새마을로 오셨도다."

[89] 대표적으로는 김형렬(太雲 金亨烈, 1862~1931)의 미륵불교, 박공우(仁菴 朴公又 ?~1940)의 태을교, 차경석(月谷 車京石, 1880~1936)의 보천교, 고판례(高判禮, 1880~1935)의 선도교, 문공신(瀛祥 文公信, 1879~1954)교단, 안내성(敬萬 安乃成, 1867~1949)의 증산대도교 등이 있다.

였다.

을축년에 구태인 도창현(舊泰仁道昌峴)에 도장이 이룩되니 이 때 도주께서 무극도(无極道)를 창도하시고 상제를 구천 응원 뇌성 보화 천존 상제(九天應元雷聲普化天尊上帝)로 봉안하고 종지(宗旨) 및 신조(信條)와 목적(目的)을 정하셨도다.

종지(宗旨)
음양합덕 · 신인조화 · 해원상생 · 도통진경(陰陽合德神人調化解冤相生道通眞境)

신조(信條)
사강령(四綱領)…안심(安心) · 안신(安身) · 경천(敬天) · 수도(修道)
삼요체(三要諦)…성(誠) · 경(敬) · 신(信)

목적(目的)
무자기(無自欺)   정신개벽(精神開闢)
지상신선실현(地上神仙實現)   인간개조(人間改造)
지상천국건설(地上天國建設)   세계개벽(世界開闢)[90]

위의 사실에 입각하여 살펴보면 먼저 신앙의 대상은 구천응원뇌성보화천존상제(九天應元雷聲普化天尊上帝)로 정립되었다. 이는 곧 강

---
90 『典經』 교운 2장 32절.

세하신 강증산이 구천상제이심을 선포한 것에 다름아니다. 이어서 종지와 신조 그리고 목적은 교리체계에 해당한다. 종지는 구천상제의 대순하신 진리를 핵심적으로 파악하여 요약한 것을 말하며, 신조는 신앙적 실천방법, 목적은 수행을 통해 도달하는 궁극적인 경지를 설정한 것이다. 이와 같은 체계에 입각하여 종단 무극도는 수많은 신앙인들을 배출하였다.

한편 일본은 세계 2차 대전을 일으키면서 한반도 내의 민족종교 단체 해산령을 내리게 되었으니, 이 때 도주께서는 전국 각지의 종도들을 모으고 인덕도수(人德度數)와 잠복도수(潛伏度數)를 말하며 "그대들은 포덕하여 제민하였도다. 각자는 집으로 돌아가서 부모처자를 공양하되 찾을 날을 기다리라"고 하였다. 그 후에 무극도 도장은 일본 총독부에 기증되고 도주께서는 고향인 회문리로 돌아갔다.[91] 이로써 도주의 종교 활동은 일제치하에서 일시 중단되는 애환을 겪게 된다.

도주께서는 고향에서 말할 수 없는 고난 속에서도 도수에 의한 공부를 계속하였고, 종도 몇 사람이 왜경의 눈을 피하면서 도주를 도왔다. 도주께서는 회문리(會文里)에 마련된 정사(亭舍) 회룡재(廻龍齋)를 중심으로 전국 각지를 두루 다니면서 수행하였다.[92]

1945년(을유년) 8월에 조국 광복을 맞이한 도주 조정산께서는 신앙자유의 국시(國是)에 따라 종교 활동을 부활하게 되었으니 창도 이후 종교 활동에 새로운 전환점을 맞이하게 된 것이다. 1948년(무자년)

---

91 『典經』 교운 2장 43절 참조.
92 『典經』 교운 2장 45절 참조.

9월에 도본부(道本部)를 경상남도 부산시에 설치한 도주께서는 새로운 도수 공부에 주력하게 되는데, 그 주요활동으로는 1949년(기축년)에 동래 마하사에서 49일간의 공부를 한 것, 화양동 만동묘에서 공사를 본 것(1954 갑오년 3월), 해인사에서 사흘 동안 공부하고(1954 갑오년), 동학사 염화실에서 7일 동안 공부하며, 지리산 쌍계사에서 7일 동안 공부한 것(1956 병신년) 등이 있다.[93] 또한 도주의 생애 말엽에 설법 시행한 각종 수도방법과 의식행사 및 준칙들은 도주의 종교 활동에 있어 백미(白眉)에 해당한다.[94] 그것은 구천상제의 화천이후 남겨진 신앙적 과제를 수행하기 위한 구체적인 절차로서 신앙의 목적인 '도통'을 달성하기 위한 실질적인 방안이 되기 때문이다.

이상에서 볼 때 도주 조정산은 최초의 종단창설과정에서 상제신앙의 기본 체계를 갖추게 되었고, 수행의 모든 법제(法制)를 세워 상제를 신앙하는 사람들이 저마다 종교적 목적을 달성할 수 있도록 길을 열어놓은 것으로 오늘날 그 위격이 존숭되고 있다.

도주께서는 1958년에 화천하면서 도의 운영전반을 도전(都典) 박우당(朴牛堂, 1917~1996)에게 전수하였다. 도주로부터 유명(遺命)으로 종통을 계승한 도전께서는 종단운영에 만전을 기하고 종단발전에

---

[93] 『典經』, 교운 2장 47절, 48절, 49절, 50절, 54절, 57절, 60절 참조.
[94] 도주께서 이해 十一月에 도인들의 수도공부의 설석을 명령하고 공부는 시학(侍學) 시법(侍法)으로 구분케 하고 각 공부반은 三十六명으로 하며 시학은 五일마다 초강식(初降式)을 올리고 十五일마다 합강식(合降式)을 올리며 四十五일이 되면 봉강식(奉降式)을 행하게 하고, 시법은 시학공부를 마친 사람으로서 하되 강식을 거행하지 않고 각 공부 인원은 시학원(侍學員) 정급(正級) 진급(進級)의 각 임원과 평신도로서 구성하고, 시학원은 담당한 공부반을 지도 감독하고 정급은 시간을 알리는 종을 울리고 진급은 내빈의 안내와 수도처의 질서 유지를 감시하여 수도의 안정을 기하게 하고, 시학관(侍學官)을 두어 당일 각급 수도의 전반을 감독하도록 하셨도다. (교운 2장 62절)

헌신하였다. 한편 도전께서는 새로운 종단 창설의 필요성을 절감하고 1968년(戊申年)에 경기도 안양 수리사(修理寺)에서 49일간의 공부를 하였다.[95] 그리하여 이듬해 1969년(己酉年) 4월에 전반적인 기구를 개편하고 종단 대순진리회(大巡眞理會)를 창설하였으니 이로써 오늘날의 현대 종단이 탄생한 것이다.

당시 도전께서는 대순진리회 중앙본부 도장을 서울 성동구 중곡동(中谷洞)에 창건하는 한편 건전하고 참신한 종교 활동과 함께 연차적 사업으로 구호자선사업·사회복지사업·교육사업 등을 계획 추진하게 하였다.[96] 종단의 규모는 1986년 여주수도장을 창건하면서 급격히 확대되어 갔으며 1987년에는 재단법인 설립이 허가되었다. 1989년에는 제주 수련도장이 개관되었고, 1992년에는 포천 수도장이 완공되었으며, 1993년에는 본부도장이 중곡동에서 여주로 이전되었다. 1995년에는 속초 금강산에 수련도장이 건축됨으로써 전국에 다섯 군데의 도장이 조성되었다.[97] 도세현황(道勢現況)에 있어서는 현대에 이르러 전국적으로 약 200만호에 달하는 신자를 배출하였으며 (1997. 12. 31 현재 1,953,483호), 시설물로는 회관 91개소, 회실 154개소, 포덕소 1,115개소 합계 1,360개소(1998. 12. 31 현재)에 이르고 있다.[98] 이처럼 도전 박우당께서는 1969년 이후의 종교 활동에서 새로운 종단을 창설함에 따라 규모 있는 현대종교로서의 위상을 세웠으며, 오

---

95 『대순사상의 이해』, 대진대학교 출판부, 1998, '부록 1 대순종단의 연혁' 참조.
96 『대순진리회 요람』, 교무부, 1969, p.13 참조.
97 『대순사상의 이해』, 대진대학교 출판부, 1998, '부록 1 대순종단의 연혁' 참조.
98 『宗團 大巡眞理會』, 화보집, 대순진리회 교무부, 1999 참조.

늘날 대순신앙을 널리 확산시키는데 절대적인 영도력(領導力)을 발휘하였다. 또한 대순진리회 신앙의 체계는 이전에 도주 조정산의 최초 종단 창설당시의 전통(신앙대상, 종지, 신조, 목적 등)을 그대로 계승함으로써 강증산 구천상제 → 도주 조정산 → 도전 박우당의 연원(淵源)에 따른 신앙적 전통을 수립하게 된 것이다.

제2장

신앙의 진리 - 천지공사론

1. 천지공사天地公事의 개요

대순진리회 신앙에 있어서 '천지공사(天地公事)'는 신앙의 대상이신 구천상제께서 이룩한 9년간의 대역사(大役事)로서 오늘날 상제신앙이 성립하게 된 역사적(歷史的) 근거이다. 선천의 묵은 천지를 뜯어고쳐 후천의 새로운 문명으로 전환하고 인류로 하여금 진멸지경에서 구원하고자 하는 상제의 사명은 천지공사에서 여실히 드러났다고 본다. 천지공사를 통해 상제께서는 천하를 대순하시고 광구천하(匡救天下) · 광제창생(廣濟蒼生)으로 지상선경을 건설하시고자 인세에 강세하시어 전무후무한 진리의 도를 선포하였다. 대순신앙에서 강세하신 강증산이 구천상제이심은 바로 이와 같은 천지공사의 역사를 근거로 할 때 가능한 일이다. 본 장에서는 천지공사의 기본개념과 구조 그리고 사상적 특질, 종지 등을 통해 신앙의 진리에 해당하는 내용을 살펴보기로 하겠다.

먼저 천지공사의 기본 개념에 대해서는 다음의 전경구절을 근거로 살펴볼 수 있다.

상제께서「선천에서는 인간 사물이 모두 상극에 지배되어 세상이 원한이 쌓이고 맺혀 삼계를 채웠으니 천지가 상도(常道)를 잃어 갖가지의 재화가 일어나고 세상은 참혹하게 되었도다. 그러므로 내가 천지의 도수를 정리하고 신명을 조화하여 만고의 원한을 풀고 상생(相生)의 도로 후천의 선경을 세워서 세계의 민생을 건지려 하노라. 무릇 크고 작은 일을 가리지 않고 신도로부터 원을 풀어야 하느니라. 먼저 도수를 굳건히 하여 조화하면 그것이 기틀이 되어 인사가 저절로 이룩될 것이니라. 이것이 곧 삼계공사(三界公事)이니라」고 김형렬에게 말씀하시고 그중의 명부공사(冥府公事)의 일부를 착수하셨도다.[1]

윗글에서 선천(先天)은 인간 사물이 상극에 지배되어 원한이 쌓이고 천지가 상도(常道)를 잃어 진멸의 위기에 처한 세계이다. 이를 바로잡기 위해 여러 신성·불·보살들이 하소연하여 마침내 최고신격에 해당하는 구천상제께서 직접 인간의 몸으로 화신(化身)하였다. 인세에 머무신 구천상제께서는 창생을 진멸지경으로부터 구제하기 위하여 대 권능(權能)을 발휘하였으니 이것이 곧 천지공사이다.

따라서 『전경』구절에 근거하여 천지공사를 정의해보면 다음과 같다. 즉 "천지의 도수를 정리하고 신명을 조화하며 만고의 원한을 풀고 상생의 도로 후천의 선경을 세우는 일"이다. 천지가 상도를 잃

---

[1] 『典經』공사 1장 3절.

었으므로 올바른 도수(度數)로 정리하고, 인간의 부도덕으로 인해 신도(神道)의 권위가 떨어졌으므로 신명을 조화하며, 선천의 상극지리(相克之理)에 의해 원한이 쌓였으므로 그 원을 풀고 상생의 도로 후천선경을 세우는 것이다. 이 모든 일련의 작업을 구천상제께서 주재(主宰)하는 천지공사를 통해 달성하고자 하였던 것이다.

천지공사의 방법론을 살펴보면 먼저 '신도(神道)'라고 하는 원리로부터의 정리작업이 선행되고, 이것을 기틀로 하여 인간의 역사를 이룩한다고 한다. 이 말은 "먼저 도수를 굳건히 하여 조화하면 그것이 기틀이 되어 인사가 저절로 이룩될 것"이라고 하여 도수(度數)를 조정하는 작업이 또한 천지공사의 주된 내용이 된다. 도수란 곧 우주운행의 순차적 질서를 담고 있으며, 그 조정 작업은 오직 상제의 권한으로서만 가능한 일이다.[2] 이와 같은 도수조정은 결과적으로 천·지·인 삼계에 두루 영향을 미치는 신천지의 창조 역사를 지향하고 있다.

천지공사의 주된 이념은 오늘날의 대순종지에 잘 나타나 있다.

---

2 도수(度數)라는 용어는 천지공사의 내용에서 자주 등장하는 용어이다. 고전에는 이 도수에 대해서 『周禮』春官宗伯 제3「正其位 掌其度數, 使皆有私地域」; 『蘇東坡 詩集』破琴詩「誦詩云, 度數形名本偶然, 破琴今有十三絃」; 『心經付註』권3「禮以恭儉退遜爲本, 而有節文度數之詳」; 『莊子』天道 13「禮法度數 形名比詳 治之末也」, 天運14「吾求之於度數 五年而未得也」라고 하여 주로 制度나 節次, 回數등의 의미로 사용되었다. 이정립은 度數의 의미에 대해서 순서·절차 즉 프로그램이라고 하였다. (李正立 『대순철학』p.141) 필자의 견해로는 하나의 절차개념을 포함하면서 특히 '어떠한 일을 완성하거나 이루는데 필요한 기간'을 뜻한다고 본다. 그리고 여기에는 그 일의 시작과 끝이 되는 시점도 포함하고 있다. 『典經』에 나타난 도수의 종류에는 백의장군 백의군왕도수(행록3장54절), 고부도수, 독조사도수(행록3장65절), 해원도수(공사2장3절), 음양도수, 정음정양도수, 문왕도수, 이윤도수(공사2장16절), 해왕도수(공사3장 6절), 북도수(공사3장11절), 무당도수(공사3장33절), 상극도수(예시10절), 문수보살도수(예시19절), 선기옥형도수, 갈고리도수, 끈도수, 추도수, 일월대어명도수, 천지대팔문도수(예시31절) 헛도수(예시53절)등이 있다.

즉 천지공사는 음양합덕(陰陽合德) 신인조화(神人調化) 해원상생(解寃相生) 도통진경(道通眞境)의 대순진리를 구현하는 것을 기본으로 하며, 신인의도(神人依導)의 이법으로 해원(解寃)을 위주로 하여 천지공사를 보은(報恩)으로 종결함으로써 만고에 쌓였던 모든 원울(寃鬱)이 풀리고 세계가 상극이 없는 도화낙원(道化樂園)이 이루어진다는 것이다. 이것이 바로 오늘날 대순신앙의 본질이 되고 있다.

한편 '공사'(公事)라는 용어는 원래 고전에서는 '사사'(私事) 또는 '가사'(家事)와 대비되는 말이다.[3] 개인에게만 국한되는 사사로운 일보다는 여러 사람의 권익을 담당하는 관청이나 공공단체의 일을 말한다. 조선왕조에서는 '공사'라는 용어가 주로 치세(治世)용어로써 법전에 많이 사용되고 있는데,[4] 특히 관아(官衙)에서 관장(官長)이 공무를 처결하기 위해 수하관원들을 모아 회의를 열 때 "공사를 본다"는 말을 사용했다.[5] 이러한 방법으로 구천상제께서는 인세(人世)에 머물면서 어떠한 독단이 아닌 주관자(主管者)의 입장에서 여러 사람의 공통 의견을 모아 이상적인 결정으로 유도하고 이로써 도수를 확정하여 미래의 이상세계를 제시하였던 것이다.[6] '공(公)'이란 이런 의

---

[3] 『論語』雍也,「非公事, 未嘗至於偃之室也」;『孟子』滕文公上「公事畢然後, 敢治私事」;『詩傳』蕩之什, 瞻卬「婦無公事, 休其蠶織」;『禮記』曲禮 下「公事不入私議」;『禮記』檀弓 下「政也, 不可以叔父之私, 不將公事逾人」;『禮記』喪大記 제22「大夫士言公事, 不言家事」;『春秋穀梁傳』襄公 27년「嘗爲大夫, 與之涉公事矣」;『春秋左氏傳』昭公 3년「公事有公利, 無私忌」;『周禮』地官 司徒, 제2「賢者能者服公事者 老者疾者, 皆舍」
[4] 『六典條例』(1866)에는 각 기관의 규정을 설명하면서 이 公事라는 용어를 여러 군데에서 사용하고 있다. (議政府 "備邊司總領中外軍國機務當宁乙丑合屬本府稱公事色都提調稱都相提調稱堂上副提調感郎廳稱公事官")
[5] 洪凡草,『甑山教概說』창문각, 1982, p.77.
[6] 이러한 公事思想에 대해서 어느 학자는 말하기를 "公事란 우주를 주재하는 권능을 지닌 증산이 파멸의 위기에 처한 인간과 신명을 구원하기 위하여 우주적 통치기관을

미에서 우주전체의 범위를 가리킨다고 보아야 한다. 여기에 특별히 천지공사에 참석한 사람은 상제와 마주한 인간의 대변자로 기능하며 또한 상징성을 지닌다. 그 결과 천지공사의 과정도 다분히 의례적이며 상징적인 형태로 나타난다. 하지만 그 상징성은 나아가 구천상제에 대한 신앙으로 이어져 권위있는 종단조직을 탄생시키고 오늘날 하나의 신앙적 실천 속에서 현실화되는 과정을 밟고 있다 하겠다.

2. 천지공사의 구조

'천지공사'의 내용구조에 대해서는 관련 학자들마다 다양한 견해들이 있다.[7] 엄격히 말하면 천지공사는 하나의 몸체라고 하겠지만, 편의상 천·지·인 삼재(三才)사상에 입각해서 천계(天界)와 지계(地界) 그리고 인계(人界)의 삼계로 나누어 이해해 볼 수 있다. 하나의 공사

설치하여 先天세계를 뜯어고쳐 후천의 이상세계를 건설하는 프로그램의 기획작업을 의미한다"고 하였다. (金鐸, 『甑山 姜一淳의 公事思想』, 한국정신문화연구원 박사학위논문, 1995, pp.63~64)

[7] 장병길은 이러한 천지공사의 형태를 크게 세가지로 구분하여 설명한 바 있다. 첫째는 뜯는 역사(役事)(소멸 역사), 둘째는 짓는 역사, 셋째는 묻는 역사가 그것이며, 이를 공간적으로는 인기(人起)공사, 천개(天開)공사, 지벽(地闢)공사의 세가지 범주에서 분석하였다. (장병길, 『天地公事論』, 대순종교문화연구소, 1989 참조) 이정립은 이에 대해 신정정리(神政整理)公事, 세운(世運)公事, 교운(敎運)公事로 구분하고 신정정리공사는 다시 신명해원(神明解冤)공사, 지방신통일(地方神統一)公事, 문명신통일(文明神統一)公事로 나누어보았다. (李正立, 『大巡哲學』, 여강출판사, 1984, pp.127~148 참조) 이강오는 운도(運度)공사, 신명(神明)공사, 인도(人道)공사로 나누었으며, 운도공사는 다시 액운공사, 세운공사, 교운공사, 지운공사로 신명공사는 신명해원, 신명의 배치, 신명통일로, 인도공사는 다시 신화(神化)도통, 해원·보은, 인의·상생, 정륜(正倫)·명덕(明德), 일심과 성경신, 수명과 복록, 남녀평등으로 나누어보았다.(이강오,「한국의 신흥종교 자료편 제 1부증산교계 총론」,『전북대 논문집』제 7집, 1996 참조)

내용이 정확하게 천·지·인 가운데 어디에 속하는가를 단정하기는 쉽지 않다. 그것은 천·지·인이 현실적으로는 정확히 구분될 수 없는 추상적인 것으로서 서로 유기적 관련 하에 존재하기 때문이다. 하지만 공사의 내용에 나타난 주된 대상을 이해하기 위하여 굳이 구분한다면 세 가지 영역으로 볼 수 있다는 것이다. 이를 구체적으로 살펴보면 다음과 같다.

1) 천계공사天界公事

천계 즉 하늘에 대한 공사는 천·지·인 가운데 가장 근원적인 영역으로서 형상을 지닌 땅이나 인간에 비해 불가시적(不可視的)이고 원리적인 성격을 지닌다. 선천의 모든 한계상황은 그 시대의 지배원리로 인해서 발생한 문제이기 때문에 이를 극복하기 위해 행해진 천지공사에서는 가장 먼저 하늘에 대한 진단과 개조작업이 선행되어야 한다. 다음의 구절을 보자.

> 상제께서 어느 날 종도들이 모여 있는 자리에서 "묵은 하늘은 사람을 죽이는 공사만 보고 있었도다. 이후에 일용 백물이 모두 핍절하여 살아 나갈 수 없게 되리니 이제 뜯어고치지 못하면 안되느니라" 하시고 사흘 동안 공사를 보셨도다. 상제께서 공사를 끝내시고 가라사대「간신히 연명은 되어 나가게 하였으되 장정은 배를 채우지 못하여 배고프다는 소리가 구천에 달하리라」하셨도다.[8]

---

8 『典經』공사 1장 11절.

즉 천지공사에서 '묵은 하늘은 사람을 죽이는 공사만 보고 있었다'고 하여 뜯어고치지 않으면 안 된다고 진단한다. 여기서 하늘은 인간을 둘러싸고 있는 우주적 환경으로서 인간의 모든 생활을 지배한다고 본다. 하늘의 운행이 올바르지 못하고 도수가 잘못되어 있다면 그 속에 살고 있는 인간 사물은 정상적인 삶을 영위할 수 없다. 따라서 근원적으로 하늘의 개조작업이 선행되어야만 하는데, 이러한 일을 가능하게 하는 분은 오직 우주의 주인이신 상제님 밖에 없다. 하늘을 뜯어고친다는 것은 구천상제의 능력이 아니면 불가능한 것이다. 이렇게 상제께서는 당신이 지닌 절대권능으로 진멸에 처한 인류를 건지기 위해 하늘부터 공사를 단행하게 된다.

천계공사의 대표적인 사례를 든다면 명부공사가 있다. 명부란 조직화된 신의 세계를 총칭하는 말로서 인간의 생사를 주관하는 신명계의 조직기구와도 같다. 그런데 묵은 하늘이 사람을 죽이는 공사만 보고 있었다는 것은 이와 같은 명부가 불안정한데서부터 기인하였다고 본다. 마치 인간사회에 있어 일국의 정부가 불안함으로 인해 모든 국민들이 혼란에 빠지는 것과 같다. 따라서 먼저 천계(天界)의 명부를 안정시키는 공사를 함으로써 현실의 모든 문제를 근원적으로 해결하고자 하였던 것이다.

> 상제께서 가라사대 "명부의 착란에 따라 온 세상이 착란하였으니 명부공사가 종결되면 온 세상 일이 해결되느니라." 이 말씀을 하신 뒤부터 상제께서 날마다 종이에 글을 쓰시고는 그것을 불사르셨도다. (공사 1장 5절)

명부공사의 일환으로 상제께서는 각 지역 명부의 종장(宗長)을 새롭게 임명하는 작업도 단행하였다. 조선명부의 종장을 전명숙으로, 청국명부에는 김일부로, 일본명부에는 최수운으로 새롭게 임명한 것은 천계(天界)의 질서를 새롭게 정리하고자 한 것으로 볼 수 있다.[9] 이외에도 천계공사로서 후천의 음양도수를 조정하는 것,[10] 황극신을 옮기는 것,[11] 진묵과 이마두, 최수운을 초혼(招魂)하는 것[12] 등이 이에 해당된다 하겠다.

2) 지계공사 地界公事

지계(地界)에 관한 공사는 주로 자연환경의 새로운 변화를 가져오게 해서 그에 따라 인간의 생활이 바뀔 수 있도록 하는 것이다. 인간의 삶의 터전이 되는 땅과 바다는 그 자체의 고유한 기운을 가지고 있어서 인간이 그 영향을 받으며 생활한다. 하늘도 묵은 하늘이 있어 사람을 죽이는 공사만 보고 있었기 때문에 뜯어고쳐야 했던 것처럼 묵은 땅도 새롭게 뜯어고침으로써 인간에게 새로운 환경을 제공할 수 있다. 그 대표적인 공사를 든다면 바로 지기(地氣)를 통일하는 것이 있다.

---

9 『典經』, 공사 1장 7절 "상제께서 김 형렬의 집에서 그의 시종을 받아 명부공사를 행하시니라. 상제께서 형렬에게 '조선명부(朝鮮冥府)를 전 명숙(全明淑)으로, 청국명부(淸國冥府)를 김 일부(金一夫)로, 일본명부(日本冥府)를 최 수운(崔水雲)으로 하여금 주장하게 하노라'고 말씀하시고 곧 「하룻밤 사이에 대세가 돌려 잡히리라」고 말씀을 잇고 글을 써서 불사르셨도다."
10 『典經』, 공사 2장 16절, 공사 2장 20절 참조.
11 『典經』, 공사 3장 22절 참조.
12 『典經』, 공사 1장 14절, 15절, 예시 66절 참조.

또 상제께서 가라사대 "지기가 통일되지 못함으로 인하여 그 속에서 살고 있는 인류는 제각기 사상이 엇갈려 제각기 생각하여 반목 쟁투하느니라. 이를 없애려면 해원으로써 만고의 신명을 조화하고 천지의 도수를 조정하여야 하고 이것이 이룩되면 천지는 개벽되고 선경이 세워지리라" 하셨도다.[13]

상제께서 각 처에서 정기를 뽑는 공사를 행하셨도다. 강산 정기를 뽑아 합치시려고 부모산(父母山)의 정기부터 공사를 보셨도다. 부모산은 전주 모악산(母岳山)과 순창(淳昌) 회문산(回文山)이니라. 회문산에 이십 사혈이 있고 그 중에 오선위기형(五仙圍碁形)이 있고 기변(碁變)은 당요(唐堯)가 창작하여 단주를 가르친 것이므로 단주의 해원은 오선위기로부터 대운이 열려 돌아날지니라. 다음에 네 명당(明堂)의 정기를 종합하여야 하니라. 네 명당은 순창 회문산(淳昌回文山)의 오선위기형과 무안(務安) 승달산(僧達山)의 호승예불형(胡僧禮佛形)과 장성(長城) 손룡(巽龍)의 선녀직금혈(仙女織錦形)과 태인(泰仁) 배례밭(拜禮田)의 군신봉조형(群臣奉詔形)이니라. 그리고 부안 변산에 二十四 혈이 있으니 이것은 회문산의 혈수의 상대가 되며 해변에 있어 해왕(海王)의 도수에 응하느니라. 회문산은 산군(山君), 변산은 해왕(海王)이니 상제께서 그 정기를 뽑으셨도다.[14]

이른바 선천의 세계는 지기(地氣)가 통일되지 못했기 때문에 하나의 지역에 거주하는 인간은 그 지역의 고유한 기운을 받아서 제각

---

13 『典經』, 공사 3장 5절.
14 『典經』, 공사 3장 6절.

기의 사상과 문화를 잉태하였다. 이후에 지역 간의 교류가 생겨나서 서로 다른 사고방식과 사상이 대립함으로써 서로 반목 쟁투하게 되니 이것이 인류의 원한을 형성한 하나의 원인이 되었다고 본다. 따라서 각 지역에서 발생하는 지기를 뽑아서 이를 구천상제의 권능으로 통일하게 되면 어떤 시비와 투쟁도 없는 평화의 세계를 이룩하게 된다고 본 것이다.

지기통일과 함께 지계공사에 있어 또 하나의 주요한 항목이 되는 것이 있다면 그것은 수기(水氣)를 돌리는 것이다.

또 하루는 상제께서 공우에게 "태인 살포정 뒤 호승예불(胡僧禮佛)을 써 주리니 역군(役軍)을 먹일만한 술을 많이 빚어 넣으라" 이르시니라. 공우가 이르신 대로 하니라. 그 후에 상제께서 "장사를 지내주리라"고 말씀하시고 종도들과 함께 술을 잡수시고 글을 써서 불사르셨도다. 상제께서 "지금은 천지에 수기가 돌지 아니하여 묘를 써도 발음이 되지 않으리라. 이후에 수기가 돌 때에 땅기운이 발하리라"고 말씀하셨도다.[15]

또 어느날 상제의 말씀이 계시었도다. "이제 천하에 물기운이 고갈하였으니 수기를 돌리리라" 하시고 피란동 안씨의 재실(避亂洞安氏齋室)에 가서 우물을 대(竹)가지로 한 번 저으시고 안 내성에게 "음양이 고르지 않으니 재실에 가서 그 연고를 묻고 오너라"고 이르시니 그가 명하신 대로 재실에 간즉 재직이 사흘 전에 죽고 그 부인만 있었도다. 그가 돌아와서 그

---

15 『典經』, 공사 3장 20절.

대로 아뢰이니 상제께서 들으시고 "딴 기운이 있도다. 행랑에 가보라"고 다시 안 내성에게 이르시니 내성은 가보고 와서 "행랑에 행상(行商)하는 양주가 들어있나이다"고 아뢰니라. 그 말을 들으시고 상제께서 재실 청상에 오르셔서 종도들로 하여금 서천을 향하여 만수(萬修)를 크게 외치게 하시고 "이 중에 동학가사를 가진 자가 있느냐"고 물으시는도다. 그 중의 한 사람이 그것을 올리니 상제께서 책의 중간을 갈라 "시운 벌가 벌가 기측불원(詩云伐柯伐柯其則不遠)이라. 내 앞에 보는 것이 어길 바 없으나 이는 도시 사람이오. 부재어근(不在於近)이라. 목전의 일만을 쉽게 알고 심량없이 하다가 말래지사(末來之事)가 같지 않으면 그 아니 내 한(恨)인가"를 읽으시니 뇌성이 대발하며 천지가 진동하여 지진이 일어나고 또한 화약내가 코를 찌르는도다. 모든 사람이 혼몽하여 쓰러지니라. 이들을 상제께서 내성으로 하여금 일으키게 하셨도다.[16]

수기(水氣)에 관한 것은 땅기운을 발휘하는 것과 직접적인 연관이 있다고 보여진다. 지구상의 땅을 둘러싸고 있는 것이 바다 즉 물이므로 지기를 통일하는 것과 수기를 돌리는 것은 지계(地界)의 구성상 반드시 뒤따라야만 한다. 선천의 세계에 있어서 땅의 기운이 제대로 발휘되지 못했던 것은 천지에 수기가 돌지 못하였기 때문이며, 수기를 돌리는 공사를 단행함으로써 각처의 땅 기운이 발휘된다고 본 것이다. 그리고 반대로 화기(火氣)에 해당하는 불은 땅에 묻음으로써 세상의 참혹한 재화(災禍)를 피할 수 있다.[17]

---

16 『典經』, 공사 3장 21절.
17 『典經』, 공사 3장 1절, "상제께서 무신년 봄 백암리 김 경학최 창조의 두 집으로 왕래

이 외에도 지계공사의 내용에 해당하는 것으로 사명당(四明堂)의 기운을 갱생시키는 것,[18] 금강산 일만이천봉의 겁기를 제거하는 것,[19] 순창 농암지역의 기운을 풀어쓰는 것[20] 등이 있다.

3) 인계공사 人界公事

인계공사는 주로 인간사(人間事)를 대상으로 한 그 사고방식이나 사회질서의 변혁 등을 다룬다. 그 주된 내용은 인간의 역사에서 발생한 원한의 감정을 해소하는 것이 근본이 되며 나아가 종교나 문화의 변혁과 사회도덕질서의 새로운 수립을 목표로 하고 있다.

선천의 인계(人界)에서 발생한 문제의 핵심은 인간들 사이의 원한감정이 생겨난 것에 있다. 즉 선천의 한계상황을 가져온 주된 요인이 상극에 지배된 인간사물 사이의 원한이었으므로 인간사를 향한 천지공사는 먼저 이렇게 누적된 원한을 해소함으로써 영원한 평화를 가져오는 방법이 된다. 따라서 '원을 해소함' 즉 '해원'을 중심으로 인계공사의 모든 전개가 이루어졌다고 볼 수 있다.

인류의 역사에 있어서 형성된 최초의 원(寃)은 동양고대 요임금 시대에 그 아들 단주에서부터 시작된다.

하시며 성복제와 매화(埋火) 공사를 보셨도다.······상제께서 형렬에게 '이 때쯤 일을 행할 때가 되었겠느냐'고 물으시니 그는 '행할 그 시간이 되었겠나이다'고 여쭈었도다. 상제께서 가라사대 '뒷날 변산 같은 큰 불덩이로 이 세계가 타버릴까 하여 그 불을 묻었노라' 하셨도다."

18 『典經』, 행록 5장 15절, 21절 참조.
19 『典經』, 공사 2장 13절, 15절 참조.
20 『典經』, 공사 1장 27절.

상제께서 七月에 "예로부터 쌓인 원을 풀고 원에 인해서 생긴 모든 불상사를 없애고 영원한 평화를 이룩하는 공사를 행하시니라. 머리를 긁으면 몸이 움직이는 것과 같이 인류의 기록에 시작이고 원(冤)의 역사의 첫 장인 요(堯)의 아들 단주(丹朱)의 원을 풀면 그로부터 수천년 쌓인 원의 마디와 고가 풀리리라. 단주가 불초하다 하여 요가 순(舜)에게 두 딸을 주고 천하를 전하니 단주는 원을 품고 마침내 순을 창오(蒼梧)에서 붕(崩)케 하고 두 왕비를 소상강(瀟湘江)에 빠져 죽게 하였도다. 이로부터 원의 뿌리가 세상에 박히고 세대의 추이에 따라 원의 종자가 퍼지고 퍼져서 이제는 천지에 가득 차서 인간이 파멸하게 되었느니라. 그러므로 인간을 파멸에서 건지려면 해원공사를 행하여야 되느니라"고 하셨도다.[21]

    단주가 품었던 원은 자신이 정치적인 대권을 승계하지 못한데 있다. 이로 인해 왕위에 즉위한 순임금으로 하여금 그 원의 살기(殺氣)에 맞아 숨지게 하였고 두 왕비마저 물에 빠져 자살케 함으로써 원의 뿌리가 형성되었다고 본다. 이 같은 원의 뿌리는 전 역사에 걸쳐 확산되고 그 순환의 고리를 형성함으로써 인간 전체를 파멸의 지경에 이르게 하였던 것이다. 따라서 해원공사는 인간이 처한 절대 절명의 위기상황에서 인간을 건지기 위한 가장 근본적인 작업이 되고 있다.
    인류역사에 있어서 사람들이 품었던 수많은 원은 그 역사를 바람직하게 이끌어 나가기보다는 역기능적인 방향으로 발휘되어 사회

---

21 『典經』, 공사 3장 4절.

·문화·정치·종교적인 영역에 이르기까지 부정적인 현상을 야기시켰다. 남녀의 차별, 출신성분에 따른 계급차별, 동·서양문화의 이질적인 성격과 그 대립, 수많은 전쟁과 정치적 대립, 종교 간의 분열과 그 대립 등은 인류의 역사에 내재한 수많은 원으로 인해 발생한 것들이다. 이 모든 것들은 역사를 대립과 투쟁으로 얼룩지게 해서 서로가 반목 투쟁하는 선천 시대를 만들어 왔다. 하지만 해원공사를 통해 인류역사의 방향을 근본적으로 개선함으로 인해 새로운 사회질서를 만들고 인류문화의 새 장을 열게 되었음을 밝히고 있다.

이같이 해원을 위주로 한 인계공사의 내용에는 남존여비의 관습을 폐지하는 것,[22] 적서의 차별과 반상의 구별을 없애는 것,[23] 시기질투와 전쟁을 없애는 것,[24] 동·서양의 문물이 서로 교류되어 통하게 하는 것,[25] 물화(物貨)상통(相通)의 생활법을 정하는 것,[26] 각 종교의 종장(宗長)을 새로 정하는 것,[27] 도통을 이루는 것[28] 등이 포함되어 있다.

3. 천지공사의 사상적 특질

구천상제께서 행하신 천지공사는 그 자체로 고유한 사상적 특질을

---

22 『典經』, 교법 1장 68절, 2장 57절 참조.
23 『典經』, 교법 1장 9절, 10절 참조.
24 『典經』, 예시 80절.
25 『典經』, 교법 3장 38절, 40절 참조.
26 『典經』, 공사 2장 23절.
27 『典經』, 교운 1장 65절 참조.
28 『典經』, 교운 1장 40절, 41절 참조.

지니고 있다. 선천의 세계로부터 후천의 세계로 이끄는 천지공사에서 발견되는 사상은 여타의 종교에서 찾아볼 수 없는 미래지향적인 성격을 보여준다. 그것은 후천개벽(後天開闢)사상, 인존(人尊)사상, 평등(平等)·평화(平和)사상, 문명통일(文明統一)사상으로서 현대사회의 폐단을 직시하고 인류의 미래에 바람직한 비젼을 제시하고 있다.

1) 후천개벽後天開闢사상

대순신앙에서 후천개벽이라고 할 때의 후천은 선천과 상대되는 용어로서 시대의 한계상황을 극복한 이상세계이다. 그리고 개벽은 원래 천지가 처음 창조되어 시작된 것을 가리켰으나,[29] 대순신앙에서는 구천상제께서 이룩한 후천의 이상적 가치를 선천과 대비하여 드러내기 위한 용어로 사용된다. 즉 선천을 닫힌 세계 또는 유한(有限)한 세계라고 한다면 후천은 열린 세계, 무한(無限)한 세계로 설명되어 질 수 있다. 이러한 후천 개벽을 가져다주는 전기점이 되는 역사가 바로 천지공사이다. 천지공사는 최고신인 구천상제께서 인간의 몸으로 화신하여 행한 절대권능의 역사이기도 하다. 전경에 "…부모가 모은 재산이라 할지라도 자식이 얻어 쓰려면 쓸 때 마다 얼굴이 쳐다보임과 같이 낡은 집에 그대로 살려면 엎어질 염려가 있으므로 불안하여 살기란 매우 괴로운 것이니라. 그러므로 우리는 개벽하여야 하나니 대개 나의 공사는 옛날에도 지금도 없으며 남의 것을 계승함도 아니오. 운수에 있는 일도 아니오. 오직 내가 지어 만드는 것

---

29 "言天地之初開也"(『辭源』)

이니라.…"(공사 1장 2절)고 한 것은 바로 후천개벽의 당위성을 나타내는 대표적인 내용이라 할 것이다.

천지공사에서 지향하는 후천개벽의 세계는 선천의 한계상황을 극복했다는 점에서 미래 지향적이며 또한 이상적 세계관을 제시한다. 현시대를 살아가고 있는 인류가 과거 선천시대의 한계와 모순을 직시하고 후천개벽의 세계를 지향할 수 있게 된 것은 천지공사의 역사가 있었기에 가능하다고 본다. 후천은 선천에 비해서 그야말로 도화낙원의 세계이며 지상선경(地上仙境)이며 새롭게 개벽된 세계로서의 모습을 여실히 보여주고 있다.

> 후천에는 또 천하가 한 집안이 되어 위무와 형벌을 쓰지 않고도 조화로써 창생을 법리에 맞도록 다스리리라. 벼슬하는 자는 화권이 열려 분에 넘치는 법이 없고 백성은 원울과 탐음의 모든 번뇌가 없을 것이며 병들어 괴롭고 죽어 장사하는 것을 면하여 불로 불사하며 빈부의 차별이 없고 마음대로 왕래하고 하늘이 낮아서 오르고 내리는 것이 뜻대로 되며 지혜가 밝아져 과거와 현재와 미래와 시방 세계에 통달하고 세상에 수화풍(水火風)의 삼재가 없어져서 상서가 무르녹는 지상선경으로 화하리라.[30]

후천은 인류가 바라는 최고의 이상세계로서 인간이 원하는 것은 무엇이든지 주어지는 곳이다. 빈부의 차별도 없이 무한한 물질적 풍요를 누리며 불로불사의 꿈이 이루어지고 조화의 질서가 확립된 낙

---

[30] 『典經』, 예시 81절.

원의 세계이다. 마치 새로운 천지가 창조된 것과 같기 때문에 '개벽'이라고 한다. 천지공사는 이 같은 후천개벽을 인류에게 가져다주기 위해 행해진 것으로 이 시대 인류에게 미래사회의 비전을 제시하고 있다.

2) 인존人尊사상

천지공사는 인간의 보다 나은 삶을 위해 행해졌다는 점에서 새로운 인간관을 제시하고 있다. 인간은 천지의 은혜로 태어났으며 천지가 길러 왔고, 또 천지가 필요로 할 때 쓰는 존재이다.[31] 인간의 인지(認知)가 아직 발달하지 않았을 때에는 모든 일의 결정이 천지의 운명에 달렸지만, 인간의 주체적이고도 진정한 성숙이 이루어지게 되면 인간 자신이 스스로 운명을 결정할 수 있다. 이러한 변화는 선·후천의 갈림길에서 뚜렷하게 드러나는데,『전경』에 "선천에는 모사(謀事)가 재인(在人)하고 성사(成事)는 재천(在天)이라 하였으되 이제는 모사는 재천하고 성사는 재인이니라…"(교법 3장 35절)고 한 것이 그것이다. 이 같은 새로운 인간상을 제시하고자 하는 것이 또한 천지공사의 사상적 특질이며 그 중심용어가 바로 '인존(人尊)'이다.

> 천존과 지존보다 인존이 크니 이제는 인존시대라. 마음을 부지런히 하라.[32]

---

[31] 『典經』, 교법 3장 47절 "事之當旺 在於天地 必不在人 然無人無天地 故天地生人用人 以人生 不參於天地用人之時 何可曰人生乎…".
[32] 『典經』, 교법 2장 56절.

후천은 곧 인존시대이며, 이 때 인존은 흔히 말하는 '인간중심' '인도(人道)' '인본(人本)'과도 성격을 달리한다. 자연을 마음대로 이용하는 인간의 특권을 강조하자는 것도 아니며, 천도에 따르는 인간의 도덕만을 강조하는 것도 아니며, 인간이성에 의존하는 휴머니즘과도 역사적 맥락을 달리하는 것이다. 즉 인존이란 천지공사를 통해 주어지는 후천의 세계를 살아가는 인간의 위상을 가리키는 말로써 '인간 가치의 극대화' 또는 '모든 인간의 신인화(神人化)'를 뜻한다. 이 역시 천지공사가 아니면 주어질 수 없는 인간상으로서 신과 인간세계의 합일(合一)을 통해 달성되는 '신인불이(神人不二)' '신인합일(神人合一)'의 경지로 볼 수 있다.

천지공사에서는 이와 같은 인존시대를 위해 앞으로의 후천에는 어떤 사물도 인간을 해치는 일이 없으며 오직 혜택만을 주는 것으로 묘사하고 있다.

> 이도삼이 어느 날 동곡으로 상제를 찾아뵈니 상제께서 "사람을 해치는 물건을 낱낱이 세어보라" 하시므로 그는 범·표범·이리·늑대로부터 모기·이·벼룩·빈대에 이르기까지 세어 아뢰었도다. 상제께서 이 말을 들으시고 "사람을 해치는 물건을 후천에는 다 없애리라"고 말씀하셨도다.[33]

즉 앞으로의 사회는 문명의 발달로 인해 인간성이 소외되고 기계화된 측면이 부각될수록 인존사상에 대한 가치는 더욱 절실해지

---

[33] 『典經』, 공사 3장 8절.

게 된다. 인간의 진정한 가치를 발견하고 나아가 문명을 계도(啓導)해 나갈 수 있는 인간의 능력을 개발하기 위해서는 '인존'이 담고 있는 심오한 의미를 밝혀나가야 할 것이다. 이것이 또한 인류 미래의 모습을 가늠하는 척도가 될 것임은 이미 천지공사의 취지에서 볼 때 더욱 그러하다 하겠다.

3) 평등·평화사상

인류의 역사에 있어서 평등의 문제는 정치·경제·사회·문화생활이 있는 곳이면 어디든지 존재했던 뿌리 깊은 관심사라 할 수 있다. 계급차별로 인한 문제, 부(富)의 분배에 있어서 생겨나는 경제적 불평등, 사회생활에 있어서의 남녀차별, 적서차별의 문제 등등이 인간사에 깊이 관여되어 있으면서 또한 상대적인 원한을 생겨나게 한 것이 사실이다. 이러한 원한의 감정은 인간 내면에 깊이 내재되어서 시기질투와 분쟁을 일으키게 되므로 급기야 '전쟁'으로까지 발전되었다. 이와 같은 전쟁은 인류역사에서 단 하루도 그치지 않고 이어져왔던 것이다. 그래서 인류는 항상 영원한 평화세계에 대한 동경을 하면서 자구적인 노력을 해왔다고 하겠는데 아직도 요원하기만 한 것은 인간의 욕망이 지닌 한계로밖에 볼 수 없다.

천지공사는 바로 이 같은 인간사회의 진정한 평등과 영구평화를 가져다주기 위해 행해졌다고 본다. "상제께서 예로부터 쌓인 원을 풀고 원에 인해서 생긴 모든 불상사를 없애고 영원한 평화를 이룩하는 공사를 행하시니라.…"(공사 3장 4절)고 한 것은 모든 평화를 저해하는 요소가 바로 원한의 감정에 있음을 말한 것이다. 인간이 품은 상대적 원한으로 인해 모든 불상사가 생겨나고 이것이 전쟁으로까지 발전하게 되니 그 원을 해소하게 되면 결과적으로 영원한 평화를 맞이할 수 있다는 것이다.

원이 발생하는 것은 주로 인간사회의 상대적 불평등에 주요 원인이 있다. 따라서 천지공사에는 이러한 불평등의 문제를 근원적으로 해소하는 것에도 초점을 맞추고 있음을 볼 수 있다.

> 후천에는 계급이 많지 아니하나 두 계급이 있으리라. 그러나 식록은 고르리니 만일 급이 낮고 먹기까지 고르지 못하면 어찌 원통하지 않으리오.[34]

> 후천에서는 그 닦은 바에 따라 여인도 공덕이 서게 되리니 이것으로써 옛부터 내려오는 남존 여비의 관습은 무너지리라.[35]

> 상제께서 비천한 사람에게도 반드시 존댓말을 쓰셨도다. 김형렬은 자기 머슴 지남식을 대하실 때마다 존댓말을 쓰시는 상제를 대하기에 매우 민망스러워 "이 사람은 저의 머슴이오니 말씀을 낮추시옵소서."하고 청하니라. 이에 상제께서 "그 사람은 그대의 머슴이지 나와 무슨 관계가 있나뇨. 이 시골에서는 어려서부터 습관이 되어 말을 고치기 어려울 것이로되 다른 고을에 가서는 어떤 사람을 대하더라도 다 존경하라. 이후로는 적서의 명분과 반상의 구별이 없느니라." 일러주셨도다.[36]

---

34 『典經』, 교법 2장 58절.
35 『典經』, 교법 1장 68절.

경제적으로 평등한 사회에서 누구나 물질적인 풍요를 누릴 수 있도록 하는 사회가 곧 후천이며, 남존여비의 관습을 무너뜨리고 진정한 남녀평등을 이루며, 반상의 구분과 적서의 차별을 없애는 것 등은 모두 인류의 진정한 평등을 가져오기 위한 천지공사의 내용들이다. 이러한 평등이 이루어질 때 세계는 진정한 평화를 맞이할 수 있게 되니 평등과 평화는 서로 불가분의 관계에 있음을 볼 수 있다.

> 후천에는 사람마다 불로불사하여 장생을 얻으며 궤합을 열면 옷과 밥이 나오며 만국이 화평하여 시기 질투와 전쟁이 끊어지리라.[37]

세계평화를 위해서는 먼저 인류의 평등이 전제되어야 하며, 평등을 위해서는 계급적·사회적 차별을 없애야 한다. 그러기 위해서는 불평등으로 야기된 인류의 원한을 불식시켜야 하며, 그 모든 원한의 고리를 풀기 위해 행해진 것이 천지공사이다. 천지공사에서 인류의 평등과 평화의 문제를 그 어떤 사상보다도 강력히 부르짖고 있다는 것은 그 배경이 되었던 선천의 한계상황에서부터 요구되었던 것으로 오늘날 인류 사회의 새로운 전기점을 마련하는 계기가 되리라 본다.

4) 문명통일사상

천지공사의 내용에는 또한 미래 인류사회가 하나의 문명통일을 이

---

36 『典經』, 교법 1장 10절.
37 『典經』, 예시 80절.

룰 것을 말하고 있다. 여러 민족이 제각기 다른 언어와 생활방식 그리고 사상적 전통을 가지고 살아온 것이 선천이라면 후천에서는 하나의 문명권을 이루고 생활방식과 언어·종교에 이르기까지도 일정한 통일을 이룰 것을 예견하고 있다. 선천에서는 "…지기가 통일되지 못함으로 인하여 그 속에서 살고 있는 인류는 제각기 사상이 엇갈려 제각기 생각하여 반목 쟁투하느니라. …"(공사3장 5절)고 하였듯이 통일되지 못한 지기로 인해 인류가 서로 반목 쟁투했다는데 문제가 있다. 단적으로 동양과 서양이 교류할 때 서로 문화가 다르고 생활방식이 달라서 충돌이 생겨났던 역사가 그 대표적인 경우이다. 이로써 모든 원(寃)이 발생하였으므로 상제의 천지공사에서는 "…해원으로써 만고의 신명을 조화하고 천지의 도수를 조정하여야 하고 이것이 이룩되면 천지는 개벽되고 선경이 세워지리라"(공사3장 5절)고 하였던 것이다.

> 상제께서 만국 창생들의 새 생활법으로써 물화상통을 펼치셨도다. 종도들이 상제의 명을 좇아 공신의 집에서 밤중에 서로 번갈아 그 집의 물독 물을 반 바가지씩 퍼내 우물에 쏟아 붓고 다시 우물 물을 반 바가지씩 독에 붓고 또 다른 사람으로 하여금 다른 여러 우물과 독의 물을 번갈아 바꾸어 갈아 부었도다.[38]

상제께서 어떤 사람이 계룡산(鷄龍山) 건국의 비결을 물으니 "동서양이

---

[38] 『典經』, 공사 2장 23절.

통일하게 될 터인데 계룡산에 건국하여 무슨 일을 하리오." 그 자가 다시 "언어(言語)가 같지 아니하니 어찌 하오리까"고 묻기에 "언어도 장차 통일되리라"고 다시 대답하셨도다.[39]

윗글에서 보면 동·서양의 문명이 통일되어 인류의 새로운 생활법이 주어지고 물화(物貨)가 상통되어 모든 인류가 문명의 혜택을 받게 되는 것이 곧 후천세계이다. 그리고 문화도 서로 교류되어 하나의 지구촌 사회가 건설되며 언어도 통일된다고 하였으므로 인류문명은 서로 완벽히 소통되는 단일문명권으로 접어들게 될 것이다. 천지공사가 지향하는 이 같은 문명의 통일은 해원을 위해 단행한 지기의 통일에서부터 비롯되었으며, 새로운 문명의 전환에 적응하기 위한 인류의 새로운 사고방식이 요구된다 하겠다.

4. 천지공사의 이념으로서의 대순종지

구천상제께서 이룩하신 천지공사는 그 범위가 전 우주적이고 모든 인간·사물을 포괄하고 있으므로 해당사실을 언설로써 다 열거하기는 불가능한 일이다. 상제께서는 천지공사를 통해 상하(上下)의 모든 사명을 분정(分定)하고 혹은 율령(律令)으로 혹은 법론(法論)으로 혹은 풍유(諷諭)로 혹은 암시(暗示)로써 연운(緣運)을 따라 허다한 방편

---

[39] 『典經』, 교법 3장 40절.

으로 설유(說諭)하시며 대공사를 확정지었다. 오늘날의 대순진리회 신앙에서는 이와 같은 상제의 천지공사를 신봉하고 그 핵심적인 진리에 입각하여 모든 실천을 해 나가야 할 것이다. 그렇다면 천지공사의 방대한 대역사에 담긴 진리의 핵심은 무엇이라고 보는가. 그것은 바로 오늘날의 종단에서 표방하고 있는 종지(宗旨)에 잘 나타나 있다.

대순진리회의 종지는 일찍이 무극도 종단을 창설하신 도주(道主) 조정산(趙鼎山)에 의해 확립된 것이다. 종지란 곧 신앙대상으로부터의 가르침을 종통계승자가 핵심적으로 요약한 것을 말한다. 도주 조정산께서는 천부적으로 구천상제의 종통을 계승하여 상제를 '구천응원뇌성보화천존상제'로 봉안하였으며, 그 핵심적인 진리를 열여섯 자의 종지로 표현하였다. 그것이 곧 음양합덕·신인조화·해원상생·도통진경이다. 이와 같은 종지의 확립은 상제의 종통을 계승한 분으로서 그 독창적인 혜안이나 통찰력이 없고서는 불가능한 일이다. 도주께서는 당신의 깊은 자각으로 열여섯 자의 종지를 통해 천지공사의 대체(大體)를 밝혔던 것이다.

본문에서는 천지공사의 깊이 있는 이해를 위해 도주께서 확립한 종지와 천지공사의 내용이 상호 어떻게 부합되는지를 살펴보기로 하겠다.

1) 음양합덕陰陽合德과 천지공사

음양합덕(陰陽合德)이란 구천상제께서 천지공사를 통해 설계하고 구현하고자 한 이상세계의 존재원리를 한마디로 표현한 것으로 이해된다. 설명하자면 이 세계의 존재양상을 음양이라는 범주에서 이해할 때 그 범주를 구성하는 개별사물들이 서로의 덕을 합하여 이루어내는 이상적 세계를 설명한 것이다. 따라서 상제에 의해 주도된 천지공사의 방향을 '음양합덕'이라는 관점에서 바라보고 그 구체적인 공사 내용을 확인해 볼 필요가 있다.

음양합덕에 근거한 천지공사 사상은 크게 다음의 세 가지 유형에서 분석해 볼 수 있다. 첫째는 하나의 음과 하나의 양이라는 균형적인 의미에서의 일음(一陰)·일양(一陽) 사상이며, 둘째는 음과 양의 도덕적 가치를 다루는 정음(正陰)·정양(正陽)의 사상이며, 셋째는 이러한 음양의 상호 조화를 통해 무궁한 선경의 낙원을 건설하는 음양조화(陰陽調和)의 사상이다. 이를 구체적으로 살펴보기로 하자.

(1) 일음일양一陰一陽 사상

음양합덕을 이해하는 논리에서 가장 주목되는 것은 곧 음과 양의 관계이다. 음과 양이 서로 어떤 관계에서 서로를 존립시키며 나아가 그것이 서로 어떻게 만나느냐에 따라 공효(功效)가 결정된다고 본다. 일음일양이란 음과 양이 서로가 대등한 자격으로 만나야만 하는 것을 말한다. 또는 양적인 차이나 질적인 우열을 논할 수 없는 상보적(相補的) 관계에서의 만남이라고도 할 수 있다. 이것을 단적으로 표현한 말이 바로 '일음일양(一陰一陽)'의 사상이다. 동양고전인 『주역』에도 보면 "한번 음(陰)하고 한번 양(陽)하게 하는 것을 도(道)라고 한다."(一陰一陽之謂道)[40]라고 하였으니, 일음일양이란 음과 양의 대등한 만남을 전제로 한 것이다.

『전경』에서는 이러한 일음일양의 원리로 천지공사가 이루어졌음을 다음과 같이 밝히고 있다.

상제께서 어느날 후천에서의 음양도수를 조정하시려고 종도들에게 오주를 수련케 하셨도다. 종도들이 수련을 끝내고 각각 자리를 정하니 상제께서 종이쪽지를 나누어 주시면서 "후천 음양도수를 보려하노라. 각자 다른 사람이 알지 못하도록 점을 찍어 표시하라"고 이르시니 종도들이 마음에 있는 대로 점을 찍어 올리니라. "응종은 두 점, 경수는 세 점, 내성은 여덟 점, 경석은 열두 점, 공신은 한 점을 찍었는데 아홉점이 없으니 자고로 일남 구녀란 말은 알 수 없도다."고 말씀하시고 내성에게 "팔 선녀란 말이 있어서 여덟 점을 쳤느냐"고 묻고 응종과 경수에게 "노인들이 두 아내를 원하나 어찌 감당하리오"라고 말씀하시니 그들이 "후천에서는 새로운 기력이 나지 아니하리까"고 되물으니 "그럴 듯 하도다"고 말씀하시니라. 그리고 상제께서 경석에게 "너는 무슨 아내를 열 둘 씩이나 원하느뇨"고 물으시니 그는 "열두 제국에 하나씩 아내를 두어야 만족하겠나이다"고 대답하니 이 말을 듣고 상제께서 다시 "그럴 듯 하도다"고 말씀을 건너시고 공신을 돌아보면서 "경석은 열 둘 씩이나 원하는 데 너는 어찌 하나만 생각하느냐"고 물으시니 그는 "건곤(乾坤)이 있을 따름이오 이곤(二坤)이 있을 수 없사오니 일음 일양이 원리인 줄 아나이다"고 아뢰니 상제께서 "너의 말이 옳도다"고 하시고 공사를 잘 보았으니 "손님 대접을 잘 하라"고 분부하셨도다. 공신이 말씀대로 봉행하였느니라. 상제께서 이

---

40 『周易』, 繫辭 上傳.

음양도수를 끝내고 공신에게 "너는 정음 정양의 도수니 그 기운을 잘 견디어 받고 정심으로 수련하라"고 분부하시고 "문왕(文王)의 도수와 이윤(伊尹)의 도수가 있으니 그 도수를 맡으려면 극히 어려우니라"고 일러주셨도다.[41]

윗글에서 건곤(乾坤)은 천지를 의미하며 각각 음양을 대표한다. 이 때 '하나의 건에 대해서는 오직 하나의 곤이 있을 뿐, 이곤(二坤)이 있을 수 없다'는 것으로 곧 일음일양을 가리키고 있다. 구천상제의 공사 중에 "선천에서는 삼상(三相)의 탓으로 음양이 고르지 못하다"고 하시면서 "거주성명 서신사명 좌상 우상 팔판 십이백 현감 현령 황극 후비소"라 써서 약방의 문지방에 붙인 것은 상대적으로 고르지 못한 음양을 고르게 하여 일음일양을 이루게 한 공사로 볼 수 있다.[42] 따라서 하나의 음과 하나의 양이 서로 상대하여 이루어지는 관계는 어떠한 상대적 차별도 없는 동등 동권의 평화세계를 이루기 위한 기초가 된다 하겠다.

(2) **정음정양**正陰正陽 **사상**

앞에서 살핀 일음일양의 대등한 관계성이 제대로 빛을 발하기 위해서는 먼저 음과 양의 개별적 가치가 확보되어야만 한다. 이것은 음과 양이 정음·정양의 개념에서 '바름(正)'이라고 하는 가치를 전제로 하고 있다는 데서 찾아볼 수 있는데, 그 바름의 내용이 무엇인가에

---

[41] 『典經』, 공사 2장 16절.
[42] 『典經』, 공사 2장 20절 참조.

대해서는 생각해볼 필요가 있다.

'바름'의 뜻에는 대표적으로 '불편(不偏)·불사(不斜)' '정직(正直)' '정도(正道)' '단정(端正)' '마땅함(當)' '정위(正位)'등을 들 수 있다.[43] 이 뜻을 대체로 요약하면 개체의 '도덕성'과 함께 '위계상의 충실한 자기 역할(正位)'을 뜻한다고 본다. '도덕'에서 도는 곧 천도(天道)를 말하며, 덕은 곧 인간 본성의 선(善)함을 지칭한다. 천도에 입각한 인도(人道)의 실천을 주목표로 하여 이루어진 동양의 윤리는 음양론에 따른 사회질서에 있어서도 그러한 음과 양의 도덕적 측면이 강조된다. 음과 양을 각각 여성과 남성에 비유해 볼 때 그 관계의 측면에서는 서로의 도덕성에 하자가 없을 때 진정한 만남 즉 '합덕'이 이루어질 수 있다. 이러한 합덕이 또한 천지변화를 주도하고 만물을 탄생시키는 주된 원리가 된다고 본다.[44]

'정음정양'은 사회적 위계질서 상에서 자신의 자리를 지키고 그 순응과 통제의 관계가 전도되지 않도록 하는 것이 또한 '정'(正)의 가치를 드러내는 것이라 본다. 특히 『주역(周易)』에서 괘를 해석할 때 '정(正)'은 가장 존중되는 덕목 가운데 하나로 꼽히는데 양효(陽爻)가 양위(陽位; 초, 3, 5), 음효(陰爻)가 음위(陰位; 2, 4, 상)에 오는 경우를 말한다.[45] 이것은 남성과 여성의 경우 각각 자신의 위치에서 맡은 바의 책무 또는 도리를 다하는 것이 될 것이다.

---

43 伍華, 『周易大辭典』, 中山大學出版社, 1993, pp. 93~94참조.
44 『周易』, 繫辭傳, "子曰 乾坤 其易之門邪, 乾 陽物也, 坤 陰物也, 陰陽合德, 剛柔有體, 以體天地之撰, 以通神明之德, 其稱名也, 雜而不越, 於稽其類, 其衰世之意耶"
45 64괘 가운데 6효 전부가 正을 얻은 괘는 旣濟괘이며 모두가 不正을 얻은 괘는 未濟괘이다.

어느 날 상제께서 식사시간이 지나서 최 창조의 집에 이르셨도다. 그의 아내는 상제께서 드나드시는 것을 못 마땅하게 여겼노라. 이날도 밥상 차리기를 싫어하는지라. 상제께서 창조에게 가라사대 "도가에서는 반드시 아내의 마음을 잘 돌려 모든 일에 어긋남이 없게 하고 순종하여야 복되나니라" 하시니라. 이 말씀을 아내가 문밖에서 엿듣고 보이지 않는 사람의 속마음을 보신 듯이 살피심에 놀라 마음을 바로 잡으니라.[46]

위의 구절은 주로 부부 관계에 있어서 그 책무와 도리를 강조한 구절로 이해될 수 있을 것이다. 하나의 가정에 있어서 전통적인 사고방식으로는 주로 남성이 결정권을 갖고 주도적으로 행사해 왔으므로 여성의 발언권에 대해서는 무시하는 경향이 지배적이었다. 하지만 가정에서의 자연스러운 관계란 각자의 맡은 분야에 절대적인 권위를 갖는 힘의 분업을 실천하는 것이라는 현대적 견해도 있으므로 단지 지배와 복종의 관계가 아닌 역할적인 면에서의 상호 주도와 그에 따른 순응(順應)의 관계에서 파악하는 것이 더욱 바람직하리라 본다.

(3) 음양의 조화사상調和思想

음양의 조화라는 말에는 크게 다음의 세 가지 의미에서 이해될 수 있다. 하나는 음과 양의 상극적 관계로부터 상호 화해의 상생적 관계로의 전환을 말하며, 또 하나는 상대적 불균형을 해소하고 고르게

---

[46] 『典經』, 행록 4장 7절.

이루어지는 균형된 상태를 말하며, 세 번째는 각각의 정수를 뽑아 하나로 합일하여 새로운 총체(總體)를 이루는 것을 말한다. 이러한 관점에서 볼 때 『전경』에 나타난 천지공사에서는 음양조화의 의미를 담고 있는 그 개별적 내용을 발견할 수 있다.

먼저 음과 양의 상호관계에 있어서 상극적인 태도를 상호 화해의 방향으로 전환하는 공사를 살펴보자.

상제께서 종도와 함께 계실 때 김광찬에게 "네가 나를 어떠한 사람으로 아느냐"고 물으시니 그가 "촌 양반으로 아나이다"고 대답하니라. 다시 상제께서 물으시기를 "촌 양반은 너를 어떠한 사람이라 할 것이냐." 광찬이 여쭈니라. "읍내 아전이라 할 것이외다." 그의 말을 들으시고 상제께서 가라사대 "촌 양반은 읍내의 아전을 아전놈이라 하고 아전은 촌 양반을 촌 양반놈이라 하나니 나와 너가 서로 화해하면 천하가 다 해원하리라" 하셨도다.[47]

윗글에서 촌양반과 읍내 아전은 서로 상극적 관계에 있음을 말하고 있다. 한편으로는 음과 양의 관계라고 할 수 있는데, '나와 너가 화해하면 천하가 다 해원하리라'고 한 것은 음과 양이 상극에서 상생으로 화해할 것을 나타낸다. 음양이 서로 표면적으로 성질을 달리한다고 해서 대립하고 시기하며 투쟁하는 양상을 보여왔던 것이 선천의 현실이라면, 음양의 화해를 통해 서로의 장점을 가지고 상대의

---

[47] 『典經』, 공사 1장 25절.

단점을 보완하는 이른바 상보적인 만남이 바로 후천의 실상이다. 여기에 음양의 화해(和解)가 조화를 이루는 중요한 요소가 되는 이유가 있다.

두 번째로 음양이 서로 대등한 위치에서 상대적 균형을 이루는 것이 또한 조화의 의미에 속한다. 여기서 균형이란 상대적으로 올라간 것은 끌어내리며 상대적으로 지나치게 낮은 것은 또 끌어올려서 과하지도 않고 부족하지도 않은 중화(中和)의 상태를 이루는 것을 말한다.[48] 『전경』에는 이러한 균형을 위한 공사가 여러 곳에 나타나고 있는데, 그 가운데에는 특히 사회적 신분에 있어서의 균형이 있다.

> 상제께서 종도들에게 "후천에서는 약한 자가 도움을 얻으며 병든 자가 일어나며 천한 자가 높아지며 어리석은 자가 지혜를 얻을 것이요. 강하고 부하고 귀하고 지혜로운 자는 다 스스로 깎일지라"고 이르셨도다.[49]

윗구절은 인간사회 내에서 신분의 격차를 느낄 수 있는 관계를 예로 든 것이다. 음과 양은 상대적 빈부 또는 지혜의 정도, 강약의 정도에 따라 불균형을 이루어 왔던 것이 선천의 현실이었음을 알 수 있다. 하지만 후천에서 맞이하는 음양합덕의 이상 속에는 음양의 상대적 균형을 요구하고 있으며, 여기에 인간 상호관계 내에서의 빈부, 지혜나 강약에 있어서의 균형을 설명하고 있음을 볼 수 있다.

---

48 中和의 의미에 대해서는 『中庸』에서 다음과 같이 말하고 있다. "喜怒哀樂之未發謂之中 發而皆中節謂之和 中也者 天下之大本也 和也者 天下之達道也" (『中庸』一章)
49 『典經』, 교법 2장 11절.

세 번째로 살펴보아야 할 부분은 음양의 합일(合一)에 관한 내용이다. 이 부분은 음양조화의 구체적 방법을 설명하고 있는 것으로도 볼 수 있다. 이러한 합일의 의미 속에는 '통일(統一)'이나 '겸비(兼備)'의 의미도 포함된다. 현실적으로 나뉘어져 있는 것을 이상적으로 합한다함은 음양합덕의 구극적(究極的) 방안이라 할 것이다. 다음의 글을 살펴보자.

상제께서 각 처에서 정기를 뽑는 공사를 행하셨도다. 강산 정기를 뽑아 합치시려고 부모산(父母山)의 정기부터 공사를 보셨도다. 부모산은 전주 모악산(母岳山)과 순창(淳昌) 회문산(回文山)이니라. 회문산에 이십 사혈이 있고 그 중에 오선위기형(五仙圍碁形)이 있고 기변(碁變)은 당요(唐堯)가 창작하여 단주를 가르친 것이므로 단주의 해원은 오선위기로부터 대운이 열려 돌아날지니라. 다음에 네 명당(明堂)의 정기를 종합하여야 하니라. 네 명당은 순창 회문산(淳昌回文山)의 오선위기형과 무안(務安) 승달산(僧達山)의 호승예불형(胡僧禮佛形)과 장성(長城) 손룡(巽龍)의 선녀직금혈(仙女織錦形)과 태인(泰仁) 배례밭(拜禮田)의 군신봉조형(群臣奉詔形)이니라. 그리고 부안 변산에 二十四 혈이 있으니 이것은 회문산의 혈수의 상대가 되며 해변에 있어 해왕(海王)의 도수에 응하느니라. 회문산은 산군(山君), 변산은 해왕(海王)이니 상제께서 그 정기를 뽑으셨도다.[50]

상제께서 모든 도통신과 문명신을 거느리고 각 민족들 사이에 나타난 여

---

[50] 『典經』, 공사 3장 6절.

러 갈래 문화(文化)의 정수(精髓)를 뽑아 통일하시고 물 샐 틈 없이 도수를 짜 놓으시니라.[51]

위의 제 구절들은 음양의 합일을 직접적으로 말한 것이다. 즉 모든 도법(道法)을 하나로 합하고 강산의 정기를 뽑아 하나로 만들며 신과 인간의 합일이 또한 조화의 의미를 구성하는 것이다. 문화의 통일을 이루기 위해서는 문화의 정수를 뽑아서 그 장점만을 살려 서로 합하는 데서 가장 이상적인 모습이 나올 수 있다. 서로 다른 갈래를 이루고 있지만 그 본원은 다르지 않다는 데서 통일을 생각할 수 있으며, 본래의 하나가 어떤 계기에 의해 나뉘어져 있다가 다시 합쳐졌을 때는 그 본질을 회복하는, 달리 말해서 본원으로 돌아가는 의미를 담고 있다 하겠다.

이상으로서 음양의 조화사상이 지니는 의미를 살펴보았다. 크게는 화해와 균형과 합일로 살펴본 천지공사의 음양합덕은 그 이상적 가치를 실현하는데 하나의 방법적 근거를 제시하고 있다. 이 같은 음양합덕을 통한 이상세계의 건설은 그 구체적인 공사로 인해 엄밀하게 진행되어 나갔다고 볼 수 있다.

2) 신인조화神人調化와 천지공사

신은 음, 인간은 양이므로 후천의 음양합덕이 되면 신과 인간도 서로 합본(合本) 합덕(合德)이 되지 않을 수 없다. 천지만물이 음양 아닌

---

[51] 『典經』, 예시 12절.

것이 없으므로 구천상제께서 음양합덕의 원리로 신천지(新天地)를 창조하신다는 것은 음양이 서로 합덕하여 새로운 생육(生育)을 이룩한다는 것이다. 여기에 신과 인간도 서로 합본이 되므로 이를 신인조화라고 한다.

　조화(調化)라는 개념은 조화(調和)라고 할 때의 '어울릴 조(調)'와 조화(造化)라고 할 때의 '될 화(化)'자가 합성하여 이루어진 단어이다. '어울리다'는 개념은 모두가 동등 동권하게 친화한다는 의미를 지니며, '된다'는 것은 새로운 모양이 만들어지는 것을 의미한다. 즉 신과 인간의 상대적 관계가 절대세계에서 만나 하나의 새로운 존재로 탄생하게 되는 것이다.

　천지공사에 나타난 신인조화의 사상을 살펴보면 크게 두 가지로 구분된다. 하나는 인존의 실현이며, 두 번째는 새로운 강륜(綱倫)의 확립이다.

(1) 인존人尊의 실현

인존이라고 하면 인간의 가치가 진리로서의 신에 꼭 부합되어서 모든 인간이 신의 권위를 지니는 신인합본(神人合本)의 경지라고 정의할 수 있다. 단순한 인간존중의 차원을 넘어서 인간의 가치에 신격(神格)을 부여한 것이므로 인간의 위상이 최고도로 높아진 것이라 할 수 있다. 인존의 의미를 보다 잘 이해하기 위해서는 그와 대비되는 '천존'(天尊)과 '지존'(地尊)의 개념과 같이 생각해볼 필요가 있다. 여기서 천존이란 신이 하늘(天)이라고 하는 영역에 머물면서 권위를 행사하는 것을 뜻하며, 이 때 인간은 하늘을 향해 공경을 표시하고 제사를 지냈다. 지존은 또한 신이 땅(地)의 영역에 머무르면서 사람으로부터의 제사와 공경을 받아왔던 것을 말한다. 하지만 인존이라고 하는 것은 인간이 곧 신이 머무는 집이 되는 것이며, 모든 신의 권위와 능력도 인간에 의해서 행사되어 지는 것을 말한다. 이때는 공경의 대상도 천·지에서 인간으로 전환되고, 나아가 천지가 담당해 왔다고 생각했던 우주역사를 인간이 주체가 되어 이끌어나가는 것을 뜻한다. 인존시대는 그야말로 모든 존재가운데 인간이 으뜸이고, 천지만물이 오직 인간을 위해 혜택을 베풀어주는 시대이기도 하다.

신인이 조화되면 천국의 문명이 인간세계에 건설될 수 있으며 그 혜택을 입는 것은 다름아닌 인존으로서의 인간이다. 또 "후천에는 불로불사(不老不死)하여 장생을 얻으며 궤합을 열면 옷과 밥이 나오며 만국이 화평하여 시기 질투와 전쟁이 끊어지리라."(예시 80절)고 하고, "조선과 같이 신명을 잘 대접하는 곳이 이 세상에 없도다. 신명들이 그 은혜를 갚고자 제각기 소원에 따라 부족함이 없이 받들어 줄 것이므로 도인들은 천하사에만 아무 거리낌 없이 종사하게 되리라."(교법 3장 22절)고 한데서 알 수 있듯이, 신·인이 조화하여 이룩되는 새로운 세상은 인간이 신만큼 귀해지고 신에 의해 인간이 대접받는 후천의 지상낙원을 말하는 것이다.

(2) 새로운 강륜綱倫의 확립

신인조화가 지향하는 또 하나의 주요한 목적은 확고한 윤리도덕관에서 찾아볼 수 있다. 선천의 현실에서 윤리도덕이 타락한 원인은 신을 무시하는 데서부터 발생한 것이다. 또한 선천의 윤리도덕이란 묵은 하늘이 만들어 낸 것이라서 오늘날과 같은 원(冤)으로 점철된 참혹한 현실이 빚어지게 되었다. 제자가 스승을 해하며 자식이 아비를 죽이며 신하가 임금을 해치는 것 등은 상극세상에서 생겨난 윤리도덕의 몰락이라고 할 수 있다. 하지만 신·인이 조화된 세상에서는 이러한 윤리도덕은 새롭게 정립된다. 즉 후천은 신이 인간을 집으로 삼아 합본(合本)이 되어서 이루는 세계이므로 신의 질서와 체계가 그대로 인간 세상에 베풀어진다. 누구를 감히 속인다는 것도 있을 수 없으며, 신의 질서에 어긋나서는 단 한시도 살아갈 수 없는 그러한 세상을 말한다.

> 상제께서 종도들에게 가라사대 "선천에서는 상극지리가 인간과 사물을 지배하였으므로 도수가 그릇되어 제자가 선생을 해하는 하극상(下克上)의 일이 있었으나 이후로는 강륜(綱倫)이 나타나게 되므로 그런 불의를 감행하지 못할 것이니라. 그런 짓을 감행하는 자에게 배사율(背師律)의 벌이 있으리라" 하셨도다.[52]

윗글에서 말하는 강륜(綱倫)이라는 것은 모두 신의 감시와 수찰이 엄격해서 감히 속일 수가 없고 어길 수가 없는 상태를 말한다. 이때 새로운 강륜의 하나로써 논의될 수 있는 것이 바로 스승과 제자 사이의 윤리다. 스승은 제자를 애휼 지도하고 제자는 스승의 은덕에 보답하는 것으로 사제지간에는 이조(以詔:가르쳐 인도함)의 강륜(綱

---

[52] 『典經』, 교법 3장 34절.

倫)이 서게 된다.

신명시대로서 표현되는 후천은 신과 인간이 조화되어 인사의 모든 일이 신도(神道)의 권위로써 행해지는 세상이다. 따라서 아주 큰 일에서부터 아주 작은 일에 이르기까지 신이 개입하지 않는 데가 없으며 또한 이를 감독하고 수찰하면서 오로지 바른 것만을 지켜나가야 한다.(大大細細天地鬼神垂察; 공사 3장 40절) 사람이 사람을 속일 수 있을지언정 신을 속일 수는 없다는 것이다. 그러므로 후천에는 부정과 불의가 없는 세상, 밝고 투명한 세계가 이룩된다.

이렇게 신인조화에는 인간의 일거일동에 있어 신명의 작용이 붙지 않는 것이 없음을 말하며, 여기에 신명과 인간이 조화(調和)되고 조화(造化)하여 윤리도덕이 확고하게 정립된 세상을 지향하고 있다.

3) 해원상생解冤相生과 천지공사

해원상생은 종지에 있어서 종교적 실천의 대강령으로 논의될 수 있다. 그것은 구천상제의 대순(大巡)하신 진리가 선천의 역사를 진단하고 나아가 그 해결책을 제시하는데 있으므로 대체적인 방향은 바로 해원상생의 종지로 압축되어 질 수 있기 때문이다. 구천상제께서 인세에 강세하여 행하신 천지공사는 상제의 권능으로 인해 인류에게 무한한 선경의 낙원을 맞이할 수 있게 해주었다. 이 때 천지공사의 본령은 원(冤)으로 점철된 선천의 역사를 해원을 위주로 하여 구원하는 것이며, 이러한 해원은 나아가 상생의 원리로 이루어지는 새로운 역사를 맞이함에 따라 그 진정한 이념이 달성될 수 있다.『전경』에 언급된 대표적인 해원내용을 살펴보면 다음과 같다.

(1) 신명해원

상제께서는 "지금은 신명해원시대"[53]라고 하고 삼계공사에 착수하여 신명 해원공사를 행하였다.

> 그러므로 내가 천지의 도수를 정리하고 신명을 조화하여 만고의 원한을 풀고 상생(相生)의 도로 … 무릇 크고 작은 일을 가리지 않고 신도로부터 원을 풀어야 하느니라. 먼저 도수를 굳건히 하여 조화하면 그것이 기틀이 되어 인사가 저절로 이룩될 것이니라.[54]

위의 구절은 천지공사의 의의와 공사의 방향을 제시해주고 있다. 천지도수를 정리하고 신도로부터 원을 풀어야 인사가 저절로 이룩된다고 하였다. 먼저 명부의 착란으로 온 세상이 착란하였으므로 명부에서의 상극도수를 뜯어고쳐 비겁에 쌓인 신명과 창생이 서로 상생하도록 만들었다.[55] 이렇게 신명해원공사에 해당하는 역사적 인물로서는 신농씨, 단주, 진묵, 전명숙, 최수운 등을 들 수 있다.

(2) 국가·민족해원

국가적 민족적 차원에서의 해원에는 조선, 중국, 일본 등에 대한 해원공사가 있다.

첫째, 조선의 국운을 회복하는 공사가 있다.

---

53 『典經』, 교운 1장 20절.
54 『典經』, 공사 1장 3절.
55 『典經』, 공사 1장 5. 7절, 예시 10절.

또 상제께서 장근으로 하여금 식혜 한동이를 빚게 하고 이날 밤 초경에 식혜를 큰 그릇에 담아서 인경 밑에 놓으신 후에 "바둑의 시조 단주(丹朱)의 해원도수를 회문산(回文山) 오선위기혈(五仙圍碁穴)에 붙여 조선 국운을 돌리려 함이라…"[56]

구천상제께서 천하를 대순하시다가 조선에 강세하신 것은 참화 중에 묻힌 무명의 약소민족을 도와서 만고에 쌓인 원을 풀어주려는 데 뜻이 있다.[57] 또한 조선처럼 신명을 잘 대접하는 곳이 이 세상에 없다고 하였다.[58] 조선은 약소민족으로 오랜 세월동안 원한이 쌓여 있는 나라이지만 신명을 어느 나라보다도 잘 대접하였기에 신명들이 그 은혜를 갚고자 한다고 하였다. 따라서 상제께서는 단주의 해원도수를 오선위기혈에 붙여 조선의 국운을 회복하게 한 것이다.

둘째, 일본의 원을 풀어주었다.

상제께서 어느날 가라사대 "조선을 서양으로 넘기면 인종의 차별로 학대가 심하여 살아날 수가 없고 청국으로 넘겨도 그 민족이 우둔하여 뒤 감당을 못할 것이라. 일본은 임진란 이후 도술 신명사이에 척이 맺혀 있으니 그들에게 맡겨주어야 척이 풀릴지라. 그러므로 그들에게 일시 천하통일지기(一時天下統一之氣)와 일월대명지기(日月大明之氣)를 붙여주어서 역사케 하고자 하나 한 가지 못 줄 것이 있으니 곧 인(仁)이니라."[59]

---

56 『典經』, 공사 2장 3절.
57 『典經』, 권지 1장 11절.
58 『典經』, 교법 3장 22절.

일본은 임진란에서 세 가지의 한을 맺었다. 서울에 들어오지 못한 점, 인명이 많이 살해된 점, 모 심는 법을 가르친 것이 그것이다.[60] 그래서 해원시대를 맞아 삼한(三恨)을 풀어주고 일시천하통일지기와 일월대명지기를 붙여주어서 역사케 하였다.

셋째는 중국의 해원공사가 있다.

상제께서 원일과 덕겸에게 "너희 두 사람이 덕겸의 작은 방에서 이레를 한 도수로 사목 문밖에 나오지말고 중국일을 가장 공평하게 재판하라. 너희의 처결로써 중국 일을 결정하리라" … 상제께서 "너는 어떠하뇨" 하고 물으시는 말씀에 별안간 생각이 떠올라 여쭈는지라. "세계에 비할 수 없는 물중지대(物衆地大)와 예락문물(禮樂文物)의 대중화(大中華)의 산하(山河)와 백성이 이적(夷狄…오랑캐)의 칭호를 받는 청(淸)에게 정복되었으니 대중화에 어찌 원한이 없겠나이까. 이제 그 국토를 회복하게 하심이 옳으리라 생각하나이다." 상제께서 무릎을 치시며 칭찬하시기를 "네가 재판을 올바르게 하였도다. 이 처결로써 중국이 회복하리라"하시니라.[61]

즉 중국은 천하의 대국으로 청에 정복되어 원한을 갖고 있었다. 이 해원공사로 중국이 회복하게 되었다.

---

59 『典經』, 공사 2장 4절.
60 『典經』, 예시 74절.
61 『典經』, 공사 3장 18절.

(3) 제도·관습으로부터의 해원

인간이 원한을 맺는 여러 가지 사회적인 요인에는 제도와 관습이 있다. 제도와 관습에서부터 차별과 억압, 대립과 쟁투 및 불평등이 심화되므로 인간들의 원한이 가득 차게 되었다. 19세기는 세계적으로 민족·국가간, 계급·계층간, 남·녀간의 모순들이 급격히 심화되고 있었다. 특히 조선은 반상과 적서의 차별 그리고 남존여비의 제도와 관습이 격화되고 있었다.

먼저 반상과 적서의 차별은 그 사회를 살아가는 사람들로 하여금 상극을 조장케 하는 대표적인 제도이다. 이로 인해 수많은 사람들의 불만과 갈등을 야기하고 당대에 동학농민혁명으로 대표되는 민중봉기도 발생하게 된다. 그래서 적서의 명분과 반상의 구별을 철폐시켜 원한을 해소하는 것이다.

> 상제께서 비천한 사람에게도 반드시 존대말을 쓰셨도다. "…이 시골에서는 어려서부터 습관이 되어 말을 고치기 어려울 것이로되 다른 고을에 가서는 어떤 사람을 대하더라도 다 존경하라. 이후로는 적서의 명분과 반상의 구별이 없느니라" 일러주셨도다.[62]

다음으로 남존여비의 관습이 있다.

상제께서 "이제는 해원시대니라. 남녀의 분별을 틔워 제각기 하고 싶은

---
[62] 『典經』, 교법 1장 10절.

대로 하도록 풀어놓았으나 이후에는 건곤의 위치를 바로잡아 예법을 다시 세우리라"고 박공우에게 말씀하시니라.[63]

당시에 내려오던 남존여비의 관습은 여자들에게 억압과 불평등을 강요하여 그 원한이 처절할 정도였다. 상극의 원리는 음양관계를 억음존양으로 나타내었으며 이 세상은 남존여비의 형태로 제도화되었다. 이러한 선천의 도수를 뜯어고쳐 후천의 정음정양으로 음양도수를 조정하는 공사를 행하였고,[64] '대장부 대장부(大丈夫大丈婦)'라 하여 여성의 지위를 높이는 공사가 있었다.[65]

(4) 지기의 통일과 금수의 해원

해원을 위해 행해진 공사에는 먼저 지기(地氣)의 통일에 관한 것이 있다.

지기가 통일되지 못함으로 인하여 그속에서 살고 있는 인류는 제각기 사상이 엇갈려 제각기 생각하여 반목 쟁투하느니라. 이를 없애려면 해원으로써 만고의 신명을 조화하고 천지도수를 조정하여야 하고 ….[66]

여기서 상극의 원리는 지기에 영향을 끼쳐 지기가 통일되지 못

---

63 『典經』, 공사 1장 32절.
64 『典經』, 공사 2장 16,17절 참조.
65 『典經』, 교법 2장 57절 참조.
66 『典經』, 공사 3장 5절.

하므로 신명들이 지역 간 왕래가 이뤄지지 않게 되었다. 이에 따라 각 지역, 민족마다 저마다 다른 사상과 문화가 일어나서 반목쟁투하게 되어 인류에게 커다란 시비를 일으켰던 것이다. 따라서 천지공사에는 지기의 통일로 신명을 조화하고 천지도수를 조정하게 되었다.

둘째, 금수의 해원이 있다. 상제께서 대원사에서 공부를 마치고 나오시자 각색의 새와 각종의 짐승들이 후천의 해원을 구하였다고 하니[67] 곧 그 소원을 들어주는 것이 천지공사에 포함된다. 이것은 인간과 신명뿐만 아니라 동물들에까지 이르는 공사를 행함으로써 해원의 이념이 전 우주적인 범위를 담고 있는 보편적인 진리임을 설파한 것이다.

4) 도통진경道通眞境과 천지공사

도통진경이라고 했을 때 도(道)는 바로 만물의 보편타당한 진리이며 구천상제의 대순하신 법을 나타내는 것으로 본다. 그리고 도통진경이 궁극적으로 지향하는 바는 그러한 진리를 만천하에 실현하는 것이라고 할 수 있다. 이를 위해 상제께서 처결한 공사는 크게 세 가지 범주에서 살펴볼 수 있다. 첫째는 세계를 개벽하는 공사이며, 둘째는 도통(道通)을 이루는 공사이며, 셋째는 통일을 지향하는 공사이다. 이를 차례로 살펴보기로 하자.

---

[67] 『典經』, 행록 2장 15절.

(1) 개벽공사

천지공사는 인간세계는 물론이고 나아가 전 우주에까지 이르는 새로운 세계의 창조역사이다. 그리고 천지공사는 개벽이라는 과정을 거쳐서 완전한 가치의 실현을 이룩한다. 이와 같은 세계의 실상을 표현한 개념이 바로 도통진경이다.

천지공사가 평범한 인간의 노력에 의하는 것이 아닌 무소불위(無所不爲)의 권능을 지닌 절대자 구천상제의 권능을 발휘한 것임을 이해한다면 도통진경을 이루기 위해서는 먼저 개벽공사를 단행하여야만 한다.

> 그 삼계공사는 곧 천·지·인의 삼계를 개벽함이요 이 개벽은 남이 만들어 놓은 것을 따라 하는 일이 아니고 새로 만들어지는 것이니 예전에도 없었고 이제도 없으며 남에게서 이어 받은 것도 아니요. 운수에 있는 일도 아니요. 다만 상제에 의해 지어져야 되는 일이로다.[68]

상제의 권능이 유일한 만큼 그 사상적 경지도 유일하게 인식되어 남이 만들어 놓은 것을 따라 하는 일이 아니고 새로 만들어지며, 예전에도 없고 이제도 없으며 이어받은 것도 아니며 운수에 있는 일도 아닌, 오직 상제에 의해 지어지는 유일한 것임을 말한다. 그 방법으로 제시되는 것은 지기통일과 함께 신명의 조화, 천지도수의 조정 등이 있다.

---

[68] 『典經』, 예시 5절.

또 상제께서 가라사대 「지기가 통일되지 못함으로 인하여 그속에서 살고 있는 인류는 제각기 사상이 엇갈려 제각기 생각하여 반목 쟁투하느니라. 이를 없애려면 해원으로써 만고의 신명을 조화하고 천지의 도수를 조정하여야 하고 이것이 이룩되면 천지는 개벽되고 선경이 세워지리라」 하셨도다.[69]

위 구절에서도 알 수 있듯이 만고의 신명을 조화(調和)하고 천지의 도수를 조정함으로써 천지개벽이 이루어져 후천선경이 건설된다는 것이다. 이와 같은 내용은 어떠한 인위적인 노력을 넘어서는 상제의 초월적인 권능을 내포하고 있다. 상제가 아니면 할 수 없는 유일무이한 능력을 행사하여 새로운 천지를 이끌어 낸다는 것은 곧 상제에 대한 일심의 신앙을 요구하는 부분이다.

(2) 도통공사

도통진경은 인간이 도달하는 종교적 경지에서 그 가치를 찾을 수 있다. 상제의 천지공사에는 인간이 누리는 이상적 경지로서의 도통을 전제하고 이것이 후천의 모든 사람에게 주어질 것을 예시하고 있다.

> 옛적부터 상통천문(上通天文)과 하달지리(下達地理)는 있었으나 중찰인의(中察人義)는 없었나니 이제 나오리라.[70]

---

[69] 『典經』, 공사 3장 5절.
[70] 『典經』, 교법 3장 31절.

즉 인간의 종교적 경지는 후천에 이르러 상통천문과 하달지리를 포함하여 중찰인의라는 새로운 차원에 도달한다는 것이다. 이와 같은 도통진경은 수도(修道)를 통해 누구나가 달성할 수 있는 보편적인 경지이다. 도통을 달성한 사람은 인간적 가치가 극대화되므로 이를 표현한 말이 또한 인존(人尊)이라고 할 수 있다.

(3) 통일공사

지구상에 존재하는 수많은 종교와 민족문화는 저마다의 생활경험과 전승에 따라 생겨난 것이다. 역사적으로 서로 다른 문명은 언제나 분열과 대립 속에서 각자의 주장을 펼쳐왔다. 하지만 도통진경의 시대는 진리로서의 도(道)가 온 천하에 두루 통하는 세상이므로 이념과 사상에 있어서도 통일된 모습을 기대할 수 있다. 이러한 통일과 관련된 천지공사의 내용을 살펴보면 다음과 같다.

> 상제께서 모든 도통신과 문명신을 거느리고 각 민족들 사이에 나타난 여러 갈래 문화(文化)의 정수(精髓)를 뽑아 통일하시고 물 샐 틈 없이 도수를 짜 놓으시니라. (예시 12절)

> 세계의 모든 족속들은 각기 자기들의 생활 경험의 전승(傳承)에 따라 특수한 사상을 토대로 색 다른 문화를 이룩하였으되 그것을 발휘하게 되자 마침내 큰 시비가 일어났도다. 그러므로 상제께서 이제 민족들의 제각기 문화의 정수를 걷어 후천에 이룩할 문명의 기초를 정하셨도다.[71]

>…옛적에는 판이 좁고 일이 간단하므로 한가지만 써도 능히 광란을 바로 잡을 수 있었으되 오늘날은 동서가 교류하여 판이 넓어지고 일이 복잡하여져서 모든 법을 합하여 쓰지 않고는 혼란을 능히 바로 잡지 못하리라.[72]

윗글에서 볼 때 오늘날은 동·서가 교류하여 판이 넓어지고 일이 복잡하여진 상황이며 혼란한 문제를 해결하기 위해서는 모든 법을 합하여 쓰지 않으면 안 된다고 하였다. 여기에 도통진경의 필요성이 있다. 복잡다단해진 현실사회에서 상호 공존의 길을 택하기 위해서는 먼저 사상적 교류를 위한 인류의 열린 마음자세가 요구된다. 천지공사에서 이룩된 바, 다양한 문화의 정수를 가려 뽑아서 새로운 통일문명의 기초를 정하게 되면 만인이 행복한 이상세계가 도래할 수 있다. 이것이 바로 구천상제께서 행하신 천지공사의 주된 방향이라 하겠다.

이상으로 대순종지와 천지공사를 연계하여 살펴보았다. 천지공사에 나타난 종지의 이념은 종지의 이해가 곧 천지공사의 이해임을 밝힌 것이다. 음양합덕·신인조화·해원상생·도통진경이 상제의 대순하신 진리라면 이것이 구체적으로 적용된 것이 천지공사이다. 위에서 고찰한 공사의 내용은 이렇게 종단 창설 당시 종지가 확립될 수 있었던 이론적 근거가 될 수 있을 것이다.

---

71 『典經』, 교법 3장 23절.
72 『典經』, 예시 73절.

5. 천지공사의 교학적 함의

진멸의 지경에 처한 선천의 창생을 구제하기 위해 구천상제의 권능으로 행해진 천지공사는 1901년부터 1909년까지 9년간에 걸친 대역사를 말한다. 대순진리는 강세하신 강증산이 구천상제이심을 신앙하는데서 출발하므로 천지공사에 관한 이해에도 그러한 신앙이 바탕이 되어야 할 것이다. 천지공사의 교학적 함의란 구천상제에 대한 신앙적 입장에서 논하는 의의이며 천지공사가 곧 대순신앙의 진리가 됨을 밝힌 것이다. 이것을 세 가지 측면에서 살펴보면 다음과 같다.

첫째, 천지공사는 오직 구천상제의 권능에 의해서만 가능한 일이다.

주지하다시피 천지공사는 천·지·인 삼계를 뜯어 고쳐서 천지를 새롭게 지어 만드는 것이다. 천·지·인 삼계는 우주적 환경 전체를 말하는데 이를 뜯어고친다 함은 절대자 최고신의 권능이 아니면 불가능하다. "…대개 나의 공사는 옛날에도 지금도 없으며 남의 것을 계승함도 아니오. 운수에 있는 일도 아니오. 오직 내가 지어 만드는 것이니라. 나는 삼계의 대권을 주재하여 선천의 도수를 뜯어고치고 후천의 무궁한 선운을 열어 낙원을 세우리라…"(공사 1장 2절)에서 밝히고 있듯이, 천지공사란 추상적인 관념이 아니라 최고신 상제께서 인간의 몸으로 강림하여 행하신 구체적인 역사(役事)이며 역사(歷史)이다. 따라서 상제의 천지공사에 나타난 모든 미래적인 전망은 오늘의 사회현실에서 모두 이룩되어 가는 진리임을 깊이 자각하여 상제님에 대한 성(誠)·경(敬)·신(信)을 다하는 것이 신앙의 요체가 된다 하겠다.

둘째, 천지공사는 한민족에 국한된 것이 아니라 전 인류를 향한 구원의 메시지이다.

대순신앙이 구한말의 역사로부터 기원하였다고 해서 한국의 특수한 시대상황을 배경으로 한다는 것은 그 단편적인 이해에 불과하다. 특별히 신앙적 입장을 배제한 학자라면 대순신앙은 '증산교'[73]의 테두리 내에 포함시켜 보는 것이 지배적이다. '증산교'라는 용어는 강증산의 종교사상을 하나의 민족종교로만 이해하고 한국사회의 변혁과정에서 대두된 특수한 종교현상의 하나로 보고자 한 것이다. 하지만 모든 종교사상이 그렇듯이 발생의 측면에서 보면 지역적·민족적 특징을 가지고 있지 않은 것은 없으며 세계화되는 과정에서 그 교리의 보편성이 입증된다. 마찬가지로 대순신앙도 한국의 특수한 지역적·민족적 시·공간에서 출발하였지만 그 교리적 이념은 세계 종교로서의 가치를 지니는 것임을 주목해야 한다. 그 주된 근거가 되는 천지공사는 바로 이러한 관점에서 올바른 이해를 필요로 한다. 즉 구천상제에 의해 행해진 천지공사는 한국 민족만을 위한 것이 아니라 전 인류를 향한 것임을 망각해서는 안 될 것이다. '여러 신성·불·보살들이 회집하여 인류와 신명계의 겁액을 구천에 하소연함으로써 상제께서 대순하였고, 이어서 인간의 몸으로 강림하여 천지공사를 통해 창생을 구제코자 하셨다'(교운 1장 9절 참조)는 교리는 지

---

[73] 여기서 말하는 '증산교'란 하나의 특정교단으로서의 명칭이 아니라 인물 강증산에 대해 신앙하는 다양한 교단을 아울러 일컫는 학계용어로써 사용되었다.

구상에 존재하는 전 인류와 우주창생을 향한 구원의 메시지를 담고 있는 것이다.

셋째, 천지공사는 인류의 삶에 있어서 바람직한 방향성을 제시한다.

선천의 역사에서 발생한 원은 인류의 삶이 상극에 지배되어 그 부정적인 측면이 극명하게 드러난 상태이다. 상극에 지배된 인류는 자신의 이익을 위해 상대를 침탈하는 행위를 자행했고, 물질에 치우친 문명의 발달로 인해 윤리도덕과 신도를 무시하는 오만을 조장했다. 모두가 인간이 지닌 욕심에 의해서 발생한 것이며 인간의 그릇된 인식이 가져온 결과이다. 우주의 본래 모습은 '절대악'이 존재하지 않는 '무상극지리'(無相克之理)[74]로써 이해되어야 하나 이를 받아들인 인간의 삶이 욕심에 치우친 투쟁으로 치달았으므로 원(怨)이 생겨난 것으로 보아야한다. 그 배경에는 인간의 유한한 삶과 부족한 재화가 환경적인 요인으로 작용하였다. 따라서 천지공사에서는 인간 삶의 여건을 근원적으로 개선하고 새로운 생활법을 제시함으로써 인류의 바람직한 미래를 제시하고 있다. "상제께서 만국 창생들의 새 생활법으로써 물화상통을 펼치셨도다.…"(공사 2장 23절)라고 한 것은 천지공사가 인간 삶의 여건을 근원적으로 개선한 것임을 밝힌 것이다. 또 "상제께서 삼계가 착란하는 까닭은 명부의 착란에 있으므로 명부에서의 상극도수를 뜯어고치셨도다. 이로써 비겁에 쌓인 신명과 창생이 서로 상생하게 되었으니 대세가 돌려 잡히리라."

---

74 『典經』, 교운 1장 66절, 현무경참조 「… 水火金木待時以成 水生於火 故天下無相克之理」

(예시 10절)고 하여 내일의 세계에는 오직 상생(相生)의 생활법만이 주어져 있음을 말한다. 즉 천지공사는 인류가 상극에 지배되지 않고 상생에 의한 평화적인 삶을 구가할 것을 예정하고 있으므로 상생이야말로 인류 삶의 바람직한 방향임을 천명하고 있는 것이다.

　이상과 같은 세 가지 측면에서 천지공사를 이해할 때 그 신앙적 가치의 실현은 오늘날 신앙인들에게 주어진 중요한 과제로 남겨져 있다 하겠다.

6. 부록: 천지공사의 종교적 상징체계

일찍이 카시러(E. Cassirer)는 인간을 '상징의 동물'(animal symbolicum)[75]로 정의한 바 있듯이, 인간이 상징적 장치로 사용하는 것에는 여러 가지가 있다. 얼굴표정에서부터 언어, 문자, 행위 등 인간의 전 문화가 한마디로 상징체계라고 해도 과언이 아닐 정도로 상징 활동은 다양하다고 할 수 있다. 인간은 또한 종교적 인간(homo religious)으로서 어떤 성스럽고 초월적인 존재와의 연관을 끊임없이 희구한다. 여기에 모든 종교현상은 상징표현을 통하여 성현(聖顯)을 인식하는 주된 수단으로 삼는다.[76] 이처럼 종교의 영역에서는 상징 표현이 주를 이루고 있으므로 인간의 문화 외에 자연현상까지도 의미전달의 상징

---

[75] Ernst Cassirer, *An Essay on Man-An Introduction to a Philosophy of Human Culture*, Yale University Press, 1944, p.44
[76] 유요한, 『종교적 인간, 상징적 인간』 이학사, 2009, pp.17~110 참조.

적 장치로 사용됨을 볼 수 있다.[77] 상제께서 이룩하신 천지공사는 특정 시대에 유한한 시간과 공간에서 행해진 역사로써 어떤 영원 무한한 가치를 지향하고 있으므로 그 표현내용은 다분히 상징적인 것으로 드러났다고 본다. 따라서 천지공사에 대한 이해를 위하여 여기에 동원된 상징체계를 고찰함으로써 그 고차적인 전체성을 파악하는데 일조가 될 수 있을 것이다. 본문에서는 그 상징체계에 대한 내용을 구체적으로 살펴보기로 하겠다.

1) 자연물

인간을 둘러싸고 있는 자연환경은 인간이 일차적으로 접하는 외계 사물로서 어떤 초월적인 실재를 지칭하기 위한 중요한 수단이 되는 것이다. 물, 불, 땅, 바람, 강, 산, 바위, 동·식물 등은 각각 그 자체의 물리적인 특성을 지님과 동시에 인간의 상징표현에 매개체로 작용한다. 불교의 세계관에 등장하는 사대(四大: 地·水·火·風)와 희랍철학에서의 4원소설(물, 불, 공기, 흙) 등은 자연이 바로 인간사고의 주된 대상이었음을 보여주는 것이다. 성스러운 의미를 추구하는 여러 종교에서는 이러한 자연물을 통하여 그 다양한 상징체계를 구축하고자 하였다. 천지공사의 상징표현에서 엿볼 수 있는 자연물은 역시 다각도에서 그 의미를 조명할 수 있다.

　물은 그 자체가 지닌 정화력과 재생의 특징으로 근원적인 생명

---

[77] W. Richard Comstock은 이러한 종교상징의 예에 대해서 '소리', '언어로 표현되는 신화', '언어로 표현되는 신앙', '의례', '색깔', '문장', '자연물', '건물' 등의 8가지를 들고 있다.(W. 리처드콤스톡 저, 윤원철 역 『종교학』 전망사, 1983, p.103)

력과 함께 치병이나 침례의 경우에 종종 사용된다. 의식을 잃은 사람에게 청수를 뿌린다든지(공사 1장 15절), 죽음을 앞두고 수박을 우물에 담구는 일(행록 5장 35절), 성냥을 청수에 넣음으로서 풍우·홍수가 크게 일어난 일(공사 2장 27절), 물화상통을 위해 여러 우물과 독의 물을 번갈아 바꾸어 붓는 일(공사 2장 23절), 흉년을 없애기 위해 저수지와 물도랑의 도면을 그려 불사른 일(공사 1장 28절) 등은 물의 상징이 지향하는 신성한 의미를 드러내고자 한 사례로 볼 수 있다. 물은 그 자체가 생명력의 상징으로 기능하지만 한편으로 모든 생명을 잠식시킬 수도 있는 양면적인 뜻을 지니고 있으므로 위의 예에서도 그 의미가 고루 드러나고 있다 하겠다.

불은 그 물리적인 특성상 파괴를 통한 용해, 정화의 기능을 발휘한다. '불에 의해서 용해됨'은 출생 이전의 단계로의 퇴행 또는 미분화의 상태로 회귀함을 뜻하기도 한다.[78] 따라서 불이 순화와 재생을 상징하는 것은 동·서양의 공통적인 특성이다. 천지공사에서 이러한 불은 파괴와 순화, 재생의 뜻을 고루 나타내고 있다. 천하의 형세가 종기를 앓는 것과 같으므로 그 종기를 파하기 위해 풀을 쌓아놓고 불을 지핀 일(공사 1장8절), 진묵의 초혼을 위해 젖은 나무 한 짐을 부엌에 지핀 일(공사 1장15절), 변산 같은 큰 불덩이로 이 세계가 타버릴까 하여 그 불을 묻는 일(공사 3장1절), 기차기운을 돌리기 위해 백지 한권을 불에 태운 일(공사 3장27절), 일본의 지기를 뽑기 위해 많은 글을 신방축의 대장간에서 태운 일(공사 3장31절), 만국의원을 설치하

---

[78] M. Eliade, 이재실 역 『대장장이와 연금술사』 문학동네, 1999, pp.159~160.

기 위해 약패(藥牌)를 불사른 일(공사 3장35절) 등에서 불의 상징적인 의미를 살펴볼 수 있다. 상제의 천지공사에서는 대체로 글을 써서 불사르거나 혹은 종도들에게 외우도록 하는 일이 많았던 것으로 보인다.[79] 그만큼 불은 파괴를 통한 순화 또는 주술적 종교적인 힘의 표명으로 사용됨을 알 수 있다.

한편 물과 불은 다 같이 재생의 의미와 관련되어 있으므로 그 상징표현에 있어 함께 사용되는 경우도 있다. "불과 물만 가지면 비록 석산바위 위에 있을지라도 먹고 사느니라"[80]라든지, "청수 한 동이에 성냥 한 갑을 넣으면 수국(水國)이 된다."는 표현이나,[81] 매화(埋火)공사를 위해 구덩이 앞에 청수 한 그릇과 화로를 놓은 일[82]등은 물과 불의 상호연관성을 단적으로 나타내주는 내용이라 하겠다.

땅(흙)은 전통적으로 여성성을 나타내며 어머니의 상과도 연관된다. 그리스 신화에 등장하는 대지의 여신 가이아(Gaia)는 카오스 뒤에 등장하는 모든 것의 원초가 되는 신으로서 여러 신과 인간은 그에게서 발생한 것으로 여겨진다. 천공신(天空神, Uranos)도 그에게서 태어나서 결혼하여 바다와 산 등의 여러 신들을 낳았다. 따라서 땅은 모든 원초적인 생산력의 상징이며 피안을 뜻하기도 하고 풍요와 재생을 나타내기도 한다. 엘리아데(M. Eliade)는 말하기를, "대지를 숭배하는 것은 그 영원성 때문에 모든 사물이 그로부터 나오고 그에

---

[79] 『典經』 공사 3장 39절 "상제께서 공사를 행하실 때 대체로 글을 쓰셨다가 불사르시거나 혹은 종도들에게 외워두도록 하셨도다.…"
[80] 『典經』 공사 2장 18절.
[81] 『典經』 공사 2장 27절.
[82] 『典經』 공사 3장 1절.

게 다시 되돌아가기 때문이다"라고 하여 땅이 지닌 상징성을 강조한 바 있다.[83] 그만큼 땅은 하늘과 양분된 대립을 지니면서도 그 자체의 상징성을 다분히 드러내고 있다. 『전경』의 교법에 따르면, 사람이 죽으면 혼은 하늘에 올라가 신이 되고 백은 땅으로 돌아가서 귀가 된다고 한 것이나(교법1장50절), 오래된 병을 치료하기 위해 약을 땅에다 써야 된다고 한 것(제생 12절), 종도가 병이 들어 위독한 지경에 이르자 사물탕을 끓여 땅에 묻고 달빛을 우러러 보게 한 것(제생29절), 땅을 석자 세치로 태움으로써 후천은 가꾸지 않아도 옥토가 된다고 한 것(교법3장41절), 어느 날 벽력표를 땅에 묻자 번개가 번쩍이고 천둥이 천지를 진동한 일(권지2장25절) 등은 땅이 지닌 그와 같은 상징성을 보여주는 사례라 하겠다. 한편 흙도 땅의 연장선상에서 그 상징성을 지니고 있다. 천지공사의 기록에 따르면, 전명숙과 최수운의 원을 풀어주기 위해 남쪽 양달의 황토를 파오게 한 뒤 백지 석장을 청, 황, 홍으로 물들여 시천주를 쓰고 황토를 싸서 소나무가지에 달아 세움으로서 사명기(司命旗)로 삼은 일은 땅이 지닌 생산력을 통하여 시천주의 신성함을 드러내고자 한 것으로 볼 수 있다.(공사3장2절)

자연의 변화현상으로 나타나는 비, 바람, 눈, 천둥, 번개 등도 그것이 자연의 모습인 이상 자연물로서의 상징성을 지닌다고 본다. 대체로 긍정적이고도 안정적인 작용을 할 때는 다 같이 풍요와 생명력을 나타내지만 가변적이고 부정적인 작용에 대해서는 파괴와 시련을 뜻하기도 한다. 이는 일반적으로 종교상징이 지니는 다가성(多價

---

[83] M. Eliade, 이은봉 역 『종교형태론』 한길사, 1996, p.324.

性)에 원인이 있다고 하겠는데, 말하자면 상징은 항상 사물의 여러 가지 면을 동시에 가리킨다는 것이다. 이로써 우주적 실재의 여러 지평과 인간체험 사이에 존재하는 신비적 질서의 조응관계를 나타냄으로써 궁극적으로는 통일체의 세계를 발견하게 한다고 엘리아데는 지적한 바 있다.[84] 『전경』의 행록에 의하면, '죽을 사람에게 기운을 붙여 회생케 하는 것이 가뭄의 채소를 소생케 하는 것과 같다'고 하고 비를 내려 소생케 한 일(행록2장21절)은 비가 생명의 기운임을 뜻하고 있다. 전주에 민요가 발생하였을 때 상제의 권능으로 눈비를 내리게 함으로서 민요를 해산한 일(행록 3장25절), 가뭄이 심하게 들었을 때 상제의 권능으로 비를 내리게 함으로써 곡식이 생기를 얻고 만인을 살리는 상제로 고백된 일(행록 4장15절, 4장27절) 등은 비의 특성을 잘 나타낸 구절이다. 특히 비를 약탕수에 비유하거나(공사2장10절), 자연현상의 이면에 존재하는 신적 실재로서 우사(雨師)를 언급한 일(행록 4장31절, 권지1장16절, 권지2장35절) 등은 비가 지닌 종교적 상징을 드러내는 내용으로 볼 수 있다. 한편 천지공사 기록에서는 '수륙병진(水陸竝進)'과 '천자부해상(天子浮海上)'을 말하면서 바람을 놓고 간다고 하고, 번개 치는 곳에 안경을 싸서 던진 일(공사1장17절)은 자연현상의 이면에 숨어있는 일관된 상징체계가 있음을 엿볼 수 있는 내용이라 하겠다.

강과 산(나무)은 자연물 가운데 서로 대응하면서 자연을 묘사하는 말로서 흔히 표현된다. 다 같이 자연의 풍요를 상징하기도 하지

---

[84] M. Eliade, 위의 책, p.30.

만, 금수강산·명산대천과 같이 자연의 경계를 나누고 중심물이 됨으로서 그 상징성이 부각되고 있다. 강이 물의 연장선상에서 이해되어질 때에는 생명력의 상징이 될 수 있고, 이쪽과 저쪽을 구분 짓는다는 점에서 경계선을 상징한다. 산은 특히 세계의 중심이자 피안을 상징하기도 한다. 나무는 이러한 중심의 상징의 변형이다. 단군신화에서 환웅이 태백산에 하강하여 신단수 아래에서 신시(神市)를 열었을 때 산은 하느님의 하강처이자 세계의 중심을 상징한다. 중심에 관한 상징체계는 세계적으로 널리 퍼져있는 것으로 많은 변형을 지니고 있다.[85] 천지공사에 표현된 사례를 살펴보면, 조선강산은 도통군자를 배출하는 명산이라고 하며(권지1장11절), 금강산 일만이천봉의 겁기를 벗기는 공사를 행하고(공사2장13절), 단주(丹朱)의 해원도수를 회문산(回文山) 오선위기혈(五仙圍碁穴)에 붙여 조선 국운을 돌린다고 하였으며(공사2장3절), 전주 모악산(母岳山)과 순창(淳昌) 회문산(回文山)이 부모산이 된다고 하였다.(공사3장6절) 또한 구천의 상제는 천하를 대순하시다가 모악산 아래에 하강하며(예시 1절), 상제로서의 증산께서는 스스로 '산(山)'자의 호를 사용함으로써 '세계의 중심이 됨을 나타내주고 있다(행록1장5절).

    종교에서 상징적 기호로 사용되지 않는 자연현상이 없듯이 동물의 종류도 자연계 내에서 다양한 상징표현으로 사용된다. 특히 주변에서 친근하게 접하는 동물일수록 더욱 상징화에 기여하게 되는 데,

---

[85] 엘리아데의 설명에 따르면 '중심의 상징'은 다양한 개념을 포함하고 있다. 즉 우주의 각 층의 교차점이라는 개념(그 곳에서 하늘과 땅이 만난다), 히에로파니인 동시에 실재하는 공간이라는 개념, 특히 '창조적'인 장소라는 것, 즉 모든 실재의 원천이며 에너지와 생의 원천이 이곳에서 발견된다는 개념이다.(M.Eliade, 위의 책, pp.483~484)

그것은 그 동물의 습성이나 특징에 대한 전이해가 보다 깊이 되어 있기 때문이다. 예를 들면 닭, 개, 돼지, 소, 양 등은 예로부터 인간과 생활을 같이 하면서 주요음식으로도 사용되므로 인간생활과 떼래야 뗄 수 없는 관계에 놓여 있는 동물이다. 그만큼 그 동물의 특징에 대한 이해도 다른 동물에 비해 깊을 수밖에 없다. 천지공사의 기록을 살펴보면 많은 동물들이 상징적으로 사용되고 있음을 볼 수 있다. 상제께서 노랑 닭 한 마리를 삶아 잡순 후에 운장주를 지은 일(교운1장22절), 살기에 맞은 박공우에게 닭국을 먹인 일(제생39절), 폐병에 걸린 사람에게 닭 한 마리를 삶아 먹게 한 일(제생22절) 등은 닭이 지닌 상징성을 사용한 사례이다.[86] 또한 돼지고기는 술안주로 사용되며 상제께서는 이것을 여러 사람들과 나누어 드심으로써 공사에 사용하였고(행록3장17절, 행록4장27절), 또한 매화(埋火)공사에는 돼지고기로 전을 만들어 사용하였다.(공사3장1절)[87] 소는 천지공사에서 각각 쇠머리(공사1장14절, 공사2장27절)나 쇠꼬리(공사1장8절)로 쓰였으며, 앉은뱅이를 낫게 하기 위해 쇠고기를 먹이게 하였다(제생25절).[88] 한편 개고기는 상등인의 고기라고 하였으며(공사1장26절), 전명숙과

---

[86] 닭은 전통적으로 신성성을 부여하였으며, 새벽을 알리고, 악귀를 쫓아내는 영묘한 힘이 있다고 믿었다. 그 영험성으로 인해 소생의 의미도 지니고 제물로도 많이 사용되었다. 초기 그리스도교도에게 있어서 닭은 부활과 계몽을 뜻하기도 하였다. (『한국문화상징사전』 동아출판사, 1992, pp.197~202 참조)

[87] 돼지 또한 신통력을 지니고 신의 사자이면서 제물로 사용된다. 예부터 제천(祭天)의 희생에 돼지가 쓰였으며, 이것을 매우 신성시 하였다. 조선시대에 와서도 멧돼지를 납향의 제물로 썼다. 오늘날에도 무당의 큰 굿이나 동제에 제물로 돼지가 바쳐진다. (위의 책, p.231)

[88] 소는 신화에서 재산을 뜻하기도 하고, 무속이나 민속에서 풍요의 상징, 제물, 축귀를 나타내고 있다. 유교에서 소는 의(義)를 상징하며, 불교에서는 사람의 진면목을 소에 비유하기도 하였다. 따라서 소는 동·서양에 걸쳐 신성한 동물로 취급되어 생명의 원천으로 그리고 제물로 사용되어졌다.(위의 책, pp.423~427)

최수운의 원을 풀어줄 때 누런 개 한 마리를 잡아 사용하였다(공사3장2절). 또한 상제께서는 강성(姜姓)을 강아지라고 하여 종도가 꾼 개에 대한 꿈을 당신에 비유하기도 하였다.(예시49절)[89] 양은 천지공사에서 사기(沙器)를 옮기는 공사에 쓰였으며(공사2장14절), 증산 상제께서 신미(辛未)생이므로 종이를 잘 먹는 양에 비유하기도 하였다.(공사3장16절)[90]

이상에서 살펴본 바와 같이 자연물 상징은 이외에도 얼마든지 있을 수 있다. 천지공사에서 사용된 상징을 중심으로 그 사례를 간략히 살펴본 바에 의하면 실로 다양하고 복잡하게 얽혀 있음을 알 수 있다. 이와 같은 상징들은 궁극적으로는 천지공사에서 추구하는 종교적 목적을 달성하기 위한 매개적 표현이었다는 점에서 사실적인 대상과는 일정한 거리가 있을 수밖에 없다. 이는 자연물외에도 사용된 다양한 상징표현을 통해 그 종합적인 의미체계를 구축한다는 점에서 그 광범위함 속에 나타나는 수미일관성 또한 엿볼 수 있어야 할 것이다.

2) 의례(행동)와 신화(이야기)

종교상징에 있어서 의례와 신화는 가장 원초적이면서 많은 상징들

---

[89] 개는 동·서양을 막론하고 인간에게 헌신하는 충성심이 강한 동물로 여겨져 왔다. 인간의 역사와 함께 늘 인간의 주위에서 존재해 왔으므로 수호자, 안내자의 능력이 있다고 보았다. 고대 로마에서는 가족의 수호신에게 제물로 개를 바쳤고, 크리스트교에서는 개가 신자들의 안내자인 사제(司祭)의 상징이었다.(위의 책, pp.23~29)

[90] 양 또한 개와 같이 맹목적인 추종을 나타내는 동물로 본다. 은둔생활의 상징이기도 하고, 크리스트교에서는 신앙이 독실한 자를 상징하기도 한다.(진쿠퍼 저, 이윤기 역 『그림으로 보는 세계문화상징사전』 까치, 1996, p.315)

을 농도 짙게 압축하고 있으므로 서로 관계가 있는 많은 의미들을 동시에 전달할 수 있는 수단이 된다. 의례와 신화가 지닌 사회적 기능에도 불구하고 그 자체의 표현적인 기능에 주목함으로써 종교 본래의 가치를 엿볼 수 있다. 의례를 하나의 인간행동으로 보았을 때 그 행동 자체로써 정당화되는 성질을 지니고 있는 것이 바로 의례이다. 수잔 랭거(S. Langer)에 따르면, 의례는 다른 매개체가 적절하게 표현할 수 없는 경험들을 상징적으로 변형시킨 것으로 본다.[91] 종교의례는 말하자면 인간의 행위에 있어서 어떤 종교적 목적을 위한 수단이면서 동시에 그 행위자체에 의미를 담고 있는 종교상징의 표현이라고 할 수 있다.

신화에 관해서 엘리아데는 신화란 원시사회와 고대문명에서 전하여지는 전형적인 성스러운 이야기로서, 인간생활의 속된 세계와 원초적 신들의 성스러운 세계 사이에는 근본적인 관계가 있다는 신념을 표현하고자 한 것이라고 본다.[92] 즉 신화는 절대적인 진리를 표현한 것으로서, '위대한 시간'의 여명기이면서 성스러운 시간에 발생한 초인간적인 계시이다. 또한 신화는 실재적이고 성스러우며 하나의 범례로서 '계속 반복된다'고 하였다. 왜냐하면 신화는 모든 인간행위의 모델이자 정당화의 근거가 되기 때문이다. 이처럼 신화가 지닌 가치는 하나의 이야기 속에 나타난 다양한 의미체계의 연관을 통하여 그 상징성을 표현하는 주요한 수단이 되고 있다.

천지공사에 동원된 의례와 신화는 실로 다양하다. 먼저 천지공

---

[91] S. Langer, *Philosophy in a New Key*, New York, Mentor Books, 1964, p.52.
[92] W.리처드콤스톡 저, 윤원철 역, 위의 책, p.112 재인용.

사를 '강세하신 구천상제'의 주된 역사적 행위라고 본다면 그 전체가 하나의 의례라고 해도 과언이 아니다. 특히 기록에 따르면, "상제께서 삼계의 대권(三界·大權)을 수시수의로 행하셨느니라. 쏟아지는 큰 비를 걷히게 하시려면 종도들에 명하여 화로에 불덩이를 두르게도 하시고 술잔을 두르게도 하시며 말씀으로도 하시고 그 밖에 풍우·상설·뇌전을 일으키는 천계대권을 행하실 때나 그 외에서도 일정한 법이 없었도다."(공사1장4절)라고 하여 상제의 권능을 표현하기 위해 의례적인 수단을 사용하고 있었음을 보여주고 있다. 여기서 정형화된 의례를 표현하고 있는 몇 가지 사례를 살펴보면 다음과 같다. "상제께서 대신명(大神明)이 들어설 때마다 손을 머리 위에 올려 예를 갖추셨도다."(공사2장5절)에서는 신명과 인간의 교류에 따르는 예법으로서 머리에 손을 올리는 동작이 시현되고 있다. 또한 종도들에게 양지 온 장에 사람을 그려서 벽에 붙이고 제사 절차와 같이 설위한 뒤 "상악천권(上握天權)하고 하습지기(下襲地氣)식으로 사배하면서 마음으로 소원을 심고하라"고 명하자, 어느 종도 한 사람이 "상제님께 심고하였나이다"고 말씀을 올리니, 상제께서 빙그레 웃으시며 가라사대 "내가 산제사를 받았으니 이후에까지 미치리라."하였다.(교운1장37절) 여기서 '상악천권 하습지기'는 상제의 교법에 있어서 "천존과 지존보다 인존이 크니 이제는 인존시대라. 마음을 부지런히 하라."(교법2-56)는 내용과 연관지어볼 때 그 의미가 부각될 수 있다. 이는 인존의 사상을 나타내는 동시에 증산 스스로 참된 인존의 상징인 상제이심을 하나의 의례 가운데에서 표현하고자 한 것으로 해석될 수 있다.

천지공사에서 이야기 식으로 표현된 상징은 신화적인 것과 함께 설화적인 내용도 포함하고 있다. 대표적인 것으로는 이마두(利瑪竇)와 진묵(震黙)의 신화에 관한 것이 있다. 이마두는 역사적 실존인물이었으나 그는 생애에 걸쳐서 천상과 지하의 경계를 개방하여 제각기의 지역을 굳게 지켜 서로 넘나들지 못하던 신명을 서로 왕래케 하고, 사후에는 동양의 문명신(文明神)을 거느리고 서양에 가서 문운(文運)을 열었다고 한다. 이로부터 지하신은 천상의 모든 묘법을 본받아 인세에 그것을 베풀고 따라서 서양의 모든 문물은 천국의 모형을 본 딴 것이라고 하였다.(교운1장9절) 하지만 그 문명은 물질에 치우쳐서 도리어 인류의 교만을 조장하고 마침내 천리를 흔들고 자연을 정복하려는 데서 모든 죄악을 끊임없이 저질러 신도의 권위를 떨어뜨렸으므로 천도와 인사의 상도가 어겨지고 삼계가 혼란하여 도의 근원이 끊어지게 되니 원시의 모든 신성과 불과 보살이 회집하여 인류와 신명계의 이 겁액을 구천에 하소연함으로써 구천의 상제가 친히 강세하게 되었다고 밝힌다. 한편 진묵은, "천상에 올라가서 온갖 묘법을 배워 내려 인세에 그것을 베풀고자 하였으나 김봉곡(金鳳谷)에게 참혹히 죽은 후에 원(寃)을 품고 동양의 도통신(道通神)을 거느리고 서양에 가서 문화 계발에 역사하였다"고 한다.(권지2장37절) 이에 상제께서 그를 해원시켜 고국(故國)으로 데려와서 선경(仙境) 건설에 역사케 한다고 하였다. 이상의 이야기는 불가시적인 신의 세계를 묘사한 것으로서 현대문명의 초월적인 근거를 밝히고 있다. 즉 구천상제 강림의 당위성이 전제되어 있으며 나아가 상제께서 건설하시는 현대문명의 이상을 표현하는 내용으로 볼 수 있다.

천지공사에는 이상의 신화 외에도 이야기식의 설화를 통해 보다 풍부한 교훈과 상징을 전하고 있다. 대표적으로는 단주의 해원에 관한 설화가 있고, 최풍헌 인물담, 탕자, 머슴이야기 등이 있다. 단주는 고대 전설적인 중국의 성군(聖君)인 요(堯)의 아들로서 불초하다 하여 왕위를 물려받지 못하고 대신 순(舜)이 왕위를 물려받게 되자 원한을 품고 마침내 순을 창오(蒼梧)에서 붕(崩)케 하고 두 왕비를 소상강(瀟湘江)에 빠져 죽게 하였다. 이로부터 원의 뿌리가 세상에 박히고 세대의 추이에 따라 원의 종자가 퍼지고 퍼져서 천지에 가득 차서 인간이 파멸지경에 이르게 되었다.(공사3장4절) 그러므로 천지공사는 인간을 파멸에서 건지기 위한 해원공사가 되며 그 첫 고리가 되는 단주의 해원을 먼저 행해야 된다고 한다. 여기서는 단주설화를 통하여 나타난 해원공사의 정당성을 들고 있으며 이를 통해 천지공사의 역사적 근거를 마련하고 있다. 단주는 원(冤)의 담지자로서 인물적인 상징이며 단주의 해원은 곧 이상세계를 향한 기초공사의 성격을 지닌다. 상제의 법설에 나타난 주된 사상적 특징은 바로 '해원'이라는 이념에 놓여 있다.[93] 이외에도 진정한 믿음의 의미를 담은 최풍헌 인물담(교법3장17절, 예시73절), 자신이 방탕하여 보낸 허송세월을 회과자책하여 선학(仙學)을 배우게 된 탕자의 이야기(교법3장16절), 선술을 얻고자 십년 동안 머슴살이를 하다가 마침내 그의 성의로 하

---

[93] 『典經』 공사3장 5절의 다음과 같은 구절은 이를 뒷받침하고 있다. "…'지기가 통일되지 못함으로 인하여 그 속에서 살고 있는 인류는 제각기 사상이 엇갈려 제각기 생각하여 반목 쟁투하느니라. 이를 없애려면 해원으로써 만고의 신명을 조화하고 천지의 도수를 조정하여야 하고 이것이 이룩되면 천지는 개벽되고 선경이 세워지리라' 하셨도다."

늘에 올림을 받은 머슴이야기(예시 83절) 등은 교훈적이면서도 상징적이다. 서로 무관한 듯 하면서도 치밀한 상호관계를 가지고 이야기 상호간의 일정한 강조점을 발견하게 한다. 즉 인간 증산께서는 구천상제의 화신 또는 상징으로 기능하며 초월자에 대한 믿음과 실천을 강조함으로써 상제의 신성함이 드러나도록 한다는데 목적이 있다고 본다.

이상의 의례와 신화에 관한 사례는 종교적 상징체계에 있어서 주요한 항목을 차지하는 것으로 자세한 논구를 필요로 하고 있으나 소략하기로 하고, 본문에서는 천지공사에서 표현된 다양한 상징체계를 언급하는 것으로 대신하기로 한다.

3) 문장(부호)

종교상징에 있어서 특정한 문장이나 부호들은 독특한 형식으로 복잡한 의미를 전달하는 수단이 된다. '십자가(✝)' '卍' '태극(☯)'은 그 고유한 사상을 담고 있으면서 이를 압축적으로 표현하는 주요한 상징이다. 십자의 경우는 태고부터 보편적 상징으로서, 특히 우주적인 상징성을 지니고 있다.[94] 십자는 세계의 중심이면서 하늘과 땅이 통하는 점, 우주축이라는 점에서 우주수(宇宙樹), 산, 기둥 등과 상징적 의미가 통한다. 십자는 자연의 이원성, 대립물의 통합이며, 영적통일을 나타내면서 더불어 충만한 삶을 실현하기 위해서 필요한 인간영혼의 수직적인 면과 수평적인 면의 통합을 나타낸다. 이것의 형태

---

[94] J. C. Cooper 저, 이윤기 역, 위의 책, pp.86~90.

는 여러 문명에 걸쳐서 다양하게 나타난다고 본다.[95] 불교의 만자(卍字)는 본래 인도에서 상전(相傳)하는 길상(吉祥)의 표상이다. 대승경(大乘經)의 설에는 불(佛)과 십지보살(十地菩薩)의 흉상(胸上)에 생기는 길상상(吉祥相)이라 하며 삼십이상(三十二相)의 하나가 된다. 소승의 설에 의하면 이 상은 흉상에 한정된 것이 아니라고 한다.[96] 태극은 유교경전인 『주역』에 따르면 만물을 잉태하고 음과 양으로 이루어져 모든 변화를 가능하게 하며, 이어서 만물이 생성되어 나오는 형이상학적 근거로서의 진리를 뜻한다.[97] 이러한 태극을 송대의 주렴계는 하나의 문장과 부호로서 상징화하였다.[98] 이처럼 문장이나 부호는 그 종교가 지향하는 목적이나 가치를 나타내기 위하여 다양한 상징으로 표현된다.

천지공사를 살펴보면 문장이나 부호가 또한 종교상징의 표현형식으로 사용되고 있음을 볼 수 있다. 『전경』에 따르면 "상제께서 공사를 행하실 때 대체로 글을 쓰셨다가 불사르시거나 혹은 종도들에게 외워두도록 하셨도다."(공사3장39절)라고 하여 주로 글을 써서 공사를 진행하는 경우가 대부분이다. 심지어는 어떤 사람이 상제에게 "종이만 보면 사지를 못 쓴다고 비방하니, 상제께서 그 말을 듣고 종도들에게 "내가 신미(辛未)생이라. 옛적부터 미(未)를 양이라 하나니 양은 종이를 잘 먹느니라"고 응대하기까지 하였다.(공사3장16절) 그

---

[95] 위의 책, 같은 쪽.
[96] 한국불교대사전 편찬위원회, 『한국불교대사전』2, 명문당, 1995, p.93.
[97] 『周易』繫辭上 "是故, 易有太極, 是生兩儀, 兩儀生四象, 四象生八卦, 八卦定吉凶, 吉凶生大業"
[98] 『性理大全』卷之一, 太極圖說 참조.

만큼 천지공사의 진행은 일정한 법이 없이 수많은 상징으로 표현되면서 그 주요한 수단으로 글을 쓰고 이와 비슷한 부호로서 하나의 의미체계를 구축하였다.

주요 사례를 살펴보면, 먼저 "계묘년 정월에 날마다 백지 두서너 장에 글을 쓰거나 또는 그림(符)을 그려 손이나 무우에 먹물을 묻혀 그것들에 찍고 불사르셨도다. 그 뜻을 종도들이 여쭈어 물으니 "그것은 천지공사에 신명을 부르는 부호이노라"고 알려주셨도다."(공사 1장10절)라고 하여 글이나 부호는 신명과 교통하는 수단이 됨을 보여주고 있다. 또한 호소신을 불러 공사를 볼 때 날마다 백지에 그림 같은 약도와 글자를 써서 불살랐다.(공사1장16절) 어느 공사를 끝낸 뒤에는 양지에 무수히 태극을 그리고 글자를 썼으며, "다시 양지에 용(龍)자 한자를 써서 덕겸에게 "이것을 약방 우물에 넣으라" 하시므로 그가 그대로 하니 그 종이가 우물 속으로 가라앉았다"고 하였다. (공사 3장12절) 다른 공사에서는 "양지20장으로 책 두 권을 매고 책장마다 먹물로 손도장을 찍고 모인 종도들에게 가라사대 '이것이 대보책(大寶冊)이며 마패(馬牌)이니라.'"고 하고, 한 권의 책명을 "의약복서종수지문(醫藥卜筮種樹之文)"이라 쓴 뒤 "진시황(秦始皇)의 해원도수이니라"하시고 한 권을 신 원일의 집 뒷산에 묻고 또 한 권을 황 응종의 집 뒤에 묻었다.(공사3장17절) 한편 상제께서는 9년간의 천지개벽공사를 확정짓는 순간에도 모든 종도들이 지켜보는 가운데 글을 써서 불사름으로써 종도들로부터의 믿음을 이끌어내기도 하였다.(공사3장38절) 이상의 사례 외에도 공사의 대부분은 글이나 부호로서 표현된 경우가 많으며, 상제께서 남긴 유일한 경전인 『현무경(玄武經)』은 이러한 그림과 글의 상징적 조합으로 대순하신 진리가 농축되어 있는 주요한 자료가 된다.[99] 그만큼 문장과 부호는 종교상징을 표현하는 데 적절한 수단이 되고 있는 것이다.

4) 인물과 지명

천지공사에서 사용된 상징은 일반적인 종교상징의 영역을 훨씬 포괄적으로 다루고 있음을 볼 수 있는데, 이는 인물과 지명에 대한 언급에서 찾을 수 있다. 원래 인간 그 자체는 우주와의 관계에서 볼 때 소우주이며, 대우주와 4대원소의 반영이다.[100] 동양의 전통적인 천·지·인 삼재(三才)사상에서도 인간이 중심을 이루고 있으며 하늘과 땅을 매개하여 조정하는 것이 사람이다. 이러한 인간은 그 자체로 하나의 우주적인 상징이 될 수 있고, 또 귀감이 될 만한 역사적 인물에 대해서는 그 이미지에 결부되어 상징성을 띨 수도 있다. 천지공사에서는 이러한 인물에 대한 언급을 통해 그 종교적인 의미와 목적을 나타내고 있다.

천지공사에서의 인물은 전설상의 사람도 있고, 역사적인 유명인물도 있다. 심지어는 상제를 시봉하였던 종도들의 이름도 상징적으로 사용되기도 하였다. 전설적인 인물로는 요·순과 단주가 있다. "요·순의 도(道)가 다시 나타나리라"(교운1장46절)고 하였으며, 요의 아들 단주의 원을 풀면 수 천 년 쌓인 원의 마디와 고가 풀릴 것이라고 하였다.(공사3장2절) 여기서 요·순과 단주는 그 사실(史實)적인 내

---

99 『典經』 교운 1장 66절 참조.
100 J. C. Cooper 저, 이윤기 역, 위의 책, p.206.

용여부와는 별도로 천지공사가 지향하는 이상세계의 원형을 인물에 대한 이미지를 통해 찾고자 하였음을 알 수 있다. 역사적인 인물로서는 명부(冥府)공사와 종장(宗長)공사를 통해서 대표적으로 언급되고 있다. 즉 "조선명부(朝鮮冥府)를 전명숙(全明淑)으로, 청국명부(淸國冥府)를 김일부(金一夫)로, 일본명부(日本冥府)를 최수운(崔水雲)으로 하여금 주장하게 하노라"(공사1장7절)의 내용이나, "최수운(崔水雲)을 선도(仙道)의 종장(宗長)으로, 진묵(震黙)을 불교(佛敎)의 종장(宗長)으로, 주회암(朱晦庵)을 유교(儒敎)의 종장(宗長)으로, 이마두(利瑪竇)를 서도(西道)의 종장(宗長)으로 각각 세우노라"(교운1장65절)고 함으로써 전명숙, 김일부, 최수운, 진묵, 주회암, 이마두 등은 천지공사의 상징적인 인물이 되었다. 명부는 사람이 죽어서 심판을 받는, 죽은 사람을 관리하는 신명계의 부서인데 말하자면 죽어서 잘되기 위해서는 각각 새롭게 명부를 맡은 사람을 본받아야 됨을 말하고 있다. 종장 또한 그 종교의 대표자를 일컫는 말이니, 세계의 종교는 새로운 종장들의 종교적 자세를 본받음으로써 참된 종교로 거듭날 수 있음을 나타내고자 한 것이다. 이 외에도 상제를 신봉하였던 종도들 또한 천지공사에서는 상징적인 기능을 하고 있음을 볼 수 있다. 박공우(朴公又)는 만국대장으로 불리어졌고(예시38절), "하도낙서 지인지감 김 형렬, 출장입상 김 광찬, 기연미연 최 내경, 평생불변 안 내성, 만사불성 김 송환 (河圖洛書知人之鑑金亨烈 出將入相金光贊 旣然未然崔乃敬 平生不變安乃成 萬事不成金松煥)"이라고 하였다.(공사1장30절) 황응종의 집에서는 산하의 대운을 거두어들이는 공사를 보았으며(공사3장7절), 구월산(九月山) 금반사치(金盤死雉)의 혈음(穴蔭)을 옮겨오는 공사에는 장풍(長風)이 필요하였는데 이도삼의 아우 장풍(長豊)이 들어오므로 공사를 본 일(행록3장41절), 차경석으로 하여금 동학신명의 해원두목으로 정한다고 한 일(공사2장19절), 문공신(文公信)으로 하여금 정음정양(正陰正陽)의 도수라고 명한 일(공사2장16절) 등은 모두 인물적인 상징표현으로 볼 수 있다. 즉 그 인물의 사실적인 측면보다는 천지공사가 지향하는 상징적이고도 종교적인 목적에 부합되게끔 상징적인 인물로 기능한다는 것이다. 따라서 다양한 인물에 대한 언급은 그 인물의 사실성에 국한되지 않고 그 이름을 빌리거나 이미지를 통해서 보다 고차원적인 측면을 지향하고자 한 것으로 보아야 한다.

지명에 대한 언급도 그것이 특정한 공간의 사실적인 측면에 국한되지 않는다는 점에서 하나의 상징적인 표현으로 볼 수 있다. 이미 '천지공사'라고 하는 이름이 지향하는 바와 같이 하나의 구체적인 행위를 통해 전 우주적인 가치를 표방한 것인 만큼, 비록 특정한 시공간의 역사라 할지라도 그 유한성 속에서 무한한 가치를 드러내고자 한 것으로 평가될 수 있다. 즉 유한한 생애의 기록을 지닌 인간 증산께서는 그의 삶을 통해 영원 무한한 최고 존재로서의 구천상제를 보여주고자 하였으며, 이어서 그가 접한 모든 사물이나 인물, 지형이 시·공간의 제약을 넘어서기 위해서는 모두가 상징적인 도구로 기능하지 않으면 안 되었던 것이다. 당시의 상제를 추종하였던 인물(종도)들이 그랬던 것처럼 공간적으로 주어진 지형도 그 사실적인 구조를 넘어서 천지공사의 이념에 다가가기 위한 상징적인 기능을 담당할 수 있다. 그러기 위해서는 그 외형의 특징적인 면도 중요하지만 특별히 그 지형(지역)의 이름이 그 상징성을 표현하는 중요한 모티브가 되고 있다.

　지명 상징에 대한 대표적인 사례를 찾아보면, "청주(淸州) 만동묘(萬東廟)에 가서 청국 공사를 행하려 하나 길이 멀고 왕래하기 어렵고 불편하므로 청도원(淸道院)에서 공사를 행하리라"(공사2장6절)고 하였으며, 동곡에 약방을 차린 후 천지의 약기운이 평양에 내렸다고 한 일(공사2장8절), "원형이정 봉천지 도술약국 재전주동곡 생사판단(元亨利貞奉天地道術藥局 在全州銅谷生死判斷)"(공사2장9절)이라고 하였으며, 함열(咸悅)지방에 이르러서는 "만인 함열(萬人咸悅)"이라 기뻐한 일(행록2장4절), "불가지(佛可止)는 불이 가히 그칠 곳이라는 말이오. 그곳에서 가활 만인(可活萬人)이라고 일러왔으니 그 기운을 걷어 창생을 건지리라."고 한 일(예시54절), 일본의 지기를 뽑기 위해 신방축 공사를 본 후 일본 신호(神戶)에 큰 불이 일어난 것이 바로 신방축과 신호의 어음이 같음을 취하였다고 한 일(공사3장31절) 등은 모두 지명을 통해 그 뜻을 취한 것으로 볼 수 있다. 그 지역의 사실적인 측면보다는 그 이름에서 취하는 상징적인 뜻을 통해 천지공사의 이념을 표현하고자 한 것이다. 이 밖에도 많은 지명이나 산명(山名)은 그 이름과 결부되어 천지공사에 사용되어졌음을 알 수 있다.

5) 건물

어떤 종교적인 목적을 위하여 만들어진 건물은 그 실용적인 기능 외에도 상징적인 의미를 갖고 있는 경우가 많다. 사원이나 교회 또는 제단의 건립 등은 하나의 성스러운 공간으로서 세속적인 공간과 구분 짓는다. 이러한 성스러운 공간(聖所)은 그 다양한 형태에도 불구하고 모두 성(聖)과의 교제를 가능케 하는 명확한 장소가 존재한다는 것을 의미한다.[101] 본래 성역(聖域)이 신의 현현장소라는 점에서 성별(聖別)되지만 주거지도 성인의 거주 장소라는 점에서 성화(聖化)되어 세속적인 공간과 분리된다. 이러한 성스러운 건조물은 모두 우주 전체를 상징적으로 표현하는 것이다.[102] 어떤 의미에서는 세계의 중심에 세워지는 것이라고 보고, 산과 같은 중심의 상징을 나타내기도 한다.[103] 세계를 재건하거나 영속하기 위해서 혹은 실재하기위해서 새로운 주거지나 도시는 건조의례를 통하여 '우주의 중심'에 투영되지 않으면 안되는 것이다.

천지공사에 나타난 건물의 상징은 대표적으로 '동곡약방'의 건조(建造)를 들 수 있다. 『전경』에 따르면 상제께서는 전주의 동곡지역에 약방을 짓게 되는데 이 약방은 천지공사가 행해지는 중심장소로서 성스러운 공간으로 구분된다.[104] 약방을 설치한 후 상제께서는 "원형이정 봉천지 도술약국 재전주동곡 생사판단(元亨利貞奉天地道術藥局 在全州銅谷生死判斷)"이란 글귀를 써서 불살랐으며 특별한 약장을

---

[101] M. Eliade, 이은봉 역, 위의 책, p.472.
[102] M. Eliade, 이은봉 역, 위의 책, p.478.
[103] 중심의 상징은 집의 건조에서뿐 아니라 도시의 건설에서도 포함되어 있다. 중심에 있는 것은 모두 성별된 공간으로서, 히에로파니(hierophany)와 테오파니(theophany)가 생길 수 있는 모든 공간, 하늘과 땅의 차원의 단절이 확인되는 공간에 중심이 있다. 엘리아데는 중심의 상징에 관한 유형을 다음의 세 가지로 분류하여 설명하고 있다. (1)하늘과 땅이 만나는 '성스러운 산'은 세계의 중심에 있다. (2)모든 사원이나 궁전, 더 나아가 모든 성스러운 마을이나 왕궁은 '성스러운 산'과 동일시되며, 따라서 중심이 된다. (3)반대로 사원이나 성도(聖都)는 세계축(Axis Mundi)이 통과하는 장소로서 하늘, 땅, 지하가 교차하는 점으로 생각된다.(위의 책, p.478)
[104] 『典經』, 공사 2장 7절「상제께서 정미년 四月 어느날 돈 천냥을 백 남신으로부터 가져오셔서 동곡에 약방을 차리시는데 이때 약장과 모든 기구를 비치하시기 위하여 목수 이 경문(李京文)을 불러 그 크기의 치수와 만드는 법을 일일이 가르치고 기한을 정하여 끝마치게 하시니 약방은 갑칠의 형 준상의 집에 설치하기로 하셨도다.」

비치하였다.(공사2장9절) 종도로 하여금 전주에 가서 삼백 냥으로 약재를 사오게 하였는데 도중에 비가 내리므로 이것을 약탕수라고 하였다.(공사2장10절) 이 약방이 천지공사에서는 하나의 중심 건물로 건조되면서 중심의 상징이자 세계재건의 성소(聖所)로 여겨지게 된다. 천지공사의 기록에는 이와 관련하여 다음과 같은 구절이 있다.

> 상제께서 하루는 구릿골에서 밤나무로 약패(藥牌)를 만들어 패면(牌面)에다 만국의원(萬國醫院)이라고 글자를 새겨 그 글자 획에다 경면주사(鏡面朱砂)를 바르시고 이 약패를 원평(院坪) 길거리에 갖다 세우라고 공우(公又)에게 명하셨도다. 공우가 약패를 갖고 원평으로 가려고 하니라. 상제께서 가라사대 "이 약패를 세울 때에 경관이 물으면 대답을 어떻게 하려하느뇨" 하시니 공우 여쭈길 "만국의원(萬國醫院)을 설치하고 죽은 자를 재생케 하며 눈먼자를 보게 하고 앉은뱅이도 걷게 하며 그밖에 모든 질병을 다 낫게 하리라고 하겠나이다"고 아뢰니 "네 말이 옳도다. 그대로 시행하라" 하시고 그 약패를 불사르셨도다.[105]

즉 동곡(銅谷, 구릿골)이라는 지역 또한 성스러운 공간으로 불리어지며 여기에 세운 약방은 만국의원을 뜻하고 있다. 죽은 자를 재생케 하며 눈먼 자를 보게 하고 앉은뱅이도 걷게 하며 그밖에 모든 질병을 다 낫게 하는 곳으로서 세계의원임을 상징한다. 건물의 실용적인 기능과는 별개로, 동곡약방은 세계 인류를 대상으로 하는 중심

---

[105] 『典經』, 공사 3장 35절.

적인 역할을 하고자 하는 것이며 나아가 천·지·인의 새로운 모습을 향한 상제의 의지를 보여주는 곳이다. 따라서 이곳은 성현(聖顯)의 장소이자 '상제'의 거주지이다. 천지공사의 주된 활동도 바로 이 중심지로부터 펼쳐나가게 되며, 세계를 성화(聖化)시키는 주된 무대가 동곡약방이다.

    동곡약방에서의 주된 공사내용을 살펴보면, 먼저 고부에 가서 주선해 온 돈으로 약방수리를 마친 후 활 한 개와 화살 아홉 개를 가지고 공우로 하여금 지천(紙天)을 쏘아 맞추게 한 뒤 "구천을 맞췄노라"고 하고 또 "고부 돈으로 약방을 수리한 것은 선인포전(仙人布氈)의 기운을 쓴 것이라"고 하였다.(공사3장3절) 이외에 양지에 무수히 태극을 그리고 글자를 썼으며 용(龍)자 한자를 써서 약방 우물에 넣은 일(공사3장12절), 기차기운을 돌리는 공사(공사3장27절), 태을주 기운을 거두는 공사(공사3장28절), 대두목에게 교운을 펴는 공사(교운1장38절), 화둔공사(교운1장68절), 류찬명에게 천문지리 풍운조화 팔문둔갑 육정육갑 지혜용력(天文地理風雲造化 八門遁甲六丁六甲智慧勇力)과 회문산 오선위기혈 무안 승달산 호승례불혈 장성 손룡 선녀직금혈 태인 배례전 군신봉조혈(回文山五仙圍碁穴 務安僧達山胡僧禮佛穴 長城巽龍仙女織錦穴 泰仁拜禮田群臣奉詔穴)을 쓰게 하고 불사른 일(행록5장21절), 남조선에 관한 공사(예시71절) 등이 있다. 이상의 내용을 살펴볼 때 동곡약방은 천지공사에서 중심의 상징으로 기능하면서 성현장소로서의 그 가치를 발휘하고 있다.

6) 음식물

천지공사에서 사용된 상징에는 음식물에 관한 것도 있는데 육고기와 식혜, 술이 그 대표적이다. 『전경』 기록에 의하면, "공사에 때로는 주육과 단술이 쓰이고 상제께서 여러 종도들과 함께 그것을 잡수시기도 하셨도다."(공사1장6절)라고 하여 주육과 단술이 언급되고 있음을 볼 수 있다. 육고기는 앞에서 언급한 자연물(동물)의 상징과 연관지어 설명될 수 있으므로 생략하고 여기서는 술과 식혜에 대해서만 살펴보기로 한다.

술의 근원적 어근은 본래 물의 뜻을 지니고 있다.[106] 그러므로 술의 상징은 물의 상징의 변형으로도 볼 수 있으며 그 일맥상통하는 면 또한 발견할 수 있다. 다만 인간사회 내에서의 음식물로 한정될 때에 술은 우주론적인 측면보다는 인간학적인 측면이 더욱 강하게 나타난다고 본다. 신화(이야기)속에 나타난 술의 상징적 의미는 혼돈과 화합을 동시에 보여준다. 즉 술은 사람을 취하게 하는 속성상 이성적 측면보다 본능이나 감성 영역을 강화하므로, 취함에서 비롯된 미혹이나 혼돈, 미분화(未分化)를 야기한다. 한편으로는 사람 사이의 문제를 해결하는 화합의 실마리로 작용하기도 한다. 우리 민속에서 술은 제사음식의 기본으로 사용된다. 술을 붓는 것은 강신(降神)을 바라는데 있다. 잔치나 놀이를 하면서도 술을 마시고 노래와 춤을 추는 것은 신명과 멋의 표현으로 보기도 한다. 그만큼 술은 인간 사

---

[106] 술은 '수블〉수울〉술'로 변천했다. 수블은 '술(酒)'과 '블(酒)'의 합성어로 본다. 술의 근원적 어근을 물로 보는 것은 설거지의 '설'이 고어에서 물의 뜻을 지니고 있었다는데 있다.(『한국문화상징사전』동아출판사, 1992, p.447)

회 내에서는 그 관계를 화합시키고 나아가서 보이지 않는 신적 실재와의 교통을 가능하게 하는 매개물임을 나타낸다. 또한 술을 물의 상징의 연장으로 본다면 재생과 치병을 가능하게 하는 생명력 또한 지니게 되는 것이다.[107]

    천지공사에서 상제께서는 술을 드심으로써 풍우·상설·뇌전과 같은 자연현상을 일으켰으며(행록3장36절, 공사1장4절), 삶은 쇠머리 한 개와 술 한 병과 청수 한 그릇을 방안에 차리고 개벽을 시험해서 보여주었다.(공사2장27절) 최수운을 해원하는 공사에서도 술 한 동이가 쓰였으며(공사3장2절), 호승예불(胡僧禮佛)에 관한 공사를 볼 때에 많은 술이 쓰였다.(공사3장20절) 술이 지닌 재생과 치병의 의미에 대해서는, 천하의 형세가 종기를 앓음과 같다하여 그 종기를 파할 때에 술이 쓰였으며(공사1장8절), 오래된 병을 앓았던 박순여 그리고 전순일의 치병에 술을 사용하였고(제생12절, 13절), 반신불수가 된 차경석의 소실을 낫게 해줄 때에는 술잔을 들고 거닐게 하였다.(제생27절) 상제께서는 한편 '수박에 소주를 넣어서 우물에 담갔다가 가져오게 하고, 그 수박을 앞에 놓고 "내가 이 수박을 먹으면 곧 죽으리라."함으로써 술이 삶과 죽음을 연계시키는 의미도 보여주고 있는데, 여기서 술과 물 그리고 수박은 모두 하나의 상징계통을 지닌다고 볼 수 있다.(행록5장35절)

---

[107] 그리스신화에서의 디오니소스(Dionysos)는 자연의 생성력 및 포도주를 관장해 문화를 촉진하고 입법도 하는 대신(大神)으로 로마신화의 바커스(Bacchus)에 해당한다. 술은 디오니소스의 선물 또는 그대로 디오니소스라고도 한다.⋯ 바슐라르(G. Bachelard, 1884~1962)에 의하면 술은 물과 불의 혼합물이다. 술은 물과 불이라는 상극적인 두 요소의 결합으로 이뤄졌으며, 생명력을 상징한다.(위의 책, p.450)

식혜(食醯)는 한국인에게 있어 전통음식의 하나로서 그 제조방식에 특이한 면이 있다. 찹쌀을 쪄서 엿기름물을 붓고 삭힌 다음 밥알은 냉수에 헹구어 건져놓고, 그 물에 설탕과 생강을 넣고 끓여 식힌 다음 밥알을 띄워 만든 음료가 식혜이다.[108] 감주(甘酒)라고도 하며, 오늘날까지 제물의 기본품목의 하나이다.[109] 따라서 식혜는 술의 연장선상에서 그 의미를 파악할 수 있다. 다만 술보다 더 많은 재료가 들어가서 서로 섞어서 삭이는 과정에서 우러나온 맛을 즐기는 것이 식혜이다. 대체로 한국음식은 고는 것과 함께 절이고 삭이는 것에 그 특징이 있다고 본다.[110] 서로 다른 것을 조화시켜서 종합된 맛을 즐기는 것이 한국인의 입맛이라는 것이다.[111] 술이 지닌 화합과 생명력의 상징이 변형되어 한국문화에 기반을 두고 이를 보다 구체화시키고 강화한 것이 바로 식혜라고 볼 수 있다.

천지공사에서 식혜는 특히 단주의 해원도수를 볼 때에 쓰였고(공사2장3절), 황응종의 집에서 산하의 대운을 거두어들이는 공사에서도 쓰였다.(공사3장7절) 또 비인복종(庇仁覆鍾)이 크다 하고 북도수를 볼 때 식혜가 사용되었으며(공사3장11절), 눈이 내려 교통이 두절되었을 때 식혜를 지음으로써 눈이 그치고 일기가 화창하게 되었다.(권지1장31절) 이처럼 식혜는 술과 함께 그 일관된 상징성을 지니고 천지공사에서 주된 음식물로 사용되어졌음을 알 수 있다.

---

108 윤서석 『한국의 음식용어』 민음사, 1991, p.378.
109 『삼국유사』 가락국기의 수로왕묘의 제수로서 감주가 나온다.
110 김상일 『퍼지와 한국문화』 전자신문사, 1992, p.182.
111 비빔밥과 곰탕, 김치, 젓갈 등이 그 대표적이라고 하겠다.

7) 물품

일상생활에서 사용하는 물품도 그것이 지닌 외양적인 특징과 이미지로 인해서 하나의 상징으로 전이되는 경우가 많다. 물론 실용적인 기능을 지니는 것과는 별개로 보다 고차원적인 의미를 지향하는 경우에 특히 그렇다고 할 수 있다. 하나의 자연물이 지니는 다가치적인 측면이 어떤 일관된 상징성을 보여주듯이 물품도 그것이 사용되어지는 다양한 측면을 아우르고 보다 추상적인 개념과 연관되어 있을 때는 충분히 하나의 상징으로 기능할 수 있다. 예를 들어 '붓은 칼보다 강하다'라고 할 때에 이미 붓과 칼은 그 재질적인 측면에서 말하는 것이 아니다. 오히려 그것이 주로 사용되어지는 곳으로서 문(文)과 무(武)라는, 보다 추상적인 개념을 가리키고 있는 것이다. 이 때 붓과 칼은 각각 문·무(文武)의 상징이 될 수 있다.

　천지공사에서는 이러한 물품에 해당하는 것도 하나의 상징으로 많이 사용되어지고 있음을 볼 수 있다. 수륙병진공사를 보면서 군항으로 가기 위해 배를 탄 후 바람이 많이 불자 안경을 종이에 싸서 번개 치는 곳에 던지게 한 일(공사1장18절), 청맹으로 앞을 보지 못하는 오의관의 아내를 낫게 하기 위해 양산대로 땅을 그어 돌린 일(공사1장21절), 공사를 보기 위해 말점도로 들어가면서 종도들로 하여금 짚신과 종이 등을 만들게 한 일(공사2장1절), 백지로 고깔을 만들고 짚으로 인경을 만들어 그 위에 각각 글씨를 쓴 일(공사2장2절), "사기(沙器)를 김제(金堤)로 옮겨야 하리라"고 한 뒤 김제 수각(水閣) 임상옥(林相玉)이 왔기에 청수를 담던 사기그릇을 개장국에 씻어 그에게 준 일(공사2장14절), 전쟁에 관한 공사를 보면서 담뱃대와 수건이 사용된

일(공사2장25절), 동곡약방의 수리를 마친 후 활과 화살로 지천을 맞춘 일(공사3장3절), 기차기운을 돌리는 공사에서 각각 부채와 빗자루로 불을 부친 일(공사3장27절), 태을주에 관한 공사를 보면서 종도들로 하여금 칼·붓·먹·부채를 각각 집게 한 일(공사3장28절) 등에서 다양한 물품이 그 나름대로의 상징성을 지니고 사용되어졌음을 알 수 있다.

위에서 언급된 물품들 가운데 하나만 예를 들어 살펴보면, 활과 화살의 경우가 있다. 화살은 활(弓)과 살(矢)의 합성어이다. 따라서 화살의 상징에는 활도 포함된다고 할 수 있다. 수렵사회에서 활은 수렵도구로 사용되었으므로 활을 잘 쏘아 많은 사냥감을 잡을 수 있는 사람이 권력을 장악하여 왕이 되면서 이것이 왕권을 상징하게 되었다.[112] 무속이나 민속에서는 남을 해치려는 목적으로 상대방의 화상을 그려서 벽에 붙여놓고 활로 쏘아 그림을 찢는 등의 주술이 있다. 종교에서 활은 자기 수신(修身)을 위해서나 구도자의 정진(精進)을 뜻하였다. 한편으로 화살은 사닥다리와 마찬가지로 천상과 지상을 연결하는 매개체의 상징이다. 내려오는 방향에서는 번개나 햇살, 빗줄기처럼 신의 권능을 의미한다. 올라가는 방향에서의 화살은 수직성을 상징한다. 그것은 신에게로 가까이 가려는 인간의 보편적인 욕망을 상징한다. 또한 화살은 거리와 무게를 극복하는 점에서 지상적 조건을 초월하려는 의지의 상징이다. 철학자의 완벽한 사고를 뜻하기도 하고, 신들이 지닌 무기로 그려질 때는 재앙을 쫓아버리고

---

[112] 『한국문화상징사전』 동아출판사, 1992, p.639.

더러움을 제거하며 풍요를 가져오는 밝은 빛을 상징한다. 큐피트가 지닌 두 종류의 화살은 사랑을 생겨나게도 하고 사랑을 쫓아버리게도 한다. 활과 화살이 구분된 상징으로 보면 활은 달의 형태로 풍요, 강함, 생명력, 여성원리를 지니는 반면에 화살은 형태와 내쏘는 기능에서 남성을 상징하기도 한다.[113] 이처럼 활과 화살에 담겨있는 상징적 의미는 다양하다. 하지만 대체로 활과 화살의 경우를 종합하여 볼 때 어떤 수미일관된 의미를 지향한다고 하겠다. 천지공사에서 사용된 다양한 물품에 관한 상징도 이와 같이 종합적으로 본다면 그 종교적인 목적에 부합되게끔 자체의 상징성을 발휘하고 있다고 할 것이다.

8) 색깔

어느 한 색깔 또는 여러 색깔을 조합하여 상징으로 사용할 수 있다. 무채색으로서의 검정색이나 흰색도 상징성을 지니며 삼원색으로서의 빨강 파랑 노랑도 그 나름의 상징성이 있다. 이 오색(五色)은 전통적으로 오행(五行)이론과 상응하기도 하는데, 방위(五方)와 맛(五味) 장기(五臟) 오상(五常) 등에 대응하는 것으로 본다. 문화적 전승이나 사회체제에 따라 그 상징적인 이해의 내용도 달라질 수 있으나 대체로 그 다가치한 측면을 통해 하나의 색깔이 지니는 종합적이고도 고차원적인 의미 또한 두드러진다고 할 수 있다.

검정색은 주로 흰색과 대비하여 풍습상 부정적이거나 음흉함,

---

113 위의 책, pp.639~624 참조.

악함으로 이해되고 따라서 상장(喪葬)이나 죽음, 밤, 공포 등으로 묘사된다. 감정적으로는 우울, 절망을 나타낸다.[114] 하지만 도상(圖上)에서 검정의 상징으로 표현된 신수(神獸)로 현무도(玄武圖)가 있는가 하면 오상(五常)에서 지혜(智慧)를 검정에 배속한 것을 볼 때 그 깊이를 알 수 없는 그윽함과 영원·무한성을 나타내는 긍정적인 측면도 있다. 상제의 친필경전을 『현무경(玄武經)』이라 이름 지은 것도 이 까닭에서라고 볼 수 있다.[115]

반대로 흰색은 상서로운 징조를 표상하고 있다. 한국 시조신화에서 하늘과 관계있는 흰 기운과 흰 새, 흰 동물이 등장하는 것은 하늘의 뜻을 받은 왕이라고 믿는 우리 민족의 원조 신화의지가 숨어있다고 본다.[116] 이런 긍정적인 의미에서 이해된 흰색은 풍습상 깨끗함, 밝음, 결백, 청렴, 순수함, 고결함, 신성함 등을 나타낸다. 하지만 부정적인 측면도 배제할 수 없는데, 경우에 따라서 흰색도 문화적 특성에 따라 죽음을 상징하기도 하며, 간사함, 불길함, 패망을 뜻하기도 한다.

이상의 검정색과 흰색은 천지공사에서 동시에 표현되었다. 즉 일진회가 발족되었을 때 상제께서는 삿갓을 쓰고 다니며 속옷을 검은 것으로 외의를 흰 것으로 지어 입었다. 그리고 「저 일진회가 검은 옷을 입었으니 나도 검은 옷을 입노라」, 「구름의 안이 검고 밖이 흰 것은 나를 모형한 것이니라」고 함으로써[117] 흰색과 검정색을 대비하

---

114 『한국문화상징사전』 동아출판사, 1992, pp.49~52 참조.
115 『典經』 교운 1장 66절.
116 『한국문화상징사전』 동아출판사, 1992, p.647.

여 그 상징성을 드러내고자 하였다.

　붉은 색은 흔히 벽사(辟邪)의 기능이 있다고 믿어 무속에서나 민간에서 흔히 사용되고 있다. 밝음이나 광명을 뜻하며, 젊음, 정열, 아름다움, 재생, 성역(聖域)을 상징하고, 권세를 나타내므로 왕실에서 왕의 복장이나 성직자의 옷 색깔에 붉은 색이 사용된다.[118] 반면에 증오나 위험신호, 사탄, 전쟁, 혁명 등을 묘사한 붉은 색은 그것이 지닌 부정적인 이미지를 나타낸 것으로 볼 수 있다. 천지공사에서 상제께서는 시루봉에서의 공사를 볼 때 목에 붉은 수건을 걸고 다녔으며(행록2장10절, 예시18절), 그 자신의 입술에 있는 붉은 점을 보여주기도 하였고(행록2장16절), 종도 신경수가 동천에 붉은 옷을 입고 구름 속에 앉은 사람에게 네 번 절한 일을 떠올리게 한 일(권지2장28절), 서쪽 하늘에 붉은 구름이 떠있는 것을 보고 "금산(金山)도득(圖得)하기가 심히 어렵도다"고 한 일(행록2장19절), 세상이 급박해질 때 산도 물도 붉어진다고 말한 일(교법3장43절) 등은 모두 붉은 색이 지닌 상징성을 보여주고 있는 대목이다.

　푸른색은 신화에서 하늘과 물의 상징성을 나누어 가진다고 본다. 피안의 빛, 거룩함, 승화가 바로 파랑의 신화적 상징이다.[119] 방위로는 동쪽이므로 해돋이, 밝음, 맑음 등과 연관된 상징성을 갖춘다. 따라서 소생이나 기쁨, 젊음, 대망, 영원성, 희망, 조화, 진실, 풍요, 생명력, 재생 등을 뜻한다고 본다. 반면에 전통예복에서 낮은 계급

---

117 『典經』 행록 1장 33절.
118 『한국문화상징사전』 동아출판사, 1992, pp.385~388.
119 『한국문화상징사전』 동아출판사, 1992, pp.606~609.

이 입은 옷은 주로 푸른색이고, 문학적 표현에서 푸른색은 권태로움이나 죽음을 상징하기도 한다. 상제께서는 두골을 훔쳐간 도적이 큰 형벌을 면하고 징역에나 처하게 하기 위해 푸른 의복을 지어오게 한 후 이것을 불살랐으며(행록4장29절), '용둔(龍遁)'을 한다고 한 후 보시기 변두리에 푸른 물을 바른 일(행록5장18절), 교운을 편다고 한 후 푸른 대나무를 잘라오게 한 일(교운1장38절) 등에서 푸른색에 대한 상징을 보여주고 있다.

노란색은 방위로서 중앙이다. 어근이 '놀'과 '눌'인 노랑은 땅(地)의 뜻을 지닌다. 나라(國)의 어근은 '날-'인데 이것도 '놀' '눌(土, 地)'과 어근이 같다. 따라서 노랑은 나라의 서울 또는 중앙을 상징하는 빛깔이다. 중앙에 대한 설명으로서 그 특징을 땅이 평평하며 늘 젖어있어서 만물이 잘 자라는 곳이라고 하였다. 단군이 도읍을 정했다는 평양(平壤)도 원래 이러한 지형을 가리킨 것으로 후에 지명으로 변했다고 한다.[120] 풍습상에서 보면 중요한 부분으로서 번영을 뜻하고, 신체의 건강, 권위, 부귀, 성숙, 평화, 존엄, 신성, 관용 등을 나타낸다. 그 중심적인 특징으로 인해 황제의 곤룡포는 노란색을 사용하여 황룡을 금실로 수놓아 입었고, 신성함을 상징함으로 인하여 종교경전이나 불상 등을 노란 빛의 황금색으로 장식한다. 그 부정적인 이미지에서 형성된 상징에는 시기, 원한, 사악, 불의를 나타내고 음란, 매춘, 비겁, 통속, 선정 등을 상징함으로서 그 다가치한 측면을 보여준다. 천지공사에서 노랑 닭 한 마리를 잡거나(교운1장22절), 누런 개

---

[120] 위의 책 p.165.

한 마리를 잡은 일(공사3장2절)은 노란색이 지닌 상징성을 내포한 구절로 볼 수 있다.

한편 위에서 언급한 색깔들은 천지공사에서 동시에 사용된 예도 있는데, 최수운을 해원하는 공사에서, "소나무 숲에서 가장 큰 소나무 한 그루와 남쪽 양달에 있는 황토를 파오게 하고 백지 넉 장을 청홍 황의 세 색깔로 물들여서 모두 잇고 베어 온 소나무의 한 윗가지에 달게 한"(공사3장2절) 일은 여러 색깔이 조합되어 그 종합적인 상징을 표현한 것이다. 이상의 색깔상징에서 살펴보면 모두 천지공사가 지향하는 종교적인 목적에 연관되어 있으며 따라서 종교적 실재는 이와 같은 다가치적인 상징의 통일적인 측면에서 발견되어지는 것임을 보여주고 있다 하겠다.

이상에서 살펴볼 때 상징은 그 특성상 눈에 보이는 형상을 통해서 눈에 보이지 않는 추상적 실재를 나타내기 위한 표현방식이다. 이 보이지 않는 추상적 실재가 특히 성스럽고 초월적이며 어떤 신적(神的)인 것을 가리킬 때 그 상징은 종교적 상징이 된다. 상징을 통해 접근하는 세계가 그만큼 불가시적이고 고차원적인 것을 지향함으로써 상징은 종교현상에서의 의미를 발견하는 데에 더욱 그 가치를 발휘한다고 본다. 즉 종교상징론에서의 핵심은 그것이 다만 상징에 그치는 것으로 보지 않는다는데 있다. 오히려 상징적 표현을 통하여 그 종교적 실재에 더욱 가까이 다가가는데 목적이 있기 때문에 사람들은 그 종교상징을 접하는 순간 그 실재의 삶에 참여할 수 있는 것이다. 여기에 그 자신이 지닌 신앙체계는 그러한 종교상징을 매개로 하여 전우주적이고 궁극적인 실재를 체험가능하게 하는 전제조건이 되기도 한다. 이와 같은 상징표현을 통하여 천지공사는 그것이 지향하는바 후천의 세계를 적절히 지시하고 이해하는데 유효한 방법이 되고 있음을 알 수 있다.

제3장

신앙의 실천 - 해원상생론

대순진리회 신앙에 있어서 실천론은 그 신앙의 진리를 현실에서 증명하기 위해 필요한 이론이다. 아무리 신앙대상이 존귀하고 신앙의 진리가 위대하다고 할지라도 그것을 드러내고 입증하는 실천이 없다면 공허할 뿐이다. 따라서 대순진리에 대한 인식과 더불어 신앙의 실천문제는 신앙의 진리를 현실화하기 위한 직접적인 방안이라고 할 수 있다. 여기에 실천론 탐구의 의의가 있다 할 것이다.

『대순지침』에 의하면 "해원상생·보은상생의 양대 진리가 마음에 배고 몸으로 행하도록 하여야 한다."고 함으로써 신앙의 실천이념을 제시한 바가 있다. 즉 '해원상생'과 '보은상생'이 바로 실천론의 핵심이념이 되고 있다. 여기서 '해원상생'은 특히 대순진리회의 종지이면서 보은상생의 전제가 되는 것이다. 본 장에서는 이러한 해원상생을 하나의 신앙적 실천원리로 보고 그 이론적 특성을 살펴보기로 하겠다.

1. 해원론

'해원' 이념에 있어서 특별히 주목되는 것은 인간의 감정상태 또는 정서로서의 '원(冤)'에 관한 것이다. 일반적으로 학계에서 주목하고 연구되어 온 성과 중에는 한국인의 정서로서의 '한(恨)'에 관한 것이 많다. 한국인의 문화를 형성한 저변의 심성에 관심을 가질 때 정치와 경제, 종교와 예술, 사상과 언어 등에서 한(恨)은 한국인의 기초적인 정서를 이루었다고 본다.[1] 아울러 한(恨)에 관한 연구는 철학, 문학, 종교학(특히 무속), 심리학 등에서 주된 성과가 있다. 이에 반해 '원(冤)'에 관한 연구는 한(恨)에 관한 연구에 종속되어 '한(恨)' 개념의 일의(一意) 또는 '원(怨)'개념과 혼용하여 이해되어 온 것이 사실이다.[2] 비록 한국 무속 연구에서 굿의 형태에 '해원(解冤)굿' '해원문(解冤文)' 등의 어휘를 사용하고 있기는 하지만,[3] 특별히 원(冤)의 개념에 착안하여 이것이 인간행위의 주요한 정서가 되고 또한 하나의 종교심성으로 작용할 수 있다는 점에서 주목받지는 못했다.[4] 오직 대순진리회 사상연구에서는 원(怨)이나 한(恨)보다는 '원(冤)'을 상위개념

---

[1] 한의 개념에 대한 학문적 분석은 1970년대부터 시작되었다고 본다. "…문학, 사회학, 경제학 등에 대한 민중론적 접근이 시작되면서 한과 민중의 개념이 주요 분석어로 상정되었고, 한국신학의 영역에서 독자적인 민중신학 운동이 태동한 것도 이 시점이었다. 이 시기의 연구자들은 한의 개념분석을 통하여 우리 사회에 내재된 부정성의 근거를 극복하려고 고심하였다.…"(김진, 「한(恨)이란 무엇인가?」, 『한의 학제적 연구』, 철학과 현실사, 2004, p.12 중에서)
[2] 대표적으로 천이두의 『한의 구조 연구』 문학과 지성사, 1993 ; 김진, 2004 위의 글 등이 있으며, 안병국의 「男怨(冤) 연구」, 『민간신앙』, 민속학회, 교문사 1989 등이 있다.
[3] 김태곤, 『한국무속연구』 집문당, 1981
[4] 원의 개념보다는 '해원(解冤)' 자체를 주제로 하여 서술한 논문은 문학계와 예술계 그리고 종교학계 등에서 다수 발표된 바 있다.

에 두고 '해원상생'의 종지를 이해하는데 역량을 기울였던 것이다.[5] 여기서는 기존의 해원상생 연구를 종합하고 나아가 '해원'이념에 담긴 의미를 체계적으로 살펴보기로 한다.

1) 원寃의 개념적 이해

(1) 원寃의 자의字義적 특징과 전통적 의미

'원(寃)'이라는 글자의 자의(字義)는 그 한자풀이에서부터 연역될 수 있다. 일단 『설문해자(說文解字)』에서는 "원(寃)은 구부리다는 뜻이다. 宀 + 免로 이루어져 있다. 토끼가 宀 밑에 있어서 달릴 수 없으므로 더욱 구부리고 꺾인다."라고 하였다.[6] 즉 본래의 뜻은 '구부리다'이다.[7] 이 한자 자형은 갑골문이나 금문에서는 나타나지 않는다. 하지만 그 자형을 살펴볼 때 '한 마리의 선량한 토끼가 덮게 속에 갇혀서 움직이지 못하고 있는 형상이다.'[8] 이 의미가 확장되어 '무고하게 덮어 쓴 죄', '원통(寃痛)하게 누명을 쓰다' '원한(怨恨)', '증오(憎惡)' 등의 뜻을 갖게 되었다고 본다.[9] 원굴(寃屈), 원혼(寃魂), 신원(伸寃) 등도 그러한 '원'의 의미가 사용된 단어이다.

현대 일본의 『대한화사전(大漢和辭典)』에서 '원(寃)'은 ①굽다 ②무

---

[5] 대표적으로 대진대학교부설 대순사상학술원 발행 『대순사상논총』 제4집(1998)과 대진학술원 발행 『대순진리학술논총』 제4집(2009)에서는 해원상생의 의미를 다양한 시각에서 풍부하게 접근하고 있다.

[6] 許愼, 『說文解字』, "寃屈也 從宀免 免在宀下不得走 益屈折也"

[7] 『漢書』에 '寃頸折翼'(목을 구부리고 날개를 꺾다)라고 하였다.(漢書卷四十五 蒯伍江息夫傳第十五)

[8] 李樂毅 『漢字正解』3, 비봉출판사, 1994, p.624.

[9] 李樂毅, 위의 책.

실(無實)의 죄 ③원한, 앙심 ④오랜 업 ⑤세속에서의 원(寃) ⑥성씨 ⑦속이다 등의 뜻으로 설명하고 있다. 중국의 사전『사해(辭海)』에서 '원(寃)'은 ①굽다 ②오랜 죄업 등의 뜻이 있다.

이상과 같은 사전적 의미에서 살펴볼 때 원(寃)의 자의(字意)는 먼저 굴레에 갇힌 토끼의 심정과 연관이 있다고 볼 것이다. 토끼는 무고하며, 굴레에 갇혀서 억울하고 답답한 심정과 함께 자신을 가둔 자를 증오하기도 한다. 한편으로 그 굴레로부터 탈출하고픈 강렬한 소망 또한 지니게 될 것이다. 한마디로 '원(寃)'은 '원망(怨望)'이며 원한(怨恨)과 소망(所望)이 결합된 의미가 담겨 있다.

원(寃)이라는 글자가 인간의 특정한 감정상태를 나타낸다고 할 때 전통 문헌에서는 '원통함' '억울함' '원망스러움' 등의 의미로써 단어를 구성하고 있음을 살펴볼 수 있다.『한중만록(閑中漫錄)』에서

늬 비록 너편늬나 국됴야수 번역혼 거슬 만히 보아시니 우리나 원통(寃痛)한 옥스가 필경은 신셜치 못혼 젹이 업고 늬 삼촌의 일은 더욱 만만 원통ᄒ니 …

라든가,『장화홍련전』에서

늬 명(命)이 조모(朝暮)을 모라니 이 쓴 거슬 가슌공끠 맛뎌 늬 업산 후라도 쥬샹끠 드려 늬 경녁의 흉험함과 내 집 소조의 원통홈을 아라 삼십년 젹원(積寃)을 프러주시ᄂ 날이 이시면 늬 도라간 혼빅이라도 디하(地下)의 가 션왕을 뵈ᄋᆸ고 셩즈신손(聖者神孫)을 두어 계지술ᄉᄒ야 모즈의 평

생혼을 일운 줄 서로 위로ᄒ리니…

라고 한 것 등은 모두 '원통함', '억울함'의 뜻으로 '원(冤)'자가 쓰였다.[10] 천이두의 지적에 따르면 "모즈의 평생흔"이라는 부분이 한역본에는 "모자평생지원(母字平生之願)"으로 번역되고 있다는 점을 들어 한(恨)과 원(願)이 서로 정서상 통한다는 것을 말하고 있다.[11] 그렇다면 원(冤)과 원(願)도 서로 연결되어 있음을 알 수 있다.

고전(古典)에서 원대(冤懟),[12] 원울(冤鬱),[13] 원체(冤滯),[14] 원초(冤楚)[15] 등의 단어에서 발견되는 정서는 모두 원통함, 억울함, 원망스러움 등의 감정으로 구성되어 있다.

이상의 고찰에서 원(冤)은 인간의 억울한 감정 또는 원통한 정서를 대변하고 있다. 앞서 살핀 원(冤)의 자형과 마찬가지로 그 뜻은 인간의 입장에서 볼 때 무고한 사람이 타인으로부터 받은 속박이나 고통에 대해 부정적으로 반응하는 감정 상태이다. 그것은 자기 내면을 향해 응어리를 맺거나 자기 밖을 향해 욕구를 발산하는 양면적인 흐름을 가진다. 즉 향내적(向內的) 정체성(停滯性)과 향외적(向外的) 활동

---

10 인용문은 천이두,『한의 구조 연구』, 문학과 지성사, 1993, pp.20~21에서 재인용함.
11 위의 책, p.22.
12 『南炎浮洲志』"鬼者, 屈也, 神者, 伸也, … 滯鬱結, 故混人物冤懟而有形", 여기서 원대는 원통하고 원망스러움을 나타낸다.
13 『朝鮮明宗實錄 5, 2年3月 辛未』, "勿使妄用捶拷, 另加伸理, 以舒冤鬱", 여기서 원울은 원통하고 억울함이다.
14 『高麗史 117, 李詹傳』, "殿下憫囚徒之冤滯, 數布寬恩", 여기서 원체는 옥에 원통하게 오래 갇혀있음이다.
15 『朝鮮光海君日記10, 卽位年 11月 乙未』, "三年大獄, 冤楚萬狀, 至於八十老母, 七歲孺子, 亦皆騈首就戮", 여기서 원초는 억울하게 당하는 고초이다.

적인 감정의 복합적인 상태를 이루는 것이다. 전자가 '한(恨)'이라면 후자는 '원(怨)'에 가깝다. 이 두 가지는 모두 인간감정의 어두운 면, 즉 부정적인 상태로 볼 수 있다.

하지만 여기서 소망의 뜻을 담고 있는 원(願)이라는 글자가 원(冤)에 내포되어 있으므로 그 밝은 면, 즉 긍정적인 가치로 승화될 수 있는 가능성도 충분히 있다. 천이두가 『한의 구조연구』에서 지적한 바 있듯이 한(恨)에는 '어두운 내포'와 '밝은 내포'가 있다고 하였는데, 이것은 '한(恨)'의 정서를 중심으로 모든 감정 상태를 부속시켜 설명한 것이다. 반면 해원사상에서 원(冤)은 한(恨)을 포함한 모든 감정상태의 최상위에 위치한다. 따라서 원(冤)의 어두운 내포에 원(怨)과 한(恨)이 있다면, 그 밝은 내포에 원(願)이 있다고 할 수 있다. 원(冤)은 부정적으로 발휘되어 상대와의 적대감을 조성하고 투쟁을 야기하기도 하지만, 긍정적으로 발휘되어 생(生)의 소망과 궁극적 목적을 향해 매진하는 마음의 추동적인 역할을 할 수도 있다. 부정적인 감정이 발휘되어 해소될 때는 상대에게 해(害)를 가하는 복수심으로 드러나지만, 긍정적인 밝은 감정으로 발휘되어 해소될 때는 인간의 자아실현과 가치지향적인 성향으로 나아가는 것이다.

이처럼 원(冤)의 감정은 다양한 스펙트럼을 보여주고 있음을 전제하고, 여기서 주목하고자 하는 것은 이러한 원(冤)이 하나의 중요한 종교심성으로 작용하고 있다는 점이다. 이것이 바로 오늘날 대순진리회의 핵심이념으로서 '해원(解冤)'이 중요하게 다루어지는 까닭이 된다. 인간세계를 파멸시키는 근본 원인이 되었던 인간의 감정이 그 파멸로부터 벗어나 영원한 평화로 이어지게끔 하는 핵심개념이 바로 '해원'에 있음을 발견하는 것이다. 이러한 원(冤)의 본질적 가치를 이해하기 위해 다음 항에서는 대순진리회 『전경』에 나타난 원의 정서를 종교심의 측면에서 살펴보기로 하겠다.

(2) 종교심성으로서의 원冤

종교학에서 종교심 또는 종교 감정은 종교체험에 있어 중요한 요소로 인식된다. 종교체험은 모든 종교현상의 근저에서 이루어지는 인간의 내적 활동으로서 어떤 궁극적인 것에 대한 전인적 반응의 형태를 띠고 있다. 이러한 체험에서 핵심적으로 존재한다고 여기는 '종교감정'의 문제는 심리학자들 사이에서도 다양한 견해가 있다.[16] 그 중에서도 루돌프 오토가 말한 누멘(numen)적인 것은 거룩함으로서 신적 존재 앞에서 느끼는 비합리적 감정을 말한다.[17] 그리고 슐라이어마허가 말한 종교적 감정이란 우주에 대한 직관이며, 그 안에서 발견되는 무한자에게 절대적으로 의존하는 감정이었다.[18] 이와 같은 종교 감정의 문제는 모두 어떤 신성한 존재와의 조우를 통해 발생하는 특별한 감정이며 인간의 능력에 해당한다.

한편 '원(冤)'은 일반적으로 인간의 일상감정으로서 부정적인 정서에 기초를 두고 있는 것으로 인지되고 있다. 그런데 대순진리회

---

[16] 종교심리학에서 종교 감정의 존재여부는 그것이 적극적으로 존재한다고 보는 입장(슐라이어마흐, 루돌프 오토의 경우), 그것을 별로 인정하지 않는 입장(윌리엄제임스, 고든 올포트의 경우), 중간적인 입장(베러고뜨, 멜랑, 보베)으로 나뉜다고 본다. (김성민, 『종교체험』, 동명사, 2001, pp.118~122 참조)

[17] Rudolf Otto, *The Idea of the Holy*, First published by Oxford University Press, London, 1923

[18] F. Schleiermacher, *On Religion*, Edited by Richard Crouter, Cambridge University Press, 1988

'해원(解冤)'이념에서의 원(冤)은 단순히 일상감정에 머무르지 않고, 역사적으로 인간을 지배하며 전 시대에 걸쳐 운명을 결정해 온 중추적인 감정임을 지적한다.『전경』의 다음 구절은 이를 잘 나타내주고 있다.

> 상제께서 七월에 "예로부터 쌓인 원을 풀고 원에 인해서 생긴 모든 불상사를 없애고 영원한 평화를 이룩하는 공사를 행하시니라. 머리를 긁으면 몸이 움직이는 것과 같이 인류의 기록에 시작이고 원(冤)의 역사의 첫 장인 요(堯)의 아들 단주(丹朱)의 원을 풀면 그로부터 수천년 쌓인 원의 마디와 고가 풀리리라. 단주가 불초하다 하여 요가 순(舜)에게 두 딸을 주고 천하를 전하니 단주는 원을 품고 마침내 순을 창오(蒼梧)에서 붕(崩)케 하고 두 왕비를 소상강(瀟湘江)에 빠져 죽게 하였도다. 이로부터 원의 뿌리가 세상에 박히고 세대의 추이에 따라 원의 종자가 퍼지고 퍼져서 이제는 천지에 가득 차서 인간이 파멸하게 되었느니라. 그러므로 인간을 파멸에서 건지려면 해원공사를 행하여야 되느니라"고 하셨도다.[19]

윗글에서 보면 '원(冤)'은 일단 역사적 불상사의 원인이 되는 감정이다. 인류의 평화를 저해하는 근원적인 감정으로서의 원(冤)은 제거되고 풀어야만 하는 것으로 본다. 그렇지 않으면 이 원(冤)은 천지(세계)에 가득차서 급기야 인간을 파멸로 이끌게 된다고 한다. 따라서 인간을 파멸로부터 구원하고 또한 영원한 평화를 가져오기 위해

---

[19]『典經』공사 3장 4절.

서는 '원을 푸는 것' 즉 '해원'이 되어야 한다고 하였다.

여기서 원(冤)은 인류의 역사를 지배한 핵심감정으로서, 제대로 해소되지 않고 축적되기만 할 때 인간의 행위를 부정적으로 이끌게 되고 나아가서 모든 사회 및 세계에 파급되어 전 인류의 멸망을 초래할 정도로 심각한 것임을 알 수 있다. 하나의 원(冤)은 또 다른 원(冤)을 낳고 그 원이 퍼지고 퍼져서 전 시대를 지배하였으며 또한 천지(天地)까지도 위협할 정도임을 지적한다. 그야말로 원(冤)은 인간 감정으로서 모든 행위를 이끄는 내면적인 원동력이다. 인류 역사는 한마디로 원(冤)의 역사인 것이다. 그렇다면 이러한 원(冤) 감정의 본질은 무엇인가.

윗글에서 인용된 단주에 관한 이야기는 이러한 원이 발생하는 대표적인 상황을 설명하고 있다. 역사적 사실 여부를 떠나서 원(冤)의 감정이 지배한 인류역사를 상징적으로 묘사하는데 필요한 이야기이다. 단주는 말하자면 왕자로서 요임금으로부터 왕위를 물려받게 되어 있었다. 하지만 그의 불초(不肖)로 인해 부왕(父王)으로부터 신임을 받지 못하고 왕족이 아닌 순(舜)에게 왕위가 전해짐으로써 단주는 철저히 소외당하게 된다. 당연히 단주는 자신이 왕위를 물려받기를 기대하였으나 결과적으로 그렇게 되지 못함으로써 원(冤)을 품게 되었다고 한다. 이 때 단주가 지닌 감정은 일차적으로 부왕(父王)에 대한 원망(怨望)이었을 것이고, 그리고 순(舜)에 대한 적대적인 감정이었다고 볼 수 있다. 자신이 왕이 되고자 하였던 욕구가 타인에 의해 거세당하고 실현되지 못한 데 대한 적개심이 단주를 지배했던 것이다. 위의 이야기를 통해서만 본다면 원(冤)의 감정 자체는 단주의 정당성 여부를 떠나서 오직 단주가 지녔던 욕구(혹은 욕망)가 실현되지 못한데 대한 상대적 적개심 그리고 자기 불만의 상태를 내포하는 것이다. 이로써 고대의 원(寃)은 향외적(向外的) 증오(憎惡)와 향내적(向內的) 회한(懷恨)이 결합된 부정적 정서의 복합체로 볼 수 있다.

원(寃)의 감정은 결과적으로 순(舜)을 창오에서 붕(崩)케 하였으므로 단지 잠재되어 있지 않고 실제로 적개심을 품은 대상에게 치명적인 영향을 끼친다. 즉 원(寃)은 직접적인 행위로 이어지며 그 결과 상대를 해치게 되면 이는 또다시 새로운 원(寃)을 낳게 된다. 원(寃)의 연쇄적인 속성으로 인해 그 여파는 이제 걷잡을 수 없이 확산되고 치유될 수 없는 상태에서 전 인류를 위협하게 된다는 것이다. 위의 상제께서 진단하신 인류 역사는 이렇게 하여 원(寃)의 고리가 얽혀져서 인간을 파멸지경에 이르게 했다고 본다.

단주 이야기의 상징성은 원(寃)의 감정이 지닌 속성을 적나라하게 보여주고 있으며, 그것의 부정적인 발휘가 얼마나 위험한 것인지를 말해준다. 가장 모범이 되어야 할 역사적 인물이 그가 지닌 최상의 욕구를 충족하지 못해 발생한 가장 비참한 사태를 통해 인간이 지닌 원(寃)이야말로 역사를 지배하는 원동력이었음을 상제께서는 통찰하고 있는 것이다. 즉 인간이 지닌 주체적인 감정은 어떤 외적 대상보다도 우선한다. 인간의 경험에서 작용하는 인간감정은 모든 인간 행위의 동기가 됨으로써 그 정상적인 발현을 통해서만 자아실현이 가능하다. 하지만 원(寃)의 감정은 인간을 파멸로 이끌게 되므로 이것을 해소하여 정상화시킴으로써 인류의 진정한 평화와 행복을 가져다 줄 수 있다고 본 것이다.

원(冤)이 하나의 종교심이 될 수 있음은 이것이 지닌 인간주체적인 가치 때문이다. 원(冤)은 가치중립적인 의미에서 하나의 욕망으로 설명되기도 한다.

> 상제께서 교훈하시기를 "인간은 욕망을 채우지 못하면 분통이 터져 큰 병에 걸리느니라. 이제 먼저 난법을 세우고 그후에 진법을 내리나니 모든 일을 풀어 각자의 자유 의사에 맡기노니 범사에 마음을 바로하라. 사곡한 것은 모든 죄의 근본이요. 진실은 만복의 근원이 되니라. 이제 신명으로 하여금 사람에게 임하여 마음에 먹줄을 겨누게 하고 사정의 감정을 번갯불에 붙이리라. 마음을 바로 잡지 못하고 사곡을 행하는 자는 지기가 내릴 때에 심장이 터지고 뼈마디가 퉁겨지리라. 운수야 좋건만 목을 넘어가기가 어려우리라."[20]

> 천존과 지존보다 인존이 크니 이제는 인존시대라. 마음을 부지런히 하라.[21]

위의 두 인용문은 원(冤)의 종교심성적 특징을 설명하기 위해 필요한 구절이다. 여기서 원(冤)은 하나의 욕망으로 작용한다. 인간은 본질적으로 욕망을 지니고 있으며 이것을 실현하고자 하는 존재이다. 그것을 제대로 실현하지 못한 상태에서 병적으로 발휘될 때에는

---

20 『典經』 교법 3장 24절.
21 『典經』 교법 2장 56절.

모든 부정적인 결과를 야기할 수 있다. 난법(亂法)과 진법(眞法)의 관계에서 난법은 욕망이 무분별하게 발휘되어 사곡한 것으로 치닫는 것이요, 진법은 정당하게 발휘되어 진실을 이룩하는 것을 말한다. 전자는 죄(罪)가 되고 후자는 복(福)이 된다고 하였다. 윗글에서 '해원(解冤)'이란 한마디로 '모든 일을 풀어 각자의 자유의사에 맡기는 것'을 말한다. 따라서 '원(冤)'은 자기 주체적인 감정과 의사(意思)의 전체이며 인간의 자기실현의 원동력이 된다. 그 실현의 방향성을 제공하는 단어가 바로 '인존(人尊)'이다. 인존에서의 '존(尊)'은 '천존(天尊)' '지존(地尊)'에서와 마찬가지로 인간 스스로도 성(聖)스러운 가치를 지닌다고 보는 데서 사용되는 말이다.[22] 오히려 인간 외적인 천지(天地)보다도 인간 내적인 마음에 더욱 본질적인 가치가 있다는 선언을 함으로써 신앙의 코페르니쿠스적인 전환을 부르짖는 표현이기도 하다. 이러한 인간의 마음에는 '원(冤)'이 가득 차 있다고 하겠는데 그 원을 진실되고 정당하게 실현할 수 있도록 모든 노력을 다하는 것이 바로 인존시대의 가치관이 될 수 있다.

상제께서 진단한 원(冤)의 역사는 진정한 원(冤)의 실현이 되지 못한 비인간적인 삶을 직관한 것이다. 인간은 본래부터 원(冤)을 지닌 존재이지만 그것의 바른 자각과 올바른 실현을 인도받지 못한 상태에서는 비인간화의 길을 걸을 수밖에 없었다. 인간을 진정으로 인

---

[22] 존(尊)자는 한자의 원형에서 볼 때 어떤 신앙적인 대상을 전제하고 있다고 본다. 술병을 양손으로 받쳐 들고 특정 대상을 향해 경배하는 데서 '존'자가 형성되었다. 고문의 자형은 閗으로, 두 손으로 술항아리를 받쳐 들고 있는 모습이다. 공경하는 마음으로 술을 바친다는 데서 그 의미가 확장되어 '존경하다' '존귀하다' '존중하다' 등의 뜻을 갖게 되었다.(李樂毅,『한자정해』IV, 비봉출판사,1994, p.765 참조)

간답게 하고 또 인간의 진정한 자기실현을 위해서는 '원(冤)의 정당한 실현' 즉 '해원(解冤)'을 통해서만 가능하다고 본다. 따라서 '해원'이야말로 인간의 궁극적인 삶의 목적이며 인간의 자기완성을 지향한다는 점에서 '원(冤)'은 대순진리의 중요한 종교심성으로 자리잡고 있는 것이다.

(3) 원冤 개념의 대비적 이해

① 원冤과 원怨

앞서 살펴본 원(冤)의 개념은 그것의 자형(字形)과 아울러 전통적 의미 그리고 종교심성적인 특징을 다룬 것이다. 여기서는 인간의 유사한 감정 상태를 나타내는 단어와 비교하여 고찰함으로써 원(冤)의 의미를 보다 선명히 드러내는데 목적을 두고 서술하기로 하겠다.

먼저 거론될 수 있는 단어는 원(怨)이다. 원(怨)은 사전적으로는 ①원망(怨望)함 ②원한(怨恨) ③원수(怨讐) 등의 뜻으로 풀이된다.[23]

『설문해자』에는 '원(怨)은 성냄(恚)이다.'라고 하였다.[24] 『대한화사전』에서 원(怨)은 ①원망하다 ②슬퍼하다 ③미워하다 ④비난하다 ⑤(사리에) 어긋나다 ⑥이별하다 등의 뜻이 있는 것으로 보았다.[25] 이렇게 사전적 정의에 의하면 원(怨)은 대체로 인간이 지닌 부정적 정서를 대변하고 있으며 아울러 그러한 감정을 야기한 상대에 대해 직접적으로 감정을 표출하는 특성을 지니고 있다.

---

23 『漢韓大字典』, 민중서림 1991, p.462.
24 『說文解字』, '怨, 恚也, 从心夗聲'.
25 『大漢和辭典』각각 ①恨 ②悲 ③憎 ④刺 ⑤反德 ⑥別 등의 뜻을 제시하고 있다.

원(怨)의 감정에 대한 기존의 이론에 따르면, 천이두는 원(怨)과 탄(嘆)을 비교하면서 원(怨)이 외향적·대타적 공격성이라면 탄(嘆)은 내향적·대자적 공격성이라고 하였다. 특히 임경업전을 언급하면서 원(怨)은 일차적으로는 자기에게 타격을 준 그 가해자에 대하여 반격·보복을 통한 설욕의 의지로서 나타난다고 하였다.[26] 김열규는 원(怨)을 원한(怨恨)으로 이해하고, 억울한 감정상태가 굳어져서 치유 불가능할 정도의 지속적인 고통을 이기지 못하여 피학적 공격성으로 나타나게 되는 것이 바로 원한이라고 하였다.[27] 이어령은 원(怨)에 대해 "타인에 대한 또는 자기의 외부의 어떤 것에 대한 감정이다"라고 하였다.[28] 또한 고은은 원(怨)에 대해 "강력한 남성적인 반격의 지를 전제로 하는" 감정으로 보았다.[29] 한편 이재선은 원한(怨恨)론의 입장에서 원(怨)은 극복되어야 할 전통으로 보고, 부정적인 풀이로서의 복수(復讐)를 경계하고 있다. 즉 복수는 원한이 맺히게 한 바로 그 대상이나 원수에 대한 가장 원초적인 처벌과 응징의 응보적인 잔학행위라고 하고, 그 점에서 복수는 원천적으로 '이에는 이, 눈에는 눈'이라는 식으로 동태(同態) 복수법을 그 원리로 하는 경우가 많다고 하였다.[30] 원한이 부정적으로 풀어졌을 때 이렇게 복수로 나타난다는 것이다.

---

[26] 천이두, 『한의 구조 연구』문학과 지성사, 1993, pp.14~16.
[27] 김열규, 「恨脈怨流」主又, 1981, 김진 위의 글 pp.28~29에서 재인용.
[28] 이어령, 「한(恨)과 원(怨)」, 『한국인의 마음』 동경, 학생사, 1985, 천이두 위의 책 p.70 에서 재인용.
[29] 고은, 「한의 극복을 위하여」, 『한국사회연구』 한길사, 1980, 천이두 위의 책 p.94 재인용.
[30] 이재선, 「풀이의 양면성」, 『소설문학』 94호, 1987.9, 천이두 위의 책 p.84 재인용.

이상의 논의를 종합해볼 때 원(怨)의 감정은 일단 대타적이고 공격적인 성향으로서 일정한 상대를 향한 부정적인 정서를 대변한다고 볼 수 있다. 주로 그 감정이 발휘될 때에는 상대적인 복수로 나타나게 되는데, 이는 절제되지 못한 감정의 타락된 현상으로 규정할 수 있다. 한편 이와 대비될 수 있는 원(寃)은 그 감정의 개념이 뚜렷이 구별된다고 볼 수는 없지만 이러한 원(怨)의 의미를 충분히 내포하고 있다고 본다. 굴레에 갇힌 토끼의 심정은 자신을 속박한 외적인 틀 또는 그것을 주관한 자를 원망하며 그 굴레로부터 벗어나고자 노력한다. 이런 점에서 원(寃)은 대타적인 성향과 부정적 정서를 담고 있는 글자로 볼 수 있다.

하지만 원(寃)이 원(怨)과 정확히 일치한다고 볼 수는 없다. 왜냐하면 앞 절에서 살핀 원(寃)의 개념은 가치중립적인 의미로서 하나의 개체가 지닌 자기실현의 욕망과 관련되어 있다고 하였으므로 그것이 발휘될 때에는 긍정적인 측면과 부정적인 측면을 동시에 지니고 있기 때문이다. 이에 반해 원(怨)은 오로지 자신에게 피해를 입힌 상대를 향한 복수의 감정으로서 언제나 부정적인 발휘로 이어지는 경향이 있다. 그리고 원(怨)은 그 자형(字形)에서 인간의 마음(心)을 묘사한 것으로서 인간적인 감정 그 자체를 문제 삼는데 반해, 원(寃)은 토끼라고 하는 자연물의 특정 상태를 그린 것으로서 인간 외의 모든 자연물에 이르기까지 적용될 수 있는 광의의 현상을 대상으로 하는 것이다.

이처럼 원(寃)과 원(怨)은 의미의 유사성에도 불구하고 '해원(解寃)'사상에서의 '원(寃)'이 '원(怨)'이라는 인간감정에 비해 보다 원초적이고 상위의 개념임을 주장하는 것으로 정리할 수 있다.

② 원冤과 한恨

한(恨)은 사전적으로는 ①원한을 품음 ②뉘우침 ③후회 등의 뜻을 지닌다.[31] 『설문해자』에는 "한(恨)은 원망함(怨)이다"[32]라고 하여 원(怨)과 동일한 뜻을 지닌 것으로 보고 있다. 『대한화사전』에서 한(恨)은 '①원망하다 또는 원(怨)의 극치(極) ②원한 ③후회하다 ④후회 ⑤어긋나다'로 설명하였다.[33] 이렇게 한(恨)은 사전적으로는 원(怨)과 마찬가지로 부정적인 정서의 일종이며 특히 뉘우침, 후회 등의 뜻이 내포되어 있는 것을 볼 때 '원(怨)'에 비해 자기 귀책적인 성향이 강한 글자로 볼 수 있다.

한(恨)에 대한 기존의 연구는 상당히 활발하게 이루어져 온 것으로 보인다. 왜냐하면 한국문화의 원형을 탐구하는 일각에서 한(恨)이 우리 한국인에게 가장 기초적이고 근본적인 정서라는데 동의하고 그 정체성을 탐구하는데 노력을 기울여왔기 때문이다. 특히 문학이나 예술계에서 이러한 연구에 공헌한 성과는 지대하다고 본다. 인간의 정서를 표현하고 그것을 구조화하는데 있어서 주된 정서로 작용한 '한(恨)'을 심도 있게 이해하고자 한 노력이 그 다양한 논의를 전개시켜왔던 것이다. 1960년대부터 시작되어 2000년대에 이르기까지 그 시대별 논의의 특징도 주목할 만하다. 최근에는 학제간의 연구도

---

31 『漢韓大字典』, 민중서림, 1991, p.468
32 『說文解字』, "恨, 怨也, 从心艮聲"
33 『大漢和辭典』, 각각 ①怨極也 ②抱恨 ③悔 ④有悔 ⑤很 등의 출전을 제시하고 있다.

시도되어 문학계뿐만이 아니라 철학, 종교학, 여성학, 정신의학, 영화비평 등에 이르기까지 연구를 확대시켜 나간바 있다.[34]

한(恨)에 관한 논의를 종합해보면, 먼저 김진의 저서에서 한(恨)은 네 가지 의미유형으로서 원(怨) 탄(嘆) 정(情) 원(願)을 지니며, 두 가지 해석구조로서 검은 빛과 흰 빛 구조를 지닌다고 하였다.[35] 원(怨)과 탄(嘆)이 검은 빛이라면 정(情)과 원(願)은 흰 빛이라는 것이다. 한편 한(恨)의 해석학적 유형으로서는 정한론(情恨論), 원한론(願恨論), 원한론(怨恨論), 일원론(一元論) 등으로 나누어 설명한 바 있다. 선행연구가 되었던 천이두의 저서에는 이외에도 갈등의 복합체로서의 한(恨) 그리고 민중적 행동의 추진력으로서의 한(恨)을 설명하고 있다.[36] 이처럼 한(恨)에 관한 연구는 이미 한(恨)을 최상위 개념으로 두고 여타의 감정들을 그 하위개념으로 배열하는 특징을 보이고 있다. 그만큼 한(恨)은 한국민족의 문화를 설명하는 대표적인 용어로써 여하한 외국어로도 번역이 불가능한 한국인 고유의 정서로 각인되었다는데 논의의 핵심이 있다.

하지만 한(恨)은 본래 그 나름의 상대적인 의미로부터 출발한다는데 비교의 의의가 있다. 그 국한된 의미를 살펴보면 먼저 천이두는 그의 저서에서 비록 일원적인 해석을 추구하였지만 원한론(怨恨論)에서 한(恨)은 원(怨)에 비해 대타적 공격성 보다는 대자적 공격성이 짙게 나타나는 것이라고 보았다.[37] 특히 한(恨)은 내재적으로 '삭

---

34 대표적으로는 『한의 학제적 연구』, 철학과 현실사, 2004가 있다.
35 김진, 위의 책, p.18.
36 천이두, 위의 책.

임'의 기능이 있다고 하고 이 기능에 의해서 한(恨)이 지닌 원(怨)·탄(嘆)의 공격적·퇴영적 속성이 정(情)·원(願)의 우호적·진취적 속성에로의 질적 변화를 가능하게 한다고 하였다. 이어령은 한(恨)에 대해 원(怨)과 비교하면서 "자기 내부로 침전하여 쌓이는 정(情)의 덩어리"라고 하면서 "원한은 분노이나 '한'은 슬픔이다. 따라서 원한은 불꽃같이 활활 타지만, '한'은 눈처럼 쌓인다."고 하였다.[38] 김열규는 한(恨)에 대해 "부정적·공격적 정서가 응어리진 상태, 즉 '맺힘'이거니와, 이 맺힘은 '품'에 의해 그 부정적·공격적 감정에서 해방되는 바, 한국인은 그 '품·풀이'의 지혜를 간직하고 있다"는 것이다.[39] 이재선은 한(恨)에 대해 "원한과 한숨의 감정이 처절하게 결빙된 심리적인 '맺힘'의 상태라 할 수 있다.…한은 피학적(被虐的, masochism)인 공격성의 심리적 현상인 것이다."라고 하였다.[40] 한편 민중적인 한(恨)론에서 김지하는 "억압당하고 수탈당해 온 제3세계 민중들의 누적된 고통의 응어리이며, 그 내부의 엄청난 '미는 힘'이 분출될 때 한은 소멸된다. 그러나 이때에 한의 반복, 복수의 악순환을 막기 위해 '영성(靈性)적 단(斷)'이 필요하다"고 하였다.[41] 이에 반해 고은은, 한(恨)은 "민중의 집단의지에 어떤 가연성도 촉매도 되지 않는다."고 규정한다. 그리고 한은 본래 분노나 증오 등 야성적 감정을 표상하는 것이었으나, 한민족이 오랫동안 유랑의 역사를 거쳐 조선 반도에 정착하

---

37 천이두, 위의 책, p.16.
38 이어령, 위의 책, 천이두 p.70 재인용.
39 김열규, 위의 책, 천이두 p.82 재인용.
40 이재선, 위의 글, 천이두 p.83 재인용.
41 김지하, 「창조적 통일을 위하여」, 『실천문학』 3호, 1982, 천이두 p.92 재인용.

기까지의 과정에 있어서, 점차로 여성적 체념과 비애를 반영하는 것으로 되었으며, 따라서 한민족의 역사는 '한의 타락사'라 할 수 있다고 그는 말한다.[42]

　이상의 논의를 종합해볼 때 한(恨)의 상대적 의미는 어떤 부정적 감정의 대자적(對自的) 지향성의 특징을 갖는다고 볼 수 있다. 비록 총체적이고 일원적인 한(恨)의 의미에 대해 광의(廣義)의 논구를 시도해왔지만 그 원초적인 뜻은 역시 원(怨)과 같이 부정적인 정서를 대변하는 것으로 이해될 수 있다. 특히 원(怨)이 대타적인 성향으로 발휘되는 감정이라면, 한(恨)은 대자적인 성향으로 축적되는 경향이 있음을 지적할 수 있겠다.

　여기서도 '해원(解冤)'에서의 '원(冤)'과 '한(恨)'을 비교해 본다면 원(冤)은 상위개념으로서 인간을 포함한 모든 자연물의 특정 상태를 가리킨다. 자아(自我)의 본래적이고 자유로운 실현이 이룩되지 못한 상태로서의 '원(冤)'은 언제나 자기 욕망을 달성하고자 하는 실천적인 노력이 요구된다. 이 때 원(冤)의 정서는 내(內)·외(外)적인 양방향에서 작용할 수 있으며, 자기주체에 대한 인식과 정당한 가치지향을 통해 진정한 자아실현을 가능하게 한다. 한(恨)은 원(冤)의 하위개념으로서 인간이 지닌 부정적 감정의 한 양태이다. 오히려 원(怨)과 결부되어 자기 공격성을 지님으로써 자기 파괴적인 속성까지도 지니고 있다. 물론 긍정적인 발휘와 해소를 통해 밝은 빛의 한(恨)으로 전이되기도 한다지만 이는 한국문화의 특수성에 치우친 해석일

---

[42] 고은, 위의 글, 천이두 p.93 재인용.

뿐이다. 따라서 한(恨)은 상위 개념으로서의 원(冤)에 비해 인간 감정의 일면에 치우칠 수 있다는 점에서 원(冤)처럼 폭 넓게 적용하기에는 한계가 있다고 본다. 원(冤)은 인간을 포함한 전 생명체의 본질적 속성과 연관이 있으며, 인간이 추구하는 종교적 진리를 담보한 종교심으로서의 가치를 지니고 있는 것이다.

③ 원冤과 르상티망Ressentiment

원(冤)의 개념을 이해하는데 비교될 수 있는 또 하나의 개념은 바로 서양 단어로서의 르상티망(Ressentiment)이다. 본래 17세기 불어에서 사용된 이 단어는 영어단어의 리젠트먼트(Resentment)나 현대 불어의 르상티망(ressentiment)과도 정확히 일치하지는 않는다. 다만 그 의미상 인간의 부정적인 감정으로서의 '원한'을 나타내면서 하나의 도덕적 역사의 기원이 되었다는 점에서 오늘날 심리학이나 실존주의 철학에서 널리 사용되어 왔다.

르상티망의 라틴어 동사 어원은 re(다시, 도로)+sentire(to feel, 느끼다)이며, 중국어로는 '불만(不滿)', 일본어로는 '원한(恨み)'등으로 풀이된다. 라틴어 어원상 '자신으로 돌이켜 느끼는'것이므로 '후회하다' '감정을 품다' 등의 의미로 전이된다.

이 단어가 처음으로 주목받은 것은 19세기 철학자 니체(Friedrich Nietzsche, 1844~1900)에 의해서이다. 그는 『도덕의 계보(The Genealogy of Morals)』에서 말하기를 도덕에는 '귀족도덕'과 '노예도덕'이 있다고 하고, 노예도덕은 처음부터 〈외부적〉인 것, 〈다른〉 것, 〈자기 자신이 아닌〉것을 부정한다고 하였다. 이 때 부정하는 것이야말로 노예도덕에 있어서의 창조적인 행위로 보고, 가치설정의 시선을 전도시키는 것 – 시선을 자신에게 되돌아가게 하는 대신에 밖으로 향하게 하는 것 – 이 바로 '르상티망'의 본질이라고 한다.[43] 즉 노예도덕이 성립하기 위해서는 항시 우선적으로 하나의 적대적인 외부세계를 필요로 한다. 생리학적으로 말하면 어쨌든 행동하기 위한 외부적인 자극을 필요로 한다는 것이다. 따라서 그 행동은 근본적으로 반작용이다.[44] 르상티망을 지닌 인간은 우선 〈사악한 적〉, 즉 〈악인〉을 마음속에 품고 이것을 사실상 기본개념으로 해서 그 다음 바로 거기에서 그것의 반대, 대조되는 상으로서 〈선인〉이라는 것을 생각해보는데 이 선인이 바로 자기 자신이라고 한다.[45] 선인은 무력감에서 생긴 복수심 서린 간계로 서로를 일깨우며, 무력함에서 저지르는 날조와 자기기만의 덕택으로 체념 속에서 묵묵히 기다리고 있다는 미덕(美德)의 의장(衣裝)을 입는다. 그것은 마치 약자의 약한 것 그 자체가 하나의 임의적인 소양이며, 의도되고 선택된 것이며 하나의 공적(功績)인 것처럼 보이게 하는 것과 같다.[46] 그 대표적인 계층이 유태인 기독교 성자였다. 니체는 이러한 약자의 반동본능과 원한서린 본능이야 말로 실질적인 문화의 도구이고 인류역사를 지배한 감정이었다고 본다. 니체의 르상티망은 바로 약자가 강자에 대해서 지니는 '복수심어린

---

[43] Friedrich Nietzsche, *The Genealogy of Morals*, Translated by Horace B. Samuel, Digiread.com Book, 2007, p.18.
[44] 프리드리히 니체, 김태현 옮김, 『도덕의 계보』청하, 2005, p.44 (여기서 귀족적 평가양식의 경우에는 사정이 반대이다. 즉 그것은 자발적으로 행동하고 성장한다. 그것은 단지 자신을 보다 감사하는 마음으로 보다 의기양양하게 긍정하기 위해서 스스로의 대립물을 찾을 뿐이라고 한다.)
[45] 위의 책, p.46.
[46] 위의 책, p.53.

원한 감정'이었던 것이다.

막스 셸러(Max Scheler, 1874~1928)는 니체의 르상티망 개념을 비판적으로 계승하여 정립한 철학자이다. 그는 니체가 기독교적 제 가치를 르상티망의 노예 도덕적 가치로 해석하는 데 반해, 그 윤리의 핵심은 원한의 토양에서 자란 것이 아니라 존재의 충만함으로 여겨지는 신의 속성이 기독교적으로 이해된 귀결이라고 보았다.[47] 그러면서도 그는 13세기 이래로 부르조아적 도덕성이 기독교적 도덕성을 대체하였으며 그것은 마침내 프랑스혁명에서 그 절정에 달했는데, 그 핵심은 르상티망에 뿌리를 두고 있다고 보았다.

막스 셸러가 정리하고 있는 르상티망의 개념은 크게 세 가지로 나누어 이해될 수 있다. 첫째 르상티망은 치유될 수 없는 것으로, 어떤 개인이나 집단에서 발생하는 증오와 경멸의 영속적인 감정이다. 그것은 동등하게 그 주체가 지속적으로 겪는 치유될 수 없는 불능 또는 연약함에 그 뿌리를 지니고 있는데 이 모두는 언제나 부정적인 감정 상태이다. 둘째, 르상티망의 주체가 지닌 불능으로부터 연유하는 르상티망의 감정은 다른 사람에 대해서 감춰진 자기 부정적 평가에 의해 수반되어진다. 셋째, 르상티망의 지속적인 상태는 어떤 공포반응이나 화를 터뜨리는 것과는 정확히 구분된다. 즉 르상티망의 주체는 복수를 위해 폭력을 행사하는 사람들보다는 그러한 폭력에 동정하는 사람들 사이에서 발견된다는 것이다.[48]

---

[47] Max Scheler, *Ressentiment*, Translated by Lewis B. Coser, William W. Holdheim, Marquette University Press, 2007.
[48] 위의 책, pp.5~7.

끝으로 그는 영어단어 리젠트먼트(resentment)와 르상티망(ressentiment)의 차이에 대해서도 지적하였다. 즉 리젠트먼트는 하나의 원한에 대해 복수를 수행하면 다시 발생되지 않는 것인 반면, 르상티망은 그러한 동등한 복수로 인해 충족되는 경우가 없다는 것이다. 이것은 복수에 대한 충동이 복수 그 자체가 아닌, 끝이 없고 해소될 수 없는 상태에서 계속해서 부글거리고 있는 상태를 말한다. 르상티망의 개념에 대한 셸러의 유명한 비유에 따르면, 이솝우화에서 여우가 포도나무를 지나갈 때 포도를 따먹으려고 뛰어오르다가 마침내 힘이 부쳐 따먹지 못하자 스스로 그 포도가 시고 맛이 없을 것으로 간주해버리는 경우이다. 이 때 여우의 '힘없음'이 거꾸로 달콤한 포도를 '시큼한' 것으로 가치를 전도시켜버리는 것이 바로 르상티망이다.[49]

사회학자 막스 베버(Max Weber, 1864~1920)의 경우 르상티망은 추방당한 민족의 윤리적 구원종교로서 유대교와 연결짓고 있다. 베버는 르상티망이란 그러한 '비 특권층의 특별한 종교윤리에 부수적인 것'으로 보았다. 그 윤리란 세속적인 재화의 불공정한 분배가 특권층의 죄와 불법성에 의해 야기되어지며, 그것은 조만간 신의 분노를 사서 그들을 심판할 것이라는 가르침이다.[50]

이상에서 살펴본 르상티망의 개념은 일단 자기 밖의 대상에 대한 분노와 원한의 감정으로서 일종의 복수심으로 규정할 수 있다. 그 복수는 정량적인 것 보다는 정신적인 것으로 상대를 부정하고 자

---

[49] 위의 책, p.7.
[50] Max Weber, *The Sociology of Religion*, Boston: Beacon Press, 1993, p.110.

기를 절대적으로 긍정하는 하나의 전도된 가치관을 갖게 만든다. 어떤 부정적인 행위를 바라볼 때 거기에는 감추어진 자기 열등감이 서려있으며 또한 자기 기만적인 표현이 나올 수 있는데 그러한 행위의 저변에 깔려있는 감정의 실체가 바로 르상티망이다. 이러한 르상티망은 결국 서로 대립된 관계 속에서 상대적인 약자로부터 표출되는 치유될 수 없는 영속적인 적대감정이라고 하겠다.

원(冤)의 감정과 비교해서 고찰해 본다면 르상티망은 원(冤)의 하위개념인 원한(怨恨)과 가깝다고 본다. 즉 상대로부터 피해를 입은 주체의 대타적이고 부정적인 감정으로서 반드시 복수를 통해서만 해소될 수 있고, 보상을 필요로 하는 감정이다. 어떤 경우에 원한은 폭력으로 발휘될 수도 있고 한편으로 한(恨)의 응어리진 상태로 삭히거나 다른 긍정적 가치로 분출되어 나올 수도 있다. 하지만 원칙적으로 르상티망이 상대적 약자가 지닌 부정적인 감정이므로 원한도 이러한 부정적인 감정에서 출발하였다고 볼 수 있다.

한편 '해원(解冤)'에서의 원(冤)은 근본적으로 이분(二分)대립적인 적대관계에서 출발하지 않는다. 상대를 부정하거나 적대시하여 상대를 파괴하고야마는 원한(怨恨)감정보다는 자기 존재의 긍정적 가치실현을 목적으로 삼는 감정이다. 자기 행위에 대한 책임을 자신이 가지고 타인에게 전가시키지 않으며, 자기 노력에 따른 정당한 보상으로서 자기 결실을 거두는 것이다. 자기를 기만하거나 자기 실패를 타인의 탓으로 돌리는 잘못된 감정은 르상티망에 가깝지만, 강자 약자 할 것 없이 모든 생명이 지닌 자신의 자연스러운 소망과 자기실현을 위해 진취적인 노력을 하는 정당한 감정은 해원에서의 '원(冤)'

에 가깝다. 이처럼 르상티망의 개념은 원(冤)과 유사하게 보이면서도 그 맥락에 있어서 근본적으로 다른 면이 있음을 알고 원(冤)의 고유한 의미에 주목할 필요가 있다.

2) 해원이념의 사상적 의의

(1) 인간주체성의 재발견

앞서 살핀 원(冤)의 개념에서는 그것을 자의(字義)적인 측면과 전통적 의미, 종교심성적인 의미 그리고 유사 개념과의 대비를 통해서 다각도로 조명하고 고찰하였다. 여기서는 원(冤)의 고유한 의미에 기초하여 대순진리회의 종지로서 주창된 '해원(解冤)'이념이 지니는 사상적 의의에 대해서 언급하고자 한다. 먼저 '해원'이념의 주된 의의로서 강조되어야 할 것은 바로 인간주체성에 대한 새로운 발견이다.

인간이 지닌 주체성의 문제는 동·서양을 막론하고 인류의 정신사를 지배해 온 주된 가치로 작용하였다. 인간이 지상에 태어나서 처음으로 접하는 자연세계에 대해 그것을 이해하고자 하는 일군(一群)의 노력은 또한 인간 자신을 이해하고자 하는 노력과 일맥상통하는 것이다. 인간과 세계에 대한 통일적 해석으로서의 철학은 이러한 인간문화를 이룩하는데 기여하였으며 역사적으로 다양한 스팩트럼을 만들어 왔다. 서양의 경우 고대 희랍철학에서는 소크라테스(B.C.469~399), 플라톤(B.C.427~347), 아리스토텔레스(B.C.384~322)의 계보에서 처음으로 자연으로부터 인간자신에게로 시각을 돌리기 시작했다. 플라톤의 초월철학에서 인간은 순수한 영혼을 지니면서 최고 이상인 이데아(Idea)를 포착할 수 있는 존재로 그려졌다. 이어서 아리스토텔레스의 내재철학에서는 그의 『영혼론』을 통해 영혼이야말로 육체의 형상이고 이 영혼을 통하여 인간은 비로소 인간으로서의 자기 본질을 현실적으로 획득한다고 보았다. 영혼의 능력은 다름 아닌 사고 능력이며 인간의 지성을 대변하는 것이다. 이 시대 아리스토텔레스가 규정한 '이성적 동물'로서의 인간은 이후 서양 철학사를 꾸준히 관통하는 원리였으며 중세와 근대 이후에도 지배적인 흐름이었다고 본다. 말하자면 서양전통에서의 '인간 주체'는 '이성적인 주체'였던 것이다.

동양에 있어서 인간주체의 문제는 유(儒)·불(佛)·도(道) 삼교(三敎)의 정신사에서 그 흐름을 엿볼 수 있다. 공자를 중심으로 하는 교학체계로서의 유교(儒敎)는 궁극적 실재로서의 천(天)에 근거한 인도(人道)의 실천을 강조하였다. 『논어(論語)』에서 공자가 "하늘이 나에게 덕을 주셨다(天生德於予)"고 한 것이나, 『중용(中庸)』에서 "하늘이 명한 것을 일러 성품이라고 한다.(天命之謂性)"고 한 것은 인간의 도덕적 실천과 절대자와의 합일적 관계를 전제한 것이다. 이후 성리학에서는 이를 뒷받침하는 형이상학적 근거를 상술하였다. 불교에서 강조하는 '깨달음'의 세계는 석가모니 초기 교설의 체계에서 등장하는 삼법인(三法印) 사성제(四聖諦) 팔정도(八正道) 십이연기(十二緣起)를 올바로 자각하는 것이다. 사물의 본질이 본래 '공(空)'하다는 것을 알아 아무런 집착도 그로 인한 고통도 없이 자유로운 해탈의 경지에 도달함으로써 비로소 성불(成佛)할 수 있다. 대승불교의 전개에서는 이러한 공(空)의 실체를 규명하거나 그에 대한 인식(認識)의 원리를 추구함으로써 이론의 다변화가 이루어졌다. 도교(道敎)의 철학에서는 근본적으로 자연의 무위성(無爲性)을 강조하고 그 속에 담긴 궁극적 실재로서의 도(道)를 말하고 있는데, 이때의 도(道)는 인간과 자연을 두루 관통하는 상도(常道)를 말한다. 인간 또한 자연의 일부로서 내 안에 와 있는 대자연의 도(道)를 숭상하고 이에 부합된 삶을 살 수 있다면 언제나 진정한 자유로움을 만끽할 수 있다고 본다. 다만 이러한 자연성(自然性)을 깨닫지 못하고 인간 사회의 인위적인 욕심만을 추구할 때 인간은 그 본래 모습을 상실하는 것이 된다. 이처럼 동양에서의 유·불·도는 '천(天)', '공(空)', '도(道)'와 같은 궁극적 실재를 강조하면서 인간과의 합일적 관계를 유도하고자 하였던 것으로 본다. 여기서 인간주체는 언제나 이 세계의 궁극적인 것과의 관계를 통해서 드러나며, 그 궁극자의 원리를 인식하여 가치를 실현하는 데 인간의 사명이 있는 것으로 보았다.

대순진리회의 해원이념은 이상에서 살펴본 인간주체의 역사와는 사뭇 그 궤도를 달리한다고 본다. 즉 해원이념에서 바라본 인간은 '원(冤)'의 담지자로서 자기 욕망을 지닌 존재이다. '원(冤)'은 욕망을 지닌 인간의 현실적 모습을 순수하게 그리고 있다. 이러한 욕망은 하나의 응어리진 감정으로 누적되어 왔고, 역사적으로는 다양한 원한으로 분출되어 왔다. 긍정적이거나 부정적인 양면의 가치로 발휘될 수 있는 '원(冤)'은 그 담지자인 인간으로 하여금 자기 결단과 실천의 노력을 요구한다. 그리하여 인간은 그 욕망을 자유롭게 발휘함으로써 자아를 발견하고 또한 진정한 자기실현을 추구하게 된다.

상제께서 "이제는 해원시대니라. 남녀의 분별을 틔워 제각기 하고 싶은

대로 하도록 풀어놓았으나 이후에는 건곤의 위치를 바로잡아 예법을 다시 세우리라."고 박 공우에게 말씀하시니라. 이때 공우가 상제를 모시고 태인읍을 지나는데 두 노파가 상제의 앞을 가로질러 지나가기에 상제께서 길을 비켜 외면하셨도다.[51]

지금은 해원시대니라. 양반을 찾아 반상의 구별을 가리는 것은 그 선령의 뼈를 깎는 것과 같고 망하는 기운이 따르나니라. 그러므로 양반의 인습을 속히 버리고 천인을 우대하여야 척이 풀려 빨리 좋은 시대가 오리라.[52]

윗글에서 볼 수 있듯이 '해원시대'는 모든 억압과 차별로부터 벗어난 개인의 권리 회복과 자유 그리고 모든 사람의 동등 동권의 시대이다. 사회적 계급적 계층적 차별이 있을 수 없고, 개인의 권리가 무시될 수 없는, 모든 사람이 다 같이 존중받는 시대인 것이다. 이렇게 인간이 존중받을 수 있는 근거는 바로 고유한 '원(冤)'을 지니고 있기 때문이다. 모든 인간은 인간으로서 '원(冤)'을 지니고 있으며 또한 그 '원(冤)'을 실현하고자 한다. 인간이 지닌 '원(冤)'은 서양철학에서 강조해 온 인간의 이성도 아니며, 동양철학에서 추구해 온 초월적 실재도 아니다. 인간이 태어나면서부터 생래(生來)적으로 지니고 있는 마음의 상태라고 할 수 있다. 이 원(冤)은 이성보다 앞서며, 어떤 궁극적 실재보다도 인간에게 근원적인 가치를 지닌 것이다. 어떤 의

---

51 『典經』 공사 1장 32절.
52 『典經』 교법 1장 9절.

미에서 '원(寃)'은 인간의 감성적 본질을 이룬다고도 볼 수 있다. 해원이란 바로 이러한 인간 본질로서의 '원(寃)'을 해소하는 것이므로 인간의 자기실현을 가능하게 하고, 나아가 인간주체를 새롭게 확립하게 한다. 즉 대순진리회에서 바라본 인간주체는 '감성적 존재'로서 '원(寃)'을 지닌 인간이다.[53] 이 원을 해소하고 실현시키는 것이 인간 삶의 목적이고 또한 진정한 인간의 모습이다. 이런 의미에서 '해원' 이념은 인간주체에 대한 이해를 역사적으로 새롭게 하고 있다는 데 그 의의가 있다 하겠다.

(2) 우주적 종교진리의 출현

'해원'이념의 또 다른 사상적 의의는 그것이 우주적 차원의 진리를 주창하고 있다는데 있다. 여기서 말하는 우주적 차원이란 굳이 인간의 현실에만 국한하지 않는다는 것이다. 동양 전통의 삼분법으로 일컬어지는 천·지·인(天地人) 삼계가 모두 '해원'의 이념 하에 존재하고 있고 또 우주의 모든 사물이 그것에 입각하여 자기를 실현하고 있다는 말이다.

본래 종교의 전통적인 역할은 동·서양을 막론하고 인간을 위한 것이다. 인간은 종교적 존재로서 본질적으로 죽을 수밖에 없는 자신의 유한성을 자각하며, 어떤 영원·무한한 것을 외경하고 그것을 자기 안에서 체험한다.[54] 종교의 궁극적인 목적으로 제시된 영생(永生),

---

[53] 여기서 말하는 감성적 존재로서의 인간은 현대 실존철학에서 일찍이 발견하였으며 또 '르상티망'이론과 더불어 그 개념을 발전시켜 나왔다고 본다. 포스트모던철학도 이와 무관하지 않다. 하지만 본문에서 강조하고자 하는 감성은 대순진리회 고유한 의미인 '원(寃)'으로 충만한 상태의 감성을 말하는 것이다.

깨달음, 대동세계(大同世界) 등은 종교적 인간이 도달하고자 하는 영원·무한한 것을 대변하고 있다. 인간이 처한 실존적인 상황에서 오직 인간만이 자신의 환경을 바꾸고자 하며 또 궁극적인 것에 귀의하고자 한다. 여기에 종교는 어떤 궁극적인 실재를 제시하고 인간의 현실을 차원 높게 이끌고자 하는데 본래의 사명을 지닌다. 종교에 관한 평면적인 이해에도 불구하고 아무튼 종교는 인간을 위한 것이며 인간만이 만들어낼 수 있는 고유한 문화라는데 이의가 있을 수 없다.

'해원'이념은 그 종교적 진리의 차원이 기성의 종교에서와 같이 인간세계에만 국한되지 않는다. 말하자면 '해원'은 인간을 위해서만 필요한 것이 아니라 모든 우주 사물을 위한 진리라는 것이다. 구천상제께서 가르치고 행하신 다음의 내용들은 이를 잘 뒷받침하고 있다.

A. 상제께서 "선천에서는 인간 사물이 모두 상극에 지배되어 세상이 원한이 쌓이고 맺혀 삼계를 채웠으니 천지가 상도(常道)를 잃어 갖가지의 재화가 일어나고 세상은 참혹하게 되었도다. 그러므로 내가 천지의 도수를 정리하고 신명을 조화하여 만고의 원한을 풀고 상생(相生)의 도로 후천의 선경을 세워서 세계의 민생을 건지려 하노라. 무릇 크고 작은 일을 가리지 않고 신도로부터 원을 풀어야 하느니라. 먼저 도수를 굳건히 하여 조화하면 그것이 기틀이 되어 인사가 저절로 이룩될 것이니라. 이것이 곧 삼계공사(三界公事)이니라"고 김 형렬에게 말씀하시고 그중의 명부공사

---

54 이은봉, 『종교세계의 초대』, 도서출판 벽호, 1993, p.27.

(冥府公事)의 일부를 착수하셨도다.⁵⁵

B. 이제 해원시대를 맞이하였으니 사람도 명색이 없던 사람이 기세를 얻고 땅도 버림을 받던 땅에 기운이 돌아오리라.⁵⁶

C. 상제께서 대원사에서의 공부를 마치고 옷을 갈아입고 방에서 나오시니 대원사 골짜기에 각색의 새와 각종의 짐승이 갑자기 모여들어 반기면서 무엇을 애원하는 듯하니라. 이것을 보시고 상제께서 가라사대 "너희 무리들도 후천 해원을 구하려함인가" 하시니 금수들이 알아들은 듯이 머리를 숙이는도다. 상제께서 "알았으니 물러들 가있거라"고 타이르시니 수 많은 금수들이 그 이르심을 좇는도다.⁵⁷

위의 세 가지 인용문을 통해 살필 수 있는 것은 우선 '해원'이 전 우주적 차원에서 적용되고 있다는 점이다. 일단 '해원'에서의 원(冤)은 천·지·인 삼계 우주의 원(冤)이며, 그것을 푸는 일은 또한 우주의 원을 푸는 것이다. 즉 우주가 '해원'을 필요로 하고 있고, 인간은 그 해원의 역사에서 특수한 축을 차지하고 있다고 본다.

먼저 인용문 A에서 보면 '원'은 인간 사물 모두가 지니고 있다. 상극이라고 하는 원리에 지배되어 발생한 원은 역사적으로 갖가지 재화(災禍)의 원인이 되었다. 이는 원(冤)이 원한(怨恨)의 감정이 되어

---

55 『典經』공사 1장 3절.
56 『典經』교법 1장 67절.
57 『典經』행록 2장 15절.

부정적으로 발휘된 것에 다름 아니다. 그런데 이 원은 비단 인간사회에만 머무는 것이 아니라 신의 세계에도 영향을 미치고 급기야 신도(神道)에도 원이 맺혔던 것이다. 신계(神界)는 곧 천계(天界)에 속하며 천계(天界)의 해원을 명부공사에서부터 시작한다고 하였다. 『전경(典經)』에는 이와 같이 수많은 신명들의 원을 풀기 위한 공사를 행하는 부분이 여러 구절에서 발견된다.[58]

인용문 B에서 보면 '해원'은 하늘이 아닌 땅에도 적용되는 진리이다. 해원시대를 맞이하여 땅도 버림을 받던 곳에 기운이 돌아온다고 하였으므로, 땅도 그 이전에 원(冤)을 지닌 것이다. 이 원이란 『전경』에 이르기를, "선천에서는 하늘만 높이고 땅은 높이지 아니하였으되 이것은 지덕(地德)이 큰 것을 모름이라. 이 뒤로는 하늘과 땅을 일체로 받들어야 하느니라."[59]고 한데서 알 수 있듯이 지덕의 큰 것을 모르는데서 생겨난 원이다. 땅 사이에서도 '후박(厚薄)의 시비'[60]가 있을 수 있으므로 상대적인 원도 있다. 이처럼 땅이 지닌 원을 푸는 것에 의해 땅의 본래적인 정당성을 회복하고 그 가치를 실현하는 것이 바로 '해원'의 이념이다.

인용문 C에서는 '해원'이 각종 새 짐승과 같은 동물에 있어서도 적용되는 이념임을 말하고 있다. 상제께서 대원사의 공부를 마치고 나오니 수많은 금수들이 모여들어 무엇을 애원하는 듯 했다고 하는

---

[58] 신명의 해원에 대한 공사는 역사적 인물로서 신농씨와 강태공(예시22절), 단주(공사2-3), 진시황(공사3-17), 진묵(권지2-37), 전명숙과 최수운(공사3-2), 김경흔(교운1-20), 최익현과 박영효(공사2-22)등이 있으며, 이 외에도 중천신(공사1-29) 만고역신(교법3-6)에 대한 해원이 있다.
[59] 『典經』 교법 1장 62절.
[60] 『典經』 교법 3장 6절 참조.

데, 이는 인간이 아닌 짐승들조차 '해원'을 구하고자 하는 것으로 묘사한 것이다. 인간은 물론이며 모든 새와 짐승들이 상제의 해원공사를 반겼다고 하는 것은 '해원'이 인간을 포함한 모든 생명체에 두루 미치는 진리임을 보여주고 있다.

이상의 고찰을 통해 볼 때 '해원'의 이념은 인간을 포함한 전 우주적 차원의 진리를 표방하고 있다고 본다. 인간을 둘러싸고 있는 하늘과 땅 그리고 신명세계, 금수세계 등이 해원의 진리에 모두 포함된다. 해원을 통해 천·지·인 삼계가 그 본래의 가치를 실현하며 삼계가 개벽된 이상낙원을 이 우주에 건설하는 것이 바로 강세하신 상제의 사명인 것이다.

> 그리하여 상제께서 이 세상에 탄강하여 하늘도 뜯어고치고 땅도 뜯어쳐서 신명이 사람에게 드나들 수 있게 하시고 세상에서 버림을 받은 자들을 찾아 쓰고 모든 것에 운을 붙여 쓰기로 하셨도다. 이것은 삼계를 개조하기 위함이로다.[61]

천·지·인 삼계를 뜯어고친다 함은 원(冤)이 누적되어 더 이상 해소될 수 없는 상태에 놓인 우주를 근본적으로 바꾸는 것을 말한다. 그리하여 이전의 우주세계에서는 찾아볼 수 없는 새로운 차원의 우주를 개벽(開闢)함으로써 인간이 바라는, 아니 전 우주가 바라는 세계를 실현하고자 하는 것이다. 여기에 주된 진리가 되는 것이 바

---

[61] 『典經』 예시 7절.

로 '해원(解冤)'이다. 이로써 '해원'의 이념은 전 우주적 차원의 진리임을 다시금 확인할 필요가 있다.

(3) 상생을 통한 가치실현

'해원'이념이 궁극적으로 지향하는 세계는 상생(相生)이 지배하는 후천(後天)이다. 인간과 우주 사물이 지닌 '원(冤)'을 모두 풀어서 어떤 부정적인 감정도 발생하지 않고 이상적으로 원이 실현된다면 그 궁극적 경지는 상생으로 묘사될 수 있다. 이 때 상생은 해원과 더불어 후천을 지배하는 주된 원리이며 이상향이다. 해원은 상생을 통해 그 긍정적 가치를 실현하며, 상생은 해원을 과정으로 하여 영원한 창조성을 지닌다. 이로써 해원과 상생은 상호 유기적 관계에 놓여 있으며, 해원 없는 상생이 있을 수 없고 상생 없는 해원이 있을 수 없다. 해원의 정당한 가치는 반드시 상생으로 구현되어야 할 것이며, 상생이 없는 해원은 또 다른 원한만 조장할 뿐이다. 따라서 대순진리회의 해원이념은 상생과 결합하여 그 정당한 가치를 실현하고자 한다.

해원과 상생의 관계에 대해서는 다음의 『전경』 구절에서 확인할 수 있다.

> 삼계가 개벽되지 아니함은 선천에서 상극이 인간지사를 지배하였으므로 원한이 세상에 쌓이고 따라서 천·지·인(天地人) 삼계가 서로 통하지 못하여 이 세상에 참혹한 재화가 생겼나니라.[62]

---

[62] 『典經』 예시 8절.

그러므로 상제께서 오셔서 천지도수를 정리하고 신명을 조화하여 만고에 쌓인 원한을 풀고 상생의 도를 세워 후천 선경을 열어놓으시고 신도를 풀어 조화하여 도수를 굳건히 정하여 흔들리지 않게 하신 후에 인사를 조화하니 만민이 상제를 하느님으로 추앙하는 바가 되었도다.[63]

위의 내용을 살펴보면, '해원'의 진리가 나오게 된 배경은 선천(先天)의 상극 세상에 있었다. '상극(相克)'은 '상호 극해(剋害)'하는 원리를 말한다. 즉 자신의 이기심과 욕망을 위해 상대를 해치고 피해를 주어서 자신의 목적을 달성하는 것이다. 피해를 입은 당사자는 그로 인해 상대를 원망하고 나아가서 똑같이 보복하여 그 원인이 되었던 감정을 해소하고자 한다. 하지만 이러한 보복은 또 다른 보복을 불러일으키고 급기야 사회전반에 걸쳐서 원한의 고리가 형성되어 세계적인 원한이 발생한다. 천·지·인 삼계는 이러한 원한의 고리가 확산되어 우주에 가득 찬 상태가 되었으니 곧 선천의 세상을 말하고 있다. 선천이란 원한이 맺히고 누적된 우주 역사로서 인간사에서부터 촉발된 부정적인 세계관을 표현하는 말이다. 결과적으로는 천·지·인 삼계가 서로 통하지 못하여 이 세상에 참혹한 재화가 생겼다고 하였으므로 어떤 절대적인 구원의 역사가 없이는 해결될 수 없는 상태이다. 이로써 절대자의 강림이 이루어지게 되었으니 구천의 상제께서 강세하여 삼계를 개벽하는 천지공사(天地公事)를 단행하게 된 것이다.

---

[63] 『典經』 예시 9절.

구천의 상제께서 진단한 선천의 근본적인 문제는 바로 원한이 맺힌 삼계의 진멸지경(盡滅之境)에 있었다. 어떤 종교적 진리도 이렇게 근본적으로 원한이 맺힌 상태에서는 소통될 수 없다고 본 것이다. 그 원한이 천지를 뒤덮어 온갖 재화(災禍)로써 창생을 위협하였으므로 무엇보다도 원한을 해소하고 다시는 그러한 원한이 발생하지 않도록 하는 것이 급선무였다. 상제께서 행하신 천지공사는 바로 이렇게 원한이 발생한 선천을 뜯어고쳐서 정상(正常)의 세계를 만들고 나아가 참된 이상향으로서의 상생세계를 이룩하는 것에 목적을 둔다. 그렇게 하기 위해서는 먼저 원한의 고리를 찾아서 시초가 되었던 원(冤)을 해소하고, 이어서 인간 사회에 지속적으로 영향을 미치고 있는 보이지 않는 신도(神道)의 세계를 상제의 권위에 의해 조정하는 것이다. 상제의 가르침에 따르면 신도(神道)가 원한이 없을 때 인간사회도 따라서 해원이 되고 정리될 수 있다고 본다. 그렇다면 신도의 원한은 어떻게 해소 가능한가. 그것은 바로 상생의 도(道)를 세우는데 있다. 모든 원을 상생의 도에 맞게끔 풀어냄으로써 영원한 평화의 세계인 후천선경을 여는 것이다.

> 우리의 일은 남을 잘 되게 하는 공부이니라. 남이 잘 되고 남은 것만 차지하여도 되나니 전 명숙이 거사할 때에 상놈을 양반으로 만들고 천인(賤人)을 귀하게 만들어 주려는 마음을 두었으므로 죽어서 잘 되어 조선 명부가 되었느니라.[64]

---

[64] 『典經』 교법 1장 2절.

상생이란 위의 인용문에서 보듯이 '남을 잘되게 하는 것'이다. 남이 잘 됨으로써 나 또한 잘 되는 원리이다. 전명숙(전봉준)의 생애는 그의 민중봉기로 인해 비록 살아서는 대접받지 못하고 억울하게 처형당했지만 그의 의도는 '상생'에 있었으므로 죽어서 잘되어 '조선명부'가 되었다고 한다. 신도의 원한을 푸는데 있어서 먼저 그 정당한 소원을 들어주고 상생으로 잘 되게끔 만들어 주는 것이 가장 핵심적인 방법이다. 이로써 신도의 원한이 풀리면 자연스럽게 인간 사회의 원한도 해소된다고 보고 그 핵심적인 방향을 '상생(相生)'에다 두었던 것이다.

이상의 내용을 통해 볼 때 '해원'이념은 '상생'을 통해 비로소 그 지향점을 갖게 됨을 알 수 있다. '해원'이 자신의 '원(冤)'을 푸는 것이라 할 때 그것이 어떤 방향으로 풀어져야 되는지를 말해주는 것이 바로 '상생'이다. '상생'이 없는 해원은 그저 복수를 하는 것일 뿐이다. 복수는 또 다른 복수를 부르게 되므로 진정한 해원이 될 수 없고 또한 세계의 평화를 가져올 수도 없다. 상대에 대한 원망과 복수가 아니라 자신의 정당한 소원과 자질을 발휘하는 것이 해원이어야 한다. 토끼는 진정한 토끼가 되고 싶어 하듯이, 사람은 진정한 사람이 되는 것이 곧 해원이다. 이 때 진정한 사람은 '상생'이 체현된 사람이 며, 이 세계에 상생을 실현하는 사람을 말한다. 그런 의미에서 '해원'은 '상생'을 통해서 그 가치를 실현한다고 할 것이다. 오늘날 해원상생의 진리는 다변화하는 세계를 이해하고 이끌어 나가는 주된 이념이 될 수 있으며, 내일의 인류가 맞이해야 할 새로운 이상향을 위해 보다 깊은 자각이 요구되고 있다.

2. 상생론

세기말적 두려움으로부터 벗어나 신세기에 대한 의미부여에 여념이 없는 현재는 시대적 위기감과 새로운 문명에 대한 기대감이 혼란스럽게 중첩되어 나타나는 시기로 규정될 수 있다. 일찍이 엘빈토플러가 예견한 바 있듯이 '제 3의 물결'이 전 지구촌 사회를 휩쓸었으며, 이제는 '제 4의 물결'을 예비할 정도로 인류는 분명 과거사회와는 다른 시대에 살고 있음이 확연한 실정이다. 하지만 이러한 문명의 전환과 맞물려 인류가 해결해야만 할 숙제도 뚜렷해지고 있는 것이 사실인데, 그것은 20세기를 지나오면서 야기되고 겪어야만 했던 사회적 문제가 여전히 해결되지 않고 남아있다는 것이다. 사회적 이슈가 되기에 충분한 문제들, 즉 환경문제, 여성문제, 전쟁과 평화의 문제 등은 인류가 이상사회를 갈망하는 만큼 관건이 되기에 충분한 사안이라 할 것이다. 인간이 다른 동물과 달리 지혜를 사랑할 줄 알고 또한 자기를 반성할 줄 아는 능력이 있다고 할 때 이러한 사회적 문제들은 결국 인류 스스로 최대한 지혜를 발휘하여 해결해 나갈 수밖에 없다. 왜냐하면 이상의 문제들이 모두 인간이 지닌 욕심과 자기오류로 인해 발생한 것이므로 스스로의 반성과 의지적인 노력이 없이는 해결이 불가능하기 때문이다. 따라서 21세기의 새로운 시대에 살고 있는 우리 인류는 무엇보다도 스스로의 지혜를 동원하여 새로운 문명에 대한 해석과 함께 중첩된 사회문제의 해결에 주력해야만 한다.

이상의 문제의식과 관련하여 오늘날 우리 사회에서 갑자기 화두가 되어버린 단어를 꼽으라 한다면 주저하지 않고 '상생'(相生)을 언급할 수 있다. 정치, 경제, 사회, 교육, 문화, 종교 할 것 없이 각계각층에서 부르짖고 있는 단어가 바로 '상생'인 것이다. 그 용례는 분야별로 달리 적용될 수 있지만 그만큼 사회적 화두가 될 정도로 그 보편적 의미를 탐구하고 공유해야만 할 때가 된 것이 아닌가 한다. 무엇보다도 사회적 갈등을 해소하고 화해와 공존의 분위기를 이끄는데 '상생'이 주는 어감만큼 신선한 단어는 찾기 힘들다는데서 대두된 것으로 본다. 물론 '상생'은 신조어가 아니고 동양전통의 고전적인 용어이지만 신세기에 접어들어 이러한 단어가 새롭게 요청되고 또한 널리 사용되고 있다는 사실은 여러 가지로 시사하는 바가 크다고 하겠다. 특히 대순진리회의 종지에 표명된 '상생'이념은 이미 구천상제께서 선포하신 위대한 진리로서 한 세기 전에 예비하신 후천문명이 오늘날 구체적으로 실현되어 가고 있음을 보여주는 것이다. 여기에 '상생'이념에 관한 탐구의 의의가 있다 하겠다.

    현재까지 제기된 '상생'에 관한 개념정의는 과연 이 시대의 화두라 할 만큼 다양하게 논의되어 왔다고 본다. 먼저 정치와 경제활동에 있어서 '상생'개념은 '서로 상이한 두 존재가 공생하는 원리'로 보고 대치관계가 아닌 상호보완, 상부상조의 관계를 말한다.[65] 비대칭적 관계가 아닌 대칭적 조화와 균형을 이룸으로써 사회적 안정이 확보될 수 있다는 논리이다. 사회적으로는 '상호 부정적인 대립과 갈등의 주체가 서로를 용인하고 조화시켜 함께 긍정적 세계로 나아가

---

[65] 김영호,「상생의 정치, 상생의 문화」『씨알의 소리』178호, 함석헌기념사업회, 2004, pp.14~17.

는' '다함께 사는 원리'를 말하고 있다.[66] 우리 사회내부의 갈등 즉 여야갈등, 지역갈등, 이념갈등, 계층갈등 등을 지양하고 화해와 협력의 사회로 나아가자는데 상생의 본질이 있다고 보는 것이다.[67] 환경문제에 있어서도 상생은 특히 주요한 이념이 되고 있다. 이는 발전과 진보라는 이름의 문명을 자연친화적 생명실천의 문명으로 바꾸는데 필요한 철학적 반성으로 보고 있다.[68] 서양문명의 자연정복적인 세계관으로부터 탈출하여 인간과 자연의 화해 및 평화로운 만남을 주선하는 열린 정신으로서 '상생'이 강조되고 있다. 여기에는 또한 생태주의적 세계관이 기여하는 바가 크다.[69] 모든 생명체의 상호의존(상보적) 시스템도 이러한 상생의 개념을 파악하는데 주요한 모티브가 될 수 있다.[70] 종교의 문제에 있어서도 '상생'은 예외가 아니다. 오히려 민족이나 이데올로기 갈등보다 훨씬 더 폭력적이고 철저하며 감정적인 것이 되기 쉬운 종교는 문명의 본질로 기술되기도 하며 아주 오랜 역사를 지니고 있다. 이미 종교문화간의 전쟁이 인구의 절반가량을 초토화시킨 역사를 경험한 지금 서로 다른 문화와 종교가치관들을 융화시킬 수 있는 길은 오직 대화를 통한 상호이해와 존중만이 유일한 해답으로 제시된다.[71] 말하자면 '상생'은 문명간의

---

[66] 송재국, 「21세기 지구촌사회의 이념적 지향」『대동철학』 21집, 대동철학회, 2003, p.24.
[67] 한상진, 「화합과 상생의 길」『문학마당』, 통권제1호, 2002, pp.14~15.
[68] 김정현, 「열린 정신과 상생의 도덕」『철학연구』제85집, 대한철학회, 2003, p.159.
[69] 박이문, 『문명의 미래와 생태학적 세계관』당대, 1997 참조.
[70] 정해성, 「게리스나이더의 시에 나타난 상생과 불교사상」『문학과 종교』제9권, 2004, pp.234~251.
[71] 이삼열, 「상생의 세계와 문명간의 대화」『철학과 현실』52호, 철학문화연구소, 2002, pp.68~70.

대화에 따른 결과로서 문화다원주의(cultural pluralism)를 전제한 윤리적 규범으로 다루어져야 된다는 입장이다.

이상과 같이 '상생'은 각 분야에서 저마다의 의의를 지니고 있는 것으로 파악할 수 있다. 대체로 '상호협력 및 보완' '화해 및 화합' '균형 및 조화' '공생·공존' 등으로 요약될 수 있는데, 그 다양한 해석에도 불구하고 '상생'의 이념이 지니는 기본적인 전제는 역시 개체 상호간의 관계성에 대한 문제와 그 올바른 지향점을 제시하는 것으로 본다. 아울러 새로운 시대의 새로운 가치관으로서 사고방식의 혁명적인 전환을 부르짖고자 하는데 논의의 초점이 모아질 수 있다. 이것은 패러다임[72]의 변화에 따른 새로운 사고방식의 출현을 예견하는 것이기도 한데, 저명한 물리학자 카프라의 다음과 같은 발언은 이러한 '상생'에 대한 이해를 더욱 부추기고 있다.

> 기존의 사고와 기존의 가치관을 살펴보면 사고방식은 곧 그 시대의 가치기준이란 사실이 드러나는데, 새로운 사고방식도 마찬가집니다. 새로운 사고와 새로운 가치는 아주 밀접히 얽혀 있습니다. 사고방식과 가치기준, 이 두 가지 모두에서 공통적인 것은 상극에서 상생으로의 변화, 다시 말해 '자기를 주장'하던 분위기가 공존과 화합으로 옮아간다는 점인데요,

---

[72] 토마스 쿤의 '과학혁명의 구조'에서 사용한 '패러다임'의 의미는 크게 두 가지로 나뉘어 요약될 수 있다. 첫째는, 어느 주어진 과학자 사회의 구성원들에 의해 공유되는 신념, 가치, 기술 등을 망라한 총체적 집합을 가리킨다. 다음으로 패러다임은 그런 집합에서 한 유형의 구성요소를 가리키는 것으로서 모형이나 또는 예제로서 사용되어, 정상과학의 나머지 수수께끼에 대한 풀이의 기초로서 명시적 규칙들을 대치할 수 있는 구체적 수수께끼-풀이를 나타낸다.(토마스 S.쿤, 김명자 역『과학혁명의 구조』두산 동아, 1999, p.248)

시대의 변화와 함께 온갖 변화가 일어나지만 이를 통괄해서 그 특징을 요약해보면 아마 가장 합당한 개념이 상극에서 상생이라는 말일 것 같습니다.[73]

여기서 말하는 사고방식의 변화는 주로 이성중심에서 직관중심으로 옮겨가는 것을 말한다. 분석에서 종합으로, 선형적(linear) 사고에서 비선형(non-linear)으로 옮아가면서 가치기준도 경쟁에서 협조체제로, 자기주장보다는 공존과 화합의 분위기로 바뀌면서 인간관계도 지배와 종속의 관계에서 상호동반자의 관계로 바뀌는 양상을 총칭하고 있다.[74] 상생은 이러한 패러다임의 전환에 따른 사고방식을 대변한다고 해도 과언이 아니다.

본 장에서 다루고자 하는 내용은 이상의 사실들에 대한 단순정리에 그치는 것이 아니다. 오히려 그만큼 사회적 관심이 고조되고 있는 '상생'에 대해서 보다 엄밀한 의미파악이 필요하며, 대순진리회의 '상생'이념을 중심으로 그 사상적 본질을 밝히고자 하는데 목적이 있다. 이하에서는 이와 같은 '상생'이 전통적으로 어떤 철학적 의미를 지니고 나아가 그것이 이념적으로 승화된 대순진리회 내에서 그 사상적 특질이 어떻게 설명될 수 있는지를 자세히 살펴보기로 하겠다.

---

[73] 프리초프 카프라 외, 『신과학과 영성시대』 김재희 역, 범양사, 1997, p.133.
[74] 카프라교수는 이러한 새로운 패러다임의 사고방식을 과학에서 다섯 가지 준거로 요약하고 있다. 첫째는 부분에서 전체로의 패러다임 전환, 둘째 구조에서 과정으로의 패러다임 전환, 셋째 객관적 학문에서 인식론식 학문으로의 전환, 넷째 건물에서 그물로 전환하는 지식의 체계, 다섯째 절대치에서 근사치로의 패러다임 전환이 그것이다.(위의 책, pp.147~274 참조)

1) '상생'의 개념적 이해

(1) '상相'과 '생生'

여기서는 먼저 상(相)과 생(生)에 담긴 자의(字意)를 알아보기로 한다. 첫째 '상'(相)의 자의에 대해서 살펴보면 그 원래의 자형(字形)이 木+目으로 이루어져 있어 '눈'(目)으로 '나무'(木)를 자세히 관찰하고 있는 모습이다.[75] 그래서 『설문해자(說文解字)』의 설명에도 '살펴서 본다'(省視也)라고 풀이하고 있다. 굳이 나무와 눈의 관계로써 '본다'의 뜻을 도출한 이유는 고대에 '지상에서 볼 수 있는 것이 많지만 나무만한 것이 없다'라는 데서 나온 발상이다. 이러한 '상'(相)의 의미는 곧 눈이 모든 사물을 접하고 있다는데서 무릇 '저것과 이것이 서로 접하는 것은 모두 상(相)'이라고 말할 수 있으며, 서로 만나서 도움을 주게 되면 이것은 '보지 못하는 사람을 대신하여 볼 수 있도록 도와주다'는 의미에서의 상(相)'이 된다.[76] 『주역(周易)』에서도 이러한 '상'(相)자의 의미가 그대로 적용되고 있음을 볼 수 있는데, 주로 상반된 자연사물이나 성질의 밀접한 관계성을 묘사하는 단어로서 '서로 더불다(相與)'라는 의미와 '도우다(輔相)'라는 의미가 고루 사용되고 있다.[77] 이로써 알 수 있듯이 '상(相)'은 사물과 사물의 만남을 전제로 하는 '상호(相互)'의 의미를 기본으로 하고 있으며, 나아가 '서로 도움을

---

[75] 갑골문의 자형을 살펴보면 '相'은 나무의 모양과 눈의 모양이 서로 결합되어 이루어진 글자로 나온다.(李樂毅, 『漢字正解』2, 비봉출판사,1994, p.422)

[76] 許愼, 『說文解字』, 四篇 上,8, "相, 省視也, 從目木, 易曰, 地可觀者, 莫可觀於木", 이에 대한 段玉裁의 注에 따르면 "目接物曰相, 故凡彼此交接皆曰相, 其交接而扶助者, 則爲相瞽之相"라고 하였다.

[77] 『易經』大過卦, 象曰, "老夫女妻, 過以相與也", 咸卦 象曰 "咸, 感也, 柔上而剛下, 二氣感應以相與…" 恆卦 象曰, "久也, 剛上而柔下, 雷風相與…", 泰卦 象曰, "…成天地之道, 輔相天地之宜, 以左右民" 井卦 象曰, "木上有水, 井, 君子以勞民勸相"

주다'는 의미로까지 확대하여 이해될 수 있다.

다음으로 '생'(生)자의 의미를 살펴보면, 그 자형은 하나의 새싹이 땅 위로 돋아나서 자라는 모습이다.[78] 『설문해자』에는 "생(生)은 나아감(進)이니, 초목이 땅위로 생겨나는(生出)것을 형상하였다"라고 하였다.[79] 여기서 '생'(生)자의 의미는 일차적으로 '생겨남'의 뜻을 지니고 이어서 '생산'(生産) '생장'(生長) '생성'(生成) '생명'(生命) 등의 다양한 의미로 사용되게 되었다. 하지만 이러한 '생'(生)자의 의미는 단지 현상적인 설명일 뿐이며, 그 근저에는 보다 깊은 철학적 의미가 담겨 있음을 간과해서는 안 된다. 이는 주로 『주역(周易)』의 사고방식에 기초를 둔 것으로 경전 상에서는 '화생'(化生)이라는 단어로 그 뜻이 사용되고 있다.[80] 여기서 말하는 '화생'이란 단순히 생겨난 현상 그 자체에 그쳐서 보지 않고 그것이 생겨나기 위한 근거가 전제되어 있음을 암시하고 있다. 즉 '천지의 큰 덕을 가리켜 생(生)이라고 한다'[81]라고 할 때의 '천지'(天地)는 각각 음(陰)과 양(陽)을 대표하는 사물로서 모든 생(生)의 근저를 이루며, 그러한 천지의 덕을 합한 대덕(大德)의 결과가 곧 생으로 나타난다는 말이다.[82] 이러한 생이 다양하게 엮어져 변화해가는 현상세계를 두고서 『주역』에서는 '역'(易)이라는 말로 규정하고 있으며,[83] 이러한 역에는 또한 불변의 이치에 해당

---

78 李樂毅, 上書, p.428.
79 『說文解字』 六篇 下4, "生進也, 象艸木生出土上"
80 『易經』 咸卦 象曰, "咸, 感也, 柔上而剛下, 二氣感應以相與, …天地感而萬物化生 …"
81 『易經』, 繫辭下傳 第一章 "天地之大德曰生"
82 『易經』, 繫辭下傳 第六章 "…乾陽物也, 坤陰物也, 陰陽合德, 而剛柔有體…"
83 『易經』, 繫辭上傳 第五章 "生生之謂易, 成象之謂乾, 效法之謂坤…"

하는 태극(太極)이 있어서 이것이 음양, 사상(四象) 팔괘(八卦)를 형성하고 만물을 생성하는 이론적 근거가 되고 있음을 밝히고 있다.[84]

천·지 또는 음·양은 서로의 관계성에 대해 전통적으로 '대대(對待)'라는 말로 설명할 수 있으며, 이는 '대립하면서 서로 끌어당기는 관계' '상대가 존재함에 의하여 비로소 자기가 존재한다고 하는 관계' '상호 대립하면서 상호 의존하는 관계'로 일단 규정될 수 있다.[85] 『주역』의 사상체계는 이러한 '음양대대적 구조'를 기저로 하여 성립되어 있으면서 나아가 형이하(形而下)의 변화하는 현상과 불변하는 근원적 존재인 형이상(形而上)의 본체 및 그 관계성을 폭넓게 다루고 있다.[86] 이상에서 '생'(生)의 의미를 철학적으로 종합하여 이해해본다면, 먼저 근원적 원리인 태극에 근거를 두고 그에 내재한 양면적 속성이 각각 하나의 덕을 이루면서 만물간의 대대관계성이 규정되며, 나아가 그러한 관계 하에 놓인 사물의 덕성이 상호 결합되어 나타나는 모든 현상의 총체를 말하고 있다.

(2) '상생'의 출전(出典)

그렇다면 앞에서 살펴본 상(相)과 생(生)이 서로 결합되어 이루어진 단어로서의 '상생'(相生)은 고전에서 어떤 의미로 사용되었을까. 먼저 노자(老子)의 『도덕경(道德經)』에 언급되어 있는 '상생'의 의미부터 살펴보기로 하자.

---

[84] 『易經』, 繫辭上傳 第十一章, "是故, 易有太極, 是生兩儀, 兩儀生四象, 四象生八卦, 八卦定吉凶, 吉凶生大業"
[85] 金谷治, 『易の話』, 동경, 강담사, 1972, pp.150~151.
[86] 최영진, 『역학사상의 철학적 탐구』, 성균관대 박사학위논문, 1989, pp.4~56 참조.

세상 사람들 모두는 (어떤 것이) 아름답다고 하여 아름다운 줄 알지만 이는 추할 따름이요, 선한 것을 선하다고 알지만 이는 선하지 않을 따름이다. 그러므로 있음(有)과 없음(無)이 서로 생겨나며(相生), 어렵고 쉬운 것이 서로 이루며, 길고 짧은 것이 서로 견주며, 높고 낮은 것이 서로 기울어지고, 음과 소리가 서로 조화되며, 앞과 뒤가 서로 따른다.[87]

윗글에서 보면 일단 '있음과 없음이 서로 생겨난다'고 할 때의 '유무상생'(有無相生)구절에서 상생의 의미를 유추할 수 있다. 즉 '상'은 각각 유와 무의 상호관계성을 전제하고 있으며 이는 '난이'(難易) '장단'(長短) '고하'(高下)등에서도 그 개념들이 모두 상대적으로 성립됨을 언급하고 있다. 아름다움이 추함에 의해서 성립하듯이 '유'도 '무'에 의해서 성립한다는 말이다.[88] 상대적인 세계에서 유와 무는 항상 독립된 것이 될 수 없으며 '유생어무'(有生於無)이고 '무생어유'(無生於有)라는 것이다. 따라서 모든 사물은 언제나 그 상대적인 관계 속에서 성립됨을 이해하는 것이 '도'(道)를 깨닫는 길이 된다.[89] 여기서 왕필(王弼)의 주석이 또한 주목되고 있다. 왕필은 말하기를 "아름다움과 추함은 기뻐함과 성냄과 같고, 선함과 선하지 않음은 옳고 그름과 같다. 기뻐함과 노함은 근원이 같고 옳고 그름은 문이 같다. 그러므로 한 쪽만을 거론해서는 안 된다."[90]고 한다. 이 때 그 '근원이

---

87 老子, 『道德經』, 제2장, "天下皆知美之爲美, 斯惡已, 皆知善之爲善, 斯不善已. 故有無相生, 難易相成, 長短相較, 高下相傾, 音聲相和, 前後相隨."
88 老子는 다른 부분에서 '天下萬物生於有, 有生於無'(40장)라고 하여 '있음'(有)이 '없음'(無)을 전제로 하여 성립되는 개념임을 밝히고 있다.
89 김학목「道德經에서 道의 체득에 관한 고찰」『道敎學硏究』제15집, 1999, p.127.
90 『道德經』, 王弼注 "…美惡猶喜怒也, 善不善猶是非也. 喜怒同根, 是非同門, 故不可

같음'은 '생'의 의미에서도 살펴본 바 있듯이 동일한 원리에 내재한 양면적 속성과도 같은 것이다. 유와 무의 상대적 개념이 생겨나는 것은 바로 그 근원적인 일체를 이루는 '도'(道)의 원리에 의해 하나로 통일되고 있음을 볼 수 있어야 한다. 결국 노자의 '상생'은 모든 개념의 상대성을 주장하기 위해 그 근거로서의 '도'를 체득하는데 사상적 본질이 놓여있다 하겠다.

장자의 설명에서도 이러한 의미의 '상생'은 노자의 이론을 계승하고 있다. 즉

> 저 환히 빛남은 아득히 어두운 곳에서 생겨나고, 형체 있음은 형체 없음에서 생겨나며, 정신은 도(道)에서 생겨나고, 형질은 정기에서 생겨난다. 그러나 만물은 형체로써 서로 생겨난다(相生).[91]

에서 보이는 '상생'의 의미라든지, '사시가 순환하면서 서로 생겨났다(相生)가 서로 소멸되고…편안함과 위급함이 서로 바뀌며, 화복(禍福)이 서로 생겨나고(相生)…'[92] 등에서 살펴볼 수 있는 상생은 모두 개념의 상대성을 밝히기 위한데 설명의 목적이 있다고 보인다. 다만 '생'자가 지니는 의미는 기본적으로 '생출'(生出) 또는 '생산'(生產)등의 의미에서 크게 벗어나지 않는다.[93]

得而偏擧也."
91 『莊子』, 外篇, 知北遊, "夫昭昭生於冥冥, 有倫生於無形, 精神生於道, 形本生於精, 而萬物以形相生…"
92 『莊子』, 雜篇, 則陽, "陰陽相照相蓋相治, 四時相代相生相殺, 欲惡去就於是橋起, 雌雄片合於是庸有 °安危相易, 禍福相生…"
93 陳鼓應, 『莊子今注今譯』中華書局, 1983, p.573에는 生出, p.699에는 生產으로 번역

『손자병법(孫子兵法)』에서도 "전세(戰勢)는 기(奇)와 정(正)에 지나지 않으니, 기(奇)와 정(正)의 변화는 이루 다 궁리할 수가 없다. 기(奇)와 정(正)이 서로 생겨남(相生)은 마치 끝없이 순환하는 것과 같으니 누가 그것을 다 알리오?"[94]라고 하여 하나의 원리에 따른 상대적 개념의 발생을 말하고 있다.

앞의 출전에서 살펴본 '상생'의 의미는 모든 개념의 상대성을 통해 그 본원적인 일원성을 지적하고자 하는데 의의가 있다.[95] 따라서 이 부분에서는 '상'(相)자의 의미가 '생'(生)자의 의미보다 더욱 강조되고 있다 하겠다. 하지만 '상생'의 개념을 보다 실천적인 의미로 해석하기위해서는 오히려 '생'자의 의미를 더욱 강조할 필요가 있으며, 따라서 상대적 관계에 놓여있는 사물 사이의 상호작용의 당위성을 규명하여야 한다. 이에 대한 적절한 설명은 역시 '대대'(對待)개념에 관한 특성에서 논거를 찾지 않을 수 없다.

'대대'의 논리적 특성에 대해서는 대체로 다음의 네 가지 선상에서 정리될 수 있다.[96] 첫째, 대대라는 관계는 무엇보다도 상반적(相反的)인 타자(他者)를 적대적인 관계로 보는 것이 아니라 자신의 존재성을 확보하기 위한 필수적인 전제로서 요구하는 관계이다. 이 때 양자(兩者)는 경우에 따라 상호 배척적이며 적대적 관계로 보일지라

하였다.
[94] 『孫子兵法』 勢篇第五, "戰勢不過奇正, 奇正之變, 不可勝窮之也. 奇正相生, 如循環之無端, 孰能窮之"
[95] 이러한 논리는 한국사상에도 적용되는데, 유승국박사는 한국고대의 신관을 음양 상대 논리에 따라 相對的兩面性과 融和的一元性으로 분석하기도 하였다. (유승국,『한국사상과 현대』, 동방학술연구원,1988 p.158참조)
[96] 최영진, 위의 논문, pp.34~38 참조.

도 상대방을 부정할 수 없다. 상대방의 부정은 곧 자신의 부정이기 때문이다. 둘째로 상반적 또는 상호 모순적 관계를 상호 배척적 관계로 보는 것이 아니라 상호성취의 관계, 나아가 운동의 추동력의 근거로 본다. 이는 '상반상성'(相反相成)의 논리와 통하는데 같은 성(性) 같은 극(極)끼리는 서로 배척하며, 반대되는 성·극끼리는 서로 감응함으로써 조화되고 합일된다는 '상반응합'(相反應合)의 사고이다.[97] 세 번째 특징은 대대관계에 놓여 있는 양자(兩者)는 그 자체로써 균형과 조화를 이루고 있는 것으로 규정하려는 경향이 강하다는 점이며, 넷째로 '대대'는 공간적 구조와 동시에 일월(日月)·한서(寒暑)·하루 또는 일 년이라고 하는 시간적 변화선상에서도 성립된다는 점이다.

이상의 네 가지 특성 가운데 '상생'개념의 실천적이고도 적극적인 해석을 위해서는 위의 대대논리의 두 번째 특성에 주목할 필요가 있다. 즉 서로 반대되는 관계는 상호 성취로서 화해되고 따라서 적극적인 조우(遭遇)와 상대적인 작용을 요구하는 것이다. 중국 근대의 기철학자 왕부지(王夫之)는 말한다.

> 강(剛)·유(柔), 한(寒)·온(溫), 생(生)·살(殺)은 반드시 상반되어 서로 원수가 되는 것이 구극이지만 서로 이루어, 끝까지 서로 적대하는 이치는 없어, 서로 화해하여 태허로 돌아가는 것이다.[98]

---

[97] '相反相成'에 대해서는 王夫之가 『張子正蒙注』에서 말한 바 있으며, '相反應合'은 今井宇三郎 「易傳における陰陽剛柔」 『氣の思想』東京大, 1980, p.119에서 말하고 있다.
[98] 王船山全集, 『張子正蒙注』卷一「剛柔寒溫生殺, 必相反而相爲仇, 乃其究也, 互以相成, 無終相敵之理, 而解散仍返於太虛」(최영진, 上揭論文, p.33 재인용)

윗글에서 보면 상반된 것은 서로를 이루어주는 것이므로 상대의 존재를 필요로 하고 있다. 이어서 화해가 되어 궁극적 원리인 태허(太虛, 道 또는 太極과도 통한다)에 돌아가기 위해서는 적극적으로 서로를 성취시켜주는 작용이 필요하다. 여기에 '상생'의 '생'은 '성취'(成就)를 담보한 '생성'(生成)으로서의 의미로 확대 해석될 수 있다. 서로 반대되는 것일수록 서로 만나서 상대를 적극적으로 성취시키고자 할 때 자신의 존재가 비로소 긍정될 수 있다는 말이다. 그렇다면 이러한 '성취'는 구체적인 인간관계 내에서 어떤 의미를 내포한다고 볼 수 있는가.

일찍이 공자는 그의 인(仁)사상에서 인간의 욕구를 중심으로 한 인(仁)의 실천방법을 다음과 같이 제시한 바 있다.

> 무릇 인이란 자신이 서고자(立) 함에 남을 세워주며, 자신이 도달(達)하고자 함에 남을 도달케 하는 것이다.[99]

> 문을 나갔을 때는 큰 손님을 뵈온 듯이 하며, 백성에게 일을 시킬 때에는 큰 제사를 받들 듯이 하고 자신이 하고자하지 않는 것을 남에게 베풀지 말아야하니 이렇게 하면 나라에 있어서도 원망함이 없으며, 집안에 있어서도 원망함이 없을 것이다.[100]

---

[99] 『論語』, 雍也. "夫仁者 己欲立而立人 己欲達而達人"
[100] 『論語』, 顔淵, "仲弓問仁, 子曰, 出門如見大賓, 使民如承大祭, 己所不欲,勿施於人, 在邦無怨,在家無怨…"

즉 '인의 성취(成仁)'[101]를 위한 실천적 내용에는 각각 '입'(立)과 '달'(達)을 거론하였다. 그 의미에 대해서 형병(邢昺)은 '입신(立身)진달(進達)'로 풀었으며,[102] 조선의 다산(茶山)은 '몸을 세우고 지위를 얻는 것을 입(立)이라 하고, 본성을 이루어 막힘이 없음을 달(達)이라한다'고 하였다.[103] 몸을 세우는 것은 소위 '입신양명'(立身揚名)과도 같으며, 본성을 이룬다함은 인격을 완성하는 것과도 같다. 따라서 상대를 성취시킨다 함은 기본적으로 내가 원하지 않는 바를 상대에게 요구해서는 안 되며, 나아가 내가 소원하는 입신양명을 위해서는 상대가 먼저 입신양명할 수 있도록 적극적으로 도와주어야 한다는 말이다. 여기에 상대를 성취시킨다함은 상대의 입신양명, 말하자면 성공을 위해 조력(助力)하는 것이며 그 이면에는 그러한 상대성을 배태한 근원적인 일체감이 자리 잡고 있는 것이다.

이상에서 살펴본 출전에 따라 '상생'의 개념을 순차적으로 정리해보면 다음과 같다. 우선 상생은 모든 자연 사물의 상호 관계를 전제한 상대적 양면성을 배경으로 하고 있으며, 그 관계의 논리는 대대성에 입각하여 서로 반대되지만 적극적으로 서로를 필요로 하고, 나아가 근원적 일원성(一元性)에 의해 합치되는 세계를 그리고 있다. 이것이 인간사회의 실천론으로 해석되면 자기 긍정을 위한 적극적인 상호성취의 노력으로 나타나며, 상대의 성공을 통하여 곧 자신의

---

[101] 공자는 말하기를 '子曰 志士仁人 無求生而害人 有殺身而成仁'(衛靈公 篇)이라고 하여 인의 성취를 인생의 궁극적 목적으로 삼았다.
[102] 『十三經注疏』論語疏, 권6, p.11.
[103] 丁茶山, 『論語古今註』권3, 22b, "補曰, 樹身得位曰立, 遂性無閼曰達, 己之所欲先施於人恕也"

성공을 이루는 유기적 도달체계를 나타내게 된다.

다음으로는 이러한 상생개념의 심화를 위해 대비되는 용어를 비교함으로써 보다 선명한 이해를 도모해보기로 하겠다.

(3) '상생'개념의 대비적 이해

① **상극**相克**과 상생**相生

상생이라는 용어는 전통적으로 '오행설'(五行說)에 적용되어 이해될 수 있다.[104] 이러한 오행설에는 '상극'(相克)이라는 개념도 같이 대비적으로 사용되고 있는데, 먼저 그 기본적인 관계를 살펴보면 다음과 같다.

> 목(木)이 화(火)를 생(生)하며, 화(火)가 토(土)를 생하며 토(土)가 금(金)을 생하며, 금(金)이 수(水)를 생하며, 수(水)가 목(木)을 생하는 것을 일러 상생이라고 한다. 화가 금을 극(剋)하며, 금이 목을 극하며, 목이 토를 극하며, 토가 수를 극하며, 수가 화를 극하는 것을 일러 상극이라고 한다.[105]

즉 목·화·토·금·수의 다섯 가지 성질이 서로를 생(生)하기도

---

[104] 오행관념의 기원에 대해서는 크게 세 가지로 나뉘어 고찰될 수 있다. 첫째는 '天' 기원설로서 「홍범」에서 "하늘이 우왕에게 홍범구주를 내리셨다.···첫번째를 오행이라고 한다"에 근거를 두며, 둘째는 五方기원설로서 은나라 민족의 '五'숭배설에서 찾는 것이며, 셋째는 '五材'기원설로서 생활에 불가결한 다섯가지 재료 곧 수,화,금,목,토에서 유래하며 이외에도 五聲, 五味, 五色, 五義, 五官등과도 밀접한 관련을 지니고 있는 것으로 보았다. (謝松齡 지음/김홍경외 번역 『음양오행이란 무엇인가』 연암출판사,1995, pp.60~66참조)
[105] 『拾芥抄』 下末, 五行器 "木生火,火生土,土生金,金生水,水生木,謂之相生,火克金,金克木,木克土,土克水,水克火,謂之相剋"

하고 극(克)하기도 한다는 데서 상생과 상극의 관계가 도출된다. 상생(相生)은 목생화(木生火), 화생토(火生土), 토생금(土生金) 등과 같이 서로를 생겨나게 해주는 관계를 말한다. 하지만 상극(相克)은 목극토(木克土), 토극수(土克水), 수극화(水克火) 등과 같이 서로를 생겨나게 할 수 없는 상반된 성질의 관계를 보여준다. 마치 상호 배척적이며 적대적인 관계로까지 보이는 현상을 설명하고 있다. 여기서 앞서 고찰한 상생의 의미는 '상극'과의 관계분석을 통해서 보다 잘 드러날 수 있다.

상생과 상극은 기본적으로 '생'(生)과 '극'(克)이라는 두 개념사이의 관계정립의 문제이다. 이에 대한 논의는 조선의 서화담(徐花潭)이 전개한 '생극'(生克)에 관한 설명을 참조해볼 수 있다.

> 태허는 하나(一)이니 그 가운데 둘(二)을 포함한다. 이미 둘이 되면 이것은 열리고 닫히고, 움직이고 고요하며, 생(生)하고 극(克)함이 없을 수 없다. 그 능히 열고 닫힘과 움직이고 고요함과 생하고 극할 수 있는 까닭을 따져서 그것을 이름하여 말하면 태극이라고 한다.[106]

> 이미 말하기를 하나의 기(氣)라고 하면 하나는 스스로 둘을 포함한다. 이미 말하기를 태일(太一)이라고 하면 일(一)은 곧 이(二)을 포함한다. 하나는 둘을 낳지 않을 수 없고, 둘은 스스로 생(生)하고 극(克)할 수 있다. 생(生)하면 극(克)하고, 극하면 생한다. 기가 아주 미세한 것으로부터 아주

---

[106] 『花潭集』, 理氣說 "太虛爲一,其中涵二, 旣二也, 斯不能無闔闢無動靜無生克也, 原其所以能闔闢能動靜能生克者而名之曰太極"

왕성한 것에 이르는 것은 그 생·극(生克)이 그렇게 하는 것이다.[107]

    윗글에서 살펴보면 생과 극은 각각 근원적 일기(一氣)에 내재한 운동의 양면성에 다름 아니다. 이기(二氣)의 동정(動靜), 합벽(闔闢)과 같이 생극(生克)도 그러한 순환반복의 원리 속에 내재한 상대적 관계의 법칙으로 해석되고 있다. 근원적 일기(一氣)에 해당하는 태허(太虛) 또는 태극(太極)은 그 운동의 양면성인 생과 극을 통일하는 소이연(所以然)으로 존재하며, 이것은 필연적으로 둘(二)을 내포함으로써 자체 운동을 가능하게 한다. 이 때 운동의 본질이 되고 있는 둘은 다름 아닌 음·양으로 설명될 수 있으며, 음양은 곧 동·정(動靜)이면서 또한 상반된 성질을 지닌 물과 불에 비유될 수 있다.[108] 그 양면성을 초월한 하나란 다름 아닌 음양의 시초이면서 물과 불의 본체를 이루는 일자(一者)를 가리키고 있다. 이처럼 생과 극은 상호 이원적(二元的)인 구분 하에서 서로 대립되는 관계에 놓여 있지 않으며 그 본체를 같이함으로써 일자(一者)가 지닌 운동력의 내적 추동(推動)성을 대변하고 있는 것이다.

    그렇다면 '상극'에서의 '극'(克)의 의미는 '생'의 의미와 관련하여 어떻게 풀이하는 것이 옳은가. 일단 생과 극은 각각 음양의 운동성에 대비되고 있으므로 '극'이 음이면 '생'이 양이고, '극'이 양이면 '생'은 음이 된다. 음의 운동성이 왕성해져서 그 극단에 이르게 되면 다

---

[107] 上書, 原理氣 "旣曰一氣, 一自含二, 旣曰太一, 一便涵二, 一不得不生二, 二自能生克, 生則克克則生, 氣之自微以至鼓盪, 其生克使之也"
[108] 上書, 같은 부분 "一生二二者何謂也, 陰陽也, 動靜也, 亦曰坎離也, 一者何謂也, 陰陽之始, 坎離之體, 湛然爲一者也"

시 최초의 양이 시생(始生)하는 '물극필반'(物極必反)¹⁰⁹의 원리가 적용되어 생과 극은 끝없는 순환의 고리 속에 교호(交互)작용을 펼쳐나가게 된다. 이 가운데 '생'의 운동은 오행상생의 논리에 따라 유사한 것끼리 순접(順接)하는 변화인 반면, 극은 상반된 것끼리의 관계이면서 비약적인 변화의 양상을 지칭한다. 따라서 '극'(克)은 음·양 어느 한쪽의 운동성이 극단에 이르러 새로운 운동의 성질로 전환될 때 나타나는 양상을 직관하는 데에서 그 참된 의미를 찾아야만 한다. 이러한 사고가 가장 잘 드러나고 있는 곳은 바로 『주역』의 복(復)괘이다.

복의 괘상을 보면 위는 지(地☷ :坤) 아래는 뢰(雷☳ :震)로서 음이 극성한 가운데 하나의 양이 비로소 움트는 모습이다. 비록 하나의 양은 있으나 표면적으로는 음이 극성하므로 밖은 얼어붙어 있어 계절로 치면 동지에 해당한다. 단전(彖傳)의 내용을 살펴보면 다음과 같다.

> 단에 가로되 복(復)이 형통(亨)함은 강(剛)이 돌아옴이니 동(動)하여서 순(順)함으로써 행함이라.…반복기도칠일래복(反復其道七日來復)은 하늘의 행함이요, 이유유왕(利有攸往)은 강(剛)이 자라나는 것이니, 복(復)에 그 천지의 마음을 볼진저.¹¹⁰

윗글에서 '반복기도칠일래복'이라고 한 것은 한번 사라지고 한번

---

109 『鶡冠子』, 還流 "物極則反, 命曰還流", 紀昀 『閱微草堂筆記』, 姑妄聽之 "蓋愚者恒爲智者敗, 而物極必反, 亦往往于所備之外, 有智出其上者, 突起而勝之"
110 『易傳』, 地雷復, "彖曰, 復亨剛反, 動而以順行, 是以出入無疾, 朋來無咎, 反復其道七日來復, 天行也, 利有攸往, 剛長也, 復其見天地之心乎"

길어지는 것을 반복하는 하늘의 운행을 말하고, '이유유왕'이라고 한 것은 양강한 군자의 도가 장차 자라나는 것을 말함이니, 양이 이제 동하기 시작하는 복괘에서 천지와 만물이 생하는 기틀을 볼 수 있다고 한다.[111] 이로써 복은 새로운 변화의 시작이며 '양'이 점점 자라나서 왕성해질 때까지 계속 발전해 나가는 형국을 보여주게 된다. 앞에서 '극'을 비약적 변화로서 이해한다면 상극의 '극'은 여기에 '극복'(克復)의 의미로서 새롭게 정초될 수 있는 것이다.

요약해보면 일단 상생은 대대관계에 놓여 있는 자연사물의 합일적 생성과정이 무한함을 표현한 개념으로 본다. 그런데 그 무한한 생성변화의 과정 내에서도 다시 상대적 양면성의 순역(順逆) 과정이 내포되어 있으니 동정(動靜), 합벽(闔闢), 생극(生克)이 그것이다. 이 중에서 '생극'의 '생'은 '극'의 상대로서의 생이므로 '생생지위역'(生生之謂易)에서의 절대적 '생'보다는 의미가 축소되었다고 볼 수 있다. 하지만 이때의 상생은 그 상대적 의미로서의 상극을 만남으로써 그 본래의 '생'이 지닌 의미를 실현하게 된다. 즉 '상극'은 '일양'(一陽)이 시생(始生)함으로써 운동의 비약적인 변화발전을 가능케 한다. 그 극단에 이르러 '일음'(一陰)이 시생할 때까지 상생과 끊임없이 교호(交互)하면서 우주의 본연적인 생의 의미를 달성하게 되는 것이다. 마찬가지로 오행의 '상극'관계는 물과 불처럼 표면적인 상반관계를 나타내고 있지만 이렇게 상반된 것은 결국 '상성'(相成)의 계기가 되어 넓은 의미의 상생으로 승화됨을 볼 수 있다. 이처럼 상생의 의미는

---

111 大山, 『周易講解』 上卷, 대유학당, 1995, p.288.

넓은 의미에서 우주의 무한한 생성과정을 표현하기도 하지만 상극과 대비하여 그 일체 속에서 상대적인 생성과정을 나타내기도 한다.

② 공생共生과 상생相生

상생개념을 심화하기 위한 또 하나의 대비적 개념으로 '공생'(共生)을 들 수 있다. 원래 '공생'(symbiosis)이라는 단어는 생물학에서 제기된 개념인데 한 세기를 지나오면서 인간 활동의 전 영역에 걸쳐서 사용되고 있다. 특히 오늘날 환경오염에 따른 전통적 인간중심주의를 비판하고 생태주의를 지향하는 학자들에 의해서 공생은 빈번하게 사용되어 진다고 본다. 말하자면 자연과 인간이 당면한 실존의 위기상황을 극복하고 만물의 평등의식에 입각한 상호의존의 시스템을 강조하는 논리라는 것이다.[112] 공생은 심지어 철학적 이념으로까지도 해석되는데, 양명학에서 말하는 '만물일체'의 심(心)은 바로 자연과 인간을 아우르는 우주생명이 일체가 되는 공생의 원리라는 것이다.[113] 이처럼 공생에 대한 이해는 일단 생명 상호간의 의존적인 관계를 전제로 한다는 점에서 그다지 '상생'과의 구분이 모호한 것처럼 보인다. 하지만 상생의 이념을 명확히 하기 위해서는 그와 유사한 개념까지도 엄격히 구분함으로써 그 진리성이 더욱 잘 드러날 수 있

---

[112] 송용구, 「생태시, 상생의 시학」『시문학』제33권, 통권389호, 2003, p.135.
[113] 최재목은 그의 저서에서 다음과 같이 말하고 있다. "왕양명은 '인간과 만물 사이에는 근본적인 구분이란 존재하지 않고 우리 인간은 인간인 동시에 동물적·식물적·무생물적이다'라는 사실을 직간접적으로 알려주어 인간을 반성하게 한다. 공생의 마음을 가진, 양지가 열린 인간인 '대인'은 왕양명이 생각해낸 이상적 인간상이다." 여기서 저자는 양명이 생태와 환경친화적인 사고의 소유자로서 우주 생명이 일체가 된 '공생'의 철학을 제시하고 있다고 본다. (최재목,『양명학과 공생·동심·교육의 이념』, 영남대학교출판부, 1999, pp.69~102참조)

다는 가정 하에 여기서는 그 구분을 시도해 보기로 하겠다.

우선 공생의 개념이 지니고 있는 그 역사성에 대해서 살펴보면 그것이 생물학의 발전사에 있어서 제기된 이론임을 눈여겨 볼 필요가 있다. 1852년 찰스 다윈의 『종의 기원』에서 제기된 이른바 '선택적 진화론'이 지배하던 시기에 모든 생명은 단일 공통조상을 갖는 것으로 여겨졌다. 이 가운데 지의류, 조류, 균류와 같은 하등식물은 그다지 생물학자들의 관심을 끌지 못하였는데, 1869년 식물학자 슈벤데너(Simon Schwendener)가 지의류(地衣類)에 대한 '이중가설'을 펼쳐 과학계를 놀라게 한 것이 그 발단이 되었다. 그는 지의류는 각각 한 종류의 균류(菌類)와 조류(藻類) 간에 밀월관계가 이루어진 것이라고 하였다.[114] 그리고 조류가 균류에게 유용하고 균류는 조류에게 영양분을 공급한다고 주장하였다. 슈벤데너의 이론은 하나의 생물체가 서로 다른 계의 생물체들이 혼합된 것일 수도 있다는데서 당시에 상당한 반향을 불러일으켰다. 하지만 이로써 '공생'의 개념은 그 지속적인 연구 발전을 가져오게 되었다. 1877년 독일의 식물학자 알베르트 프랑크(Albert Frank)에 의해 '공생'이라는 용어가 창안된 이래 1878년 데 바리(de Bary, Anton)는 독일 박물학자 및 의사협회에서 공생이라는 새로운 과학적인 단어의 의미를 설명하는 강연을 했다. 이어서 베아트릭스 포터(Beatrix Potter, 1866~1943)는 1896년 지의류에 관한 연구를 통해 공생설의 선구자로 기록된다. 그녀는 일부 생명체들이 하나가 아니라 두 종류의 서로 다른 생물체로 구성되어 있다는, 당시

---

[114] Tom Wakeford, 전방욱 역 『공생, 그 아름다운 공존』, 해나무, 2004, p.30.

로서 반체제적인 이론을 제안했던 것이다. 급기야 1917년에는 자연계에서 공생체를 최초로 포괄적으로 탐색한 폴 포티에(Paul Portier)의 『공생체(Les Symbiotes)』라는 책이 나오게 된다. 근 백년이 지나면서 공생의 개념은 한 때 정치적인 오해까지도 받았지만 그 체계적인 연구 성과를 더하면서 이제는 생물학계에서 자연스럽게 받아들이는 이론이 되었다.

문자적으로는 '함께 같이(共) 산다(生)'의 뜻을 지닌 공생은 이상의 생물학적 역사에 비추어볼 때 대체로 다음과 같이 그 의미를 정리해 볼 수 있다.[115] '공생'이란 일단 서로 다른 생물체-대개 미생물을 포함한다 – 사이의 장기적인 긴밀한 협력관계를 나타내기 위하여 사용하는 용어로서, 여러 종류의 식물, 동물 그리고 균류사이에 존재하는 다양한 범위의 유사한 동맹을 뜻한다. 각 공생체는 생활사의 대부분 혹은 전체가 물리적으로 연결되어 서로의 생장에 영향을 미친다. 한편 공생체 내에서는 상호 이익과 해악을 줄 수 있는 경계가 모호하다. 서로에게 이익을 주는 공생과 일종의 친근한 동반자 관계를 동일시하면 안 된다. 균근공생처럼 날씨가 조금만 변화해도 균류는 식물에게 별도의 영양분을 마련해주는 것이 아니라 자원을 뽑아가기 때문이다. 오늘날 공생의 개념은 서로 다른 종류사이에서 나타나는 관계의 연속성으로 보고 해당 생물체의 관계를 '상호의존성'으로 보고 있다는 것에 특징이 있다.

여기에서 공생의 개념을 상생의 개념과 대비하여 그 차이점을

---

[115] Tom Wakeford, 위의 책 참조.

살펴보면 다음과 같다. 첫째, 공생은 특정한 생물체사이에서 주어지는 한정된 관계라는 점에서 상생과 개념을 달리한다. 주로 지의류 조류 내에서의 공생 관계나 동물과 미생물의 관계에서 상호 이익을 주고받을 수 있을 때 적용되는 것이 공생이므로 모든 만물의 상호관계를 아우르는 개념인 '상생'에 비해 극히 제한적이라는 점이다. 더구나 환경의 변화에 따라 상호관계에서 일방적인 기생(寄生)으로 변할 수도 있고 상대에게 해악을 끼칠 수도 있는 것이 공생이므로 오직 상대를 위해 조력하는 관계로 묘사되는 상생에 비해 비영속성을 지닌다고 보는 것이다. 오늘날 상생을 흔히 'win-win'으로 해석하는 경향은 '상호의존적이면서 이익을 주는 관계'를 뜻하므로 오히려 공생의 개념에 더 가깝다. 서로에게 더 이상 이익을 발생시키지 않을 때는 언제든지 헤어질 수 있고 심지어는 적대적인 관계로도 변화될 수 있는 것이므로 진정한 상생의 이념과는 거리가 멀다 하겠다. 상생은 미리 자기 이익을 전제하지 않으며 오히려 상대의 성취를 위해 적극적인 도움을 베풂으로서 비로소 자기가 긍정되는 논리인 것이다.

둘째로 공생은 근본적으로 자기 생명의 유지와 보호를 위한 방편의 논리이다. 만일 모든 생명체가 스스로 독립영양을 할 수 있다면 '공생'이라는 말은 성립될 수 없고 오직 개체 상호간의 힘의 논리만이 지배할 것이다. 하지만 많은 미생물들이 '종속 영양적'대사에 의존하므로 공생은 거대한 생태계를 이해하는 하나의 과학적 논리로 설명될 수 있는 것이다. 하지만 '상생'은 하나의 세계관으로 제시될 수 있으며 모든 생명체뿐만이 아닌 무 생명체, 나아가 불가시적인 우주세계에 이르기까지 생성과 변화를 설명하는 논리이다. 따라서 생명체의 존립을 위해 어쩔 수 없이 요구되는 논리보다는 이 세계를 보다 근원적으로 설명하기 위한 만물생성의 논리로써 상생을 이해할 필요가 있다. 이런 점에서 상생은 공생의 논리에 비해 상호관계의 적극적인 성격을 띤다고 볼 수 있을 것이다.

셋째로 공생은 원래 생명체 내에서의 관계를 이해하기 위해 과학적으로 가설을 세워 전개된 생물학적 개념인 만큼 오늘날 철학적이고도 윤리적인 문제에 이르기까지 그 개념을 확장시키는 데에는 무리가 따른다고 보여 진다. 일단 '공생'의 개념은 무 생명체에 적용할 수 없고 더군다나 천지(天地), 신(神)의 문제와 같은 궁극적인 실재를 지향하는 이론이 아니므로 인간사회의 윤리적 당위성을 이야기하는 데에는 한계를 지닐 수밖에 없다는 것이다. 하지만 '상생'은 그 개념의 출전에서 알 수 있듯이 천지, 음양, 오행과 같은 만물의 근원적인 관계론에서 출발하고 또한 궁극적 실재에 대한 관념으로부터 도출된 개념이므로 오늘날 인간의 윤리적 문제에 대한 대안을 종교와 철학적으로 얼마든지 제공할 수 있다.

이상으로 공생과 상생을 서로 대비하여 살펴본 결과 상생은 분명 공생과도 그 개념이 다르다는 것을 확인할 수 있다. 생명체 상호간에 긴밀한 연관성을 지니고 또한 상호의존하고 있다는 점에서 공생과 상생은 어느 정도 유사성을 지닌다고 볼 수도 있지만, 상호관계에 있어서 근원적 일체감에 대한 자각과 상대적 성취를 위한 적극적인 조력의 문제는 공생보다 상생이라는 단어를 통해 보다 잘 드러나고 있다고 하겠다.

다음으로는 이상에서 다루어 온 '상생'의 개념적 이해를 토대로 대순진리회의 '상생'이념에 대해서 그 사상적인 특질을 살펴보기로 한다.

2) '상생' 이념의 사상적 특질
(1) 후천세계의 지배원리

대순사상의 세계관에서 바라본 새로운 시대의 가치관은 '선천'(先天) 과 '후천'(後天)이라는 구분 하에서 주어지는 패러다임의 전환문제라 고 볼 수 있다. 그 분기점이 되는 '천지공사'(天地公事)는 구천에 계신 상제께서 인간 세상에 강림하여 행한 대역사로 기록된다. 20세기의 벽두에 시작된 천지공사는 9년간에 걸쳐서 이룩되니 곧 선천의 참 혹한 현실로부터 후천의 무궁한 선경을 건설하는 천지의 재창조작 업이라고 할 수 있다.[116] 이 때 등장하는 '상생'이라는 단어는 바로 새 롭게 건설되는 후천세계의 지배원리(道)로서 선천세계의 모순과 갈 등을 근원적으로 해소하는 새로운 이념으로 받아들여지고 있다.

선천과 후천의 구분은 전통적으로 '천지'라고 하는 우주세계를 선·후로 나눈 것으로 시간적 구분이 될 수도 있고 공간적인 구분도 될 수 있다. 본래 『주역』 사상에서 일컫는 선·후천은 '하늘'이라는 기준에서 바라본 시간적 선·후 관계를 밝힌 것이지만 철학적으로 전개되어 가면서 우주세계의 본체와 현상이라는 설명으로 전화되어

---

[116] 『典經』 공사 1장 3절에 상제께서 "선천에서는 인간 사물이 모두 상극에 지배되어 세 상이 원한이 쌓이고 맺혀 삼계를 채웠으니 천지가 상도(常道)를 잃어 갖가지의 재화 가 일어나고 세상은 참혹하게 되었도다. 그러므로 내가 천지의 도수를 정리하고 신 명을 조화하여 만고의 원한을 풀고 상생(相生)의 도로 후천의 선경을 세워서 세계의 민생을 건지려 하노라.…"라고 하였다.

나간다.[117] 이외에도 선·후천이라는 용어는 서양철학을 포함하여 의학, 종교학 등에 걸쳐 광범위하게 사용되고 있는 것이 사실이다. 하지만 대순사상에서 말하고 있는 선·후천은 신앙대상이신 구천상제의 역사적 강림 사건을 토대로 하는 세계관이므로 상제의 권능이 발휘되어 개조된 세계를 그 이전의 세계와 구분하기 위한 데 목적이 있다. 따라서 상제의 천지공사로 인해 주어지는 이른바 후천세계는 우주 역사에서 전무후무한 가치를 지니며 오직 상제의 능력에 의해서만 건설 가능하다는 점에서 고유한 교리를 형성한다.[118] 여기에 '상생'은 후천세계의 모든 관계성을 규정하는 단어로써 새롭게 그 의미가 부각될 수 있는 것이다.

『전경(典經)』에서 밝히고 있는 이러한 '상생'의 의미는 다음의 일련의 성구를 통해 확연히 드러나고 있다.

A. 선천의 도수를 뜯어고치고 후천의 무궁한 선경의 운로를 열어서 선천에서의 상극에 따른 모든 원한을 풀고 상생(相生)의 도(道)로써 세계의 창생을 건지려는 상제의 뜻은 이미 세상에 홍포된 바이니라.[119]

B. 삼계가 개벽되지 아니함은 선천에서 상극이 인간지사를 지배하였으므로 원한이 세상에 쌓이고 따라서 천·지·인(天地人) 삼계가 서로 통하

---

[117] 拙稿「한국근대 신종교에 나타난 선·후천론의 특질」『신종교연구』4집, 2001 참조.
[118] 『典經』 공사1장 2절 참조, "대개 나의 공사는 옛날에도 지금도 없으며 남의 것을 계승함도 아니오. 운수에 있는 일도 아니오. 오직 내가 지어 만드는 것이니라. 나는 삼계의 대권을 주재하여 선천의 도수를 뜯어고치고 후천의 무궁한 선운을 열어 낙원을 세우리라…"
[119] 『典經』 예시 6절.

지 못하여 이 세상에 참혹한 재화가 생겼나니라.[120]

C. 그러므로 상제께서 오셔서 천지도수를 정리하고 신명을 조화하여 만고에 쌓인 원한을 풀고 상생의 도를 세워 후천 선경을 열어놓으시고 신도를 풀어 조화하여 도수를 굳건히 정하여 흔들리지 않게 하신 후에 인사를 조화하니 만민이 상제를 하느님으로 추앙하는 바가 되었도다.[121]

위의 구절들을 분석해보면 먼저 A의 내용에서, 선천은 상극에 지배된 세계로서 원한이 쌓여 창생이 고통을 겪어온 과거사이다. 이에 반해 후천은 상생의 도(道)가 주도하는 무궁한 선경으로서 근원적인 고통으로부터 해방된 세계이다. 이로써 '상생'은 선천의 모든 문제를 야기하였던 '상극'과 대조를 이루는 개념으로 새로운 패러다임으로의 전환을 이끌고 있다. B의 구절은 이러한 '상생'이념의 출현 배경을 밝히고 있다. 즉 선천의 참혹한 현실을 야기하였던 원인으로서의 상극은 천·지·인 삼계에 존재하는 인간 사물들의 상호소통을 가로막았으며 서로간의 대립 갈등만을 부추겨 원한을 쌓아왔기 때문에 모든 재화(災禍)가 발생하게 되었다는 것이다. 결국 존재하는 사물들 간의 관계는 '상극'상황에 처했을 때 그 표면적 이질감을 극복하지 못하고 상호 배척적이며 적대적인 태도로써만 대응하게 됨으로서 끝없는 투쟁으로 이어질 수밖에 없다. 이는 특히 인간사회에서의 개

---
[120] 『典經』 예시 8절.
[121] 『典經』 예시 9절.

인이나 집단 간의 대립이 불러일으키는 부정적인 결과를 말하고 있다. 보다 근원적인 의미에서의 일체감 또는 전체성을 자각하기 보다는 개체성이 더욱 중시되는 역사에서 '약육강식'(弱肉强食)의 논리가 설득력을 지니는 것은 자연스러운 일이라 하겠다. 하지만 그로 인한 선천의 참혹한 현실은 극단에 이르러 구제되지 않으면 안 되게 되었으며 따라서 절대자의 힘을 빌려서라도 새로운 세계는 마침내 도래해야만 한다.

C의 구절에서 확인할 수 있듯이 상제께서 강림하시어 행한 대전환의 역사는 그렇게 흐트러진 선천의 도수를 정리하고 신명을 조화하며 만고의 원한을 푸는 것으로 시작된다. 이어서 다시는 선천의 모순을 되풀이하지 않게 하기 위해서 세계의 근원적인 진리를 새롭게 정초시키는 선언을 하게 된다. 여기서 '상생'은 그러한 새로운 시대를 주도하는 진리로서 후천세계를 이해하는 주된 방식이 될 수 있으며 새로운 사고방식의 전형으로 등장한다. 상생이 지배하는 세계에서는 어떠한 원한도 발생할 수 없으며 오로지 화해와 공존의 분위기에서 지상선경(地上仙境)을 누리게 됨을 밝히고 있는 것이다.

이상에서와 같이 대순사상에서의 상생은 '후천'이라는 세계와 불가분의 관계에 놓여 있다. 우리 인류가 직면하고 있는 새로운 시대가 그저 인류사의 발전에서 자연스럽게 주어지는 것이 아니라 어떤 혁명적인 전환을 경험하고 있다면 그것은 상제께서 천지공사를 통해 예비한 후천의 내용과 부합하고 있음을 발견할 필요가 있다. 우연적인 변화가 아니라 상제의 의지와 대역사에 의해 필연적으로 주어지는 세계가 바로 후천이다. 후천은 또한 어떠한 갈등도 없고 조화로우며 상서가 무르녹는 이상세계이다. 이러한 세계에 적응하기 위해서는 하나의 이념적 토대로 선언된 '상생'이야말로 새로운 가치관으로 기능하기에 충분한 것이라 하겠다. 즉 상생은 천지공사 이후에 주어진 현대문명이 후천세계로 진입하기 위한 전제조건으로서 일찍이 상제께서 선언하신 위대한 진리인 것이다.

(2) 해원解冤과 보은報恩 그리고 상생相生의 역학적 관계

후천세계의 이념으로 제시된 '상생'이 영원한 진리로서의 가치를 획득하기위해서는 먼저 선행과제로서 선천의 한계와 모순을 해결하지 않으면 안 된다. 말하자면 '상생'의 이념이 출현하게 된 시대적 배경이 되는 선천은 그 자체의 모순을 지니면서 인간 사물의 대립과 갈등을 발생시킨 세계이다. 선천세계를 지배하였던 '상극'은 대립물이 표면적인 이질감을 극복하지 못한 채 역사적으로 부정적인 결과만을 노출시켜왔으니, 그 주요한 현상이 바로 '원한'의 발생이다. 모든 원한은 상대적 패배감이나 욕구불만족에 따른 심리적인 상태를 대변하고 있는데 선천세계의 모순은 이러한 원한이 상호간에 누적되어 그 한계를 드러내는데서 생겨났다고 본다. 다음의『전경』구절은 인류사에 나타난 원의 역사를 잘 드러내 보여주고 있다.

"예로부터 쌓인 원을 풀고 원에 인해서 생긴 모든 불상사를 없애고 영원한 평화를 이룩하는 공사를 행하시니라. 머리를 긁으면 몸이 움직이는 것과 같이 인류의 기록에 시작이고 원(冤)의 역사의 첫 장인 요(堯)의 아들 단주(丹朱)의 원을 풀면 그로부터 수천년 쌓인 원의 마디와 고가 풀리

리라. 단주가 불초하다 하여 요가 순(舜)에게 두 딸을 주고 천하를 전하니 단주는 원을 품고 마침내 순을 창오(蒼梧)에서 붕(崩)케 하고 두 왕비를 소상강(瀟湘江)에 빠져 죽게 하였도다. 이로부터 원의 뿌리가 세상에 박히고 세대의 추이에 따라 원의 종자가 퍼지고 퍼져서 이제는 천지에 가득 차서 인간이 파멸하게 되었느니라. 그러므로 인간을 파멸에서 건지려면 해원공사를 행하여야 되느니라"고 하셨도다.[122]

윗글에서 보면 선천의 인간사는 원(冤)의 역사로부터 시작된다. 인류 기록의 시작인 요의 아들 단주가 지닌 원한이 순(舜)과 두 왕비를 죽게 함으로써 역사적 원의 시초가 되고 있다. 이에 그 뿌리가 세상에 박히고 세대의 추이에 따라 종자가 퍼져서 천지에 가득 차게 되었으므로 인간이 파멸할 지경에 이르게 된 것이 바로 선천에 해당한다. 이로써 선천은 그 자연적 변화와는 무관하게 인간사회에서 발생한 원한에 의해 규정됨으로써 극복되지 않으면 안 될 대상으로 남게 된다. 상제께서 행하신 후천건설의 대역사는 이렇게 원한이 누적된 선천의 한계를 직시하고 그 원인을 소멸시키는 것에 의해 새로운 세계를 이끌어내고자 한 것이다. 그리하여 '해원(解冤)공사'를 행하신다고 한 것은 선천세계를 파멸지경으로 이끌었던 원인으로서의 '원'(冤 또는 怨恨)[123]을 해소함으로써 후천으로의 전환을 가능하게 하

---

[122] 『典經』공사 3장 4절.
[123] 여기서 말하는 '원(冤)'의 개념은 '원한(怨恨)'의 준말로서의 의미만 지니는 것이 될 수 없다. 오히려 '원한'이라는 의미를 아우르면서도 인간 사물이 지닌 욕구불만의 상태를 보다 광범위하게 사용한 것으로 보아야 한다. 따라서 '해원'이라는 단어도 교리체계로 보면 하나의 보편적 이념이 될 수 있다. (拙 「해원상생의 의미와 천지공사」 『대순사상논총』 4집, 대순사상학술원, 1998 참조)

였다고 볼 수 있다.

여기에 후천의 '상생'이념이 지배하기 위해서는 그 전제조건으로서 '해원'이 수반되지 않으면 안 되는 당위성을 발견하게 된다. 즉 상생은 어떤 대립물의 갈등도 발생하지 않고 상호 적극적인 도움과 성취만이 주어지는 관계인데, 선천에서 노정하였던 원한의 역사는 또한 그 관계성으로서의 상극에 기인한 것이므로 해원의 과정을 거치지 않으면 후천으로의 전환이 불가능하다. 말하자면 해원을 통한 앞선 역사의 정리가 곧 뒤이을 역사의 가치를 새롭게 정초시켜줄 수 있다는 것이다. 선천의 상극시대가 해원에 의해 정리된다는 것은 후천에서 그러한 원한이 다시는 발생하지 않도록 하는 새로운 패러다임을 예고하는 것이기도 하다. 여기에 '해원'과 '상생'은 이상세계로서의 후천을 위한 하나의 맥락에 놓여있다고 본다. 선천의 관계성을 규정한 상극에서 양편의 원한이 풀리는 것이 해원이고, 해원이 되어야 상생이 된다는 것으로 해원과 상생의 연계성을 발견하며 또한 상생을 실천함으로써 해원이 될 수 있는 역학적 관계가 성립하고 있는 것이다.[124]

그렇다면 해원을 위해 어떤 실천이 가능할 것인가. 무엇보다도 상호관계성에 있어서 서로에 대한 가치를 인정하고 자기 위치에서의 도리를 다하는 것이 되어야 한다. 자신의 존재를 긍정하기 위해

---

[124] 『대순지침』에서도 이와 같은 해원과 상생의 관계를 다음과 같이 명시하고 있다. "해원(解冤)은 척(慼)을 푸는 일이며 척을 맺는 것도 나요 푸는 것도 나라는 것을 깨닫고 내가 먼저 풀므로써 상대는 스스로 풀리게 되니, 양편이 척이 풀려 해원이 되고 해원이 되어야 상생이 된다는 것을 깊이 깨달아야 할 것이다." (『대순지침』,대순진리회 교무부, p.27)

서는 반드시 상대의 존재 또한 긍정하지 않으면 안 되며, 상대방을 부정함이 곧 자신의 부정이 된다는 '대대'관념의 연장선상에서 그 윤리적 실천이 요구되고 있는 것이다. 『전경』에서 언급되고 있는 다음의 성구는 이와 같은 내용을 잘 뒷받침해주고 있다.

> 원하는 바는 사람의 도리이니, 임금이 되고자 하나 임금이 될 수 없고, 부모가 되고자 하나 부모가 될 수 없고, 스승이 되고자 하나 스승이 될 수 없다. 임금이 있으나 신하가 없으면 그 임금이 어디에 설 수가 있겠으며, 부모만 있고 자식이 없으면 그 부모가 어디에 설 수 있으며, 스승이 있으나 배우는 자가 없으면 그 스승이 어디에 설 수 있겠는가. 아주 큰 곳에서부터 아주 작은데 이르기까지 천지의 귀신이 살피고 있다.[125]

이 글에서 알 수 있듯이, 임금과 신하, 부모와 자식, 스승과 제자라는 명칭은 서로의 존재가 없이는 성립될 수 없는 개념이다. 모든 자리는 상대의 자리에 의해서 긍정되므로 서로가 서로를 적극적으로 필요로 하고 있다는 말이다. 신하 없는 임금, 자식 없는 부모, 제자 없는 스승은 이미 그 이름이 지니는 본질로 인해 성립할 수가 없으므로 설 곳이 없다고 하였다. 이로써 양자(兩者)는 서로 독립된 실체로서 존재할 수 없고 오직 상대와의 본질적인 연관성을 전제로 하여 성립되는 적극적인 관계개념으로 이해되어야만 한다.[126] 양자의

---

[125] 『典經』 공사 3장 40절 "所願人道 願君不君 願父不父 願師不師 有君無臣其君何立 有父無子其父何立 有師無學其師何立 大大細細天地鬼神垂察"
[126] 이 같은 관계개념은 동양철학의 '음양'에 관한 이해에서도 익히 주지되어 온 바이다. 음양은 어떤 실체개념이 아닌 '상함적 관계' 또는 세계이해를 위한 하나의 범주로 설

관계에 있어서 제시되는 윤리적 당위성은 이러한 본질적 대대관계에 대한 자각에서 도출되어질 수 있다. 임금이 임금 되기 위해서는 자신의 자리를 있게 해준 신하들에 대해 적극적인 조력과 성취에 힘을 써야 할 것이며, 부모가 자식에 대해, 스승이 제자에 대해서도 역시 상대적 성취를 위해 도리를 다하는 것이 되어야 한다. 이렇게 상대적 긍정을 전제로 한 자기 도리의 실천을 한마디로 말한다면 '보은'(報恩), 즉 '은의(恩義)에 보답하는 행위'라고 할 수 있으며 이것은 나아가 '상생'의 실현과 직결될 수 있다. 상생은 상호간의 근원적 일체감을 전제로 하므로 상호 은의로써 대할 때 자기 존재가 비로소 긍정되는 것과 같다.

이러한 '보은'개념은 대순사상에서 인간관계를 포함하여 전 우주적인 범위로까지 확장되고 있는데, 천지자연과 인간의 관계, 신과 인간의 관계, 사회, 국가, 직업에 이르기까지 보편적인 이념으로 해석된다는 것이다. "조선과 같이 신명을 잘 대접하는 곳이 이 세상에 없도다. 신명들이 그 은혜를 갚고자 제각기 소원에 따라 부족함이 없이 받들어 줄 것이므로 도인들은 천하사에만 아무 거리낌 없이 종사하게 되리라."[127]라든지, "도통은 천지의 보은"[128]이라는 말씀, 그리고 "…순망즉치한(脣亡則齒寒)이라 하듯이 중국이 편안함으로써 우리는 부흥하리라. 중국은 예로부터 우리의 조공을 받아 왔으므로 이제 보은신은 우리에게 쫓아와서 영원한 복록을 주리니 소중화(小中華)

명되어진다. (최영진, 위의 논문, pp.34~35)
[127] 『典經』 교법 3장 22절.
[128] 『典經』 예시 88절, "道通天地報恩"

가 곧 대중화(大中華)가 되리라"[129]라는 말씀은 모두 보은의 원리에 의해 후천이 실현되고 있음을 밝힌 것이라 하겠다.

　이상에서 살펴본 바와 같이 해원과 보은 그리고 상생은 상호 역학적인 관계에 의해서 다 같이 후천세계의 가치를 지향하고 있다. 선천의 한계와 모순은 해원에 의해서 극복되고 이러한 해원이 전제가 된 상태에서 상생의 이념이 실현될 수 있다. 반대로 상생은 그 실천적 해석에 의해 해원을 가져다주는 역기능도 가진다. 이 때 보은은 상호관계성에 대한 의식전환을 통해 나타나는 대타적(對他的) 실천으로 볼 수 있는데, 해원을 가능하게 하고 나아가 상생을 실현하는 방안으로 자리매김 될 수 있다. 따라서 해원은 보은을 필요로 하고 해원과 보은은 다시 상생을 지향하는 것으로 그 관계성이 드러나며, 이로써 상생은 해원·보은과 결합된 가치로서 새롭게 그 의미를 드러내고 있는 것이다.

(3) 인류평화의 지도이념

앞에서도 살펴보았듯이 인류역사는 원의 뿌리가 세상에 박혀 확산되고 전개된 것으로써 모든 불상사가 발생하였다고 본다. 그 주요한 사건들은 대부분의 전쟁으로 나타났으며 동·서양 할 것 없이 인류는 엄청난 살상과 파괴를 경험하였다. 과학이 발달한 현대문명으로 전개되면서 그러한 전쟁에 대한 위협은 없어지지 않고 오히려 더욱 가공할 만한 위력을 지닌 무기의 개발로 전 인류는 또다시 공포에

---

[129] 『典經』 공사 3장 18절.

떨고 있는 것이 사실이다. 문명이라는 이름으로 우리의 생활이 보다 편리해진 이면에 그러한 전쟁의 어두운 그림자가 짙게 드리워진 현실을 감안한다면 분명 인류 자신이 지닌 책임을 회피할 수는 없을 것이다. 그만큼 인류는 자기 존립을 위해서라도 지속적으로 평화를 갈망해 왔던 것이며 반면에 그 평화라는 이름으로 또 하나의 폭력을 행사하는 아이러니를 범하는 것도 인류 자신의 한계로 인식해야만 한다.

오늘날 문명의 흐름을 반영하는 '세계화'라는 구호 속에 인류가 보다 나은 미래를 성취하기 위해서 반드시 달성해야만 하는 과제가 있다면 그것은 바로 '평화'이며, 여기에 요구되는 일차적 문제는 인류 스스로가 지녀야만 하는 공통의 가치관이다. 소위 문명의 충돌론도 그 충돌을 증빙하기 위한 사례들은 충분히 제시하지만 어떻게 문명충돌을 넘어 문명 간의 이해와 교류 그리고 문명 간의 융합을 이루어낼 것인가에 관한 고민은 박약했다고 본다.[130] 설령 다원적 문화나 종교가치관이 함께 공존하더라도 갈등이나 충돌이 없이 조화로운 공동사회를 지향하려면 역시 함께 신뢰하고 존중하는 보편적 가치와 윤리적 규범이 있어야만 한다. 윤리적인 기준이나 가치관마저 이질적이며 대립적이 된다면 한 사회나 공동체 안에서 결코 평화롭게 살 수 없기 때문이다.[131] 칸트도 말한 바 있듯이, 평화란 전쟁이 일시적으로 중단된 상태를 의미하는 것이 아니라 모든 적대감이 제거

---

[130] 김명섭, 「상생의 국제질서와 세계정부」『국제이해교육』, 통권7호, 아시아·태평양 국제이해교육원, 2002, p.45.
[131] 이삼열, 「상생의 세계와 세계시민의 윤리」『국제이해교육』, 통권7호, 아시아·태평양 국제이해교육원, 2002, p.43.

되고 보편적인 이성의 법이 실현된 상태에서만 비로소 경험될 수 있는 '영구적 평화(Pax Perpetua)'를 의미한다고 하였다.[132] 오늘날 '상생'이 지닌 이념적 가치는 바로 현대문명이 지향하는 평화적 세계에 요구되는 인류 공통의 가치관으로 제시된다는데 있다 하겠다.

인류평화와 관련하여 『전경』의 성구에서 말하고 있는 내용을 살펴보면 다음과 같이 '상생'을 언급한 구절이 나온다.

> 제생의세(濟生醫世)는 성인의 도요. 재민혁세(災民革世)는 웅패의 술이라. 벌써 천하가 웅패가 끼친 괴로움을 받은 지 오래되었도다. 그러므로 이제 내가 상생(相生)의 도로써 화민 정세하리라. 너는 이제부터 마음을 바로 잡으라. 대인을 공부하는 자는 항상 호생의 덕을 쌓아야 하느니라. 어찌 억조창생을 죽이고 살기를 바라는 것이 합당하리오.[133]

윗글에서 '제생의세'와 '재민혁세'는 서로 대조를 이루고 있다. 특히 재민혁세는 웅패(雄覇)의 술(術)로서 힘의 논리가 지배된 전쟁의 역사를 대변하는 개념으로 볼 수 있다. 선천의 역사는 상극에 지배되어 원한이 쌓인 세계이므로 끊임없는 전쟁이 야기되고 그 결과 인류에게 수많은 재앙을 가져다주었던 것이다. 하지만 후천은 더 이상

---

[132] 엄정식, 「칸트와 현대의 평화사상」 『평화의 철학』, 철학과 현실사, 1995, pp.172~173. (칸트의 경우 평화란 역사성과 사회성을 넘어서는 "영구적 평화"를 의미하며 그것을 보장하는 장치는 어느 시대나 어느 지역에 사는 인류에 의해서가 아니라 인간이라는 이성적 존재에 의해서 구성되는 세계시민적 기구이어야 하는 것이다. 이를 위해서 칸트는 모든 민족과 국가와 사회를 초월하는 이른바 '국제법'이 존재해야 된다고 보았다.)
[133] 『典經』 교운 1장 16절.

전쟁이 없는 평화의 세계로서 인류에게 낙원의 이상을 실현시켜주기 위해 상제께서 예비한 역사이다. '상생'은 이러한 후천을 주도하는 원리로써 거론되고 있는데, 곧 위기에 처한 인류를 구제하고 치료하는 성인의 도(道)이다. 성인의 도는 '호생(好生)의 덕(德)'을 그 내용으로 삼는다. '천지의 대덕(大德)'에 해당하는 '생'을 존중하고 나아가 모든 만물의 자기 성취를 가능하게 하는 것이 바로 성인의 도이다. 모든 개체가 지닌 생명 또한 존중되고 보호되어야 하며, 어떠한 경우에라도 자기 의지에 반하는 죽임을 당해서는 안 된다는 것이 성인의 관점이다. 이로써 '상생'은 타인의 생명을 적극적으로 긍정하고 성취시켜 나가며 아울러 자기 생명을 인정받는 길이 되므로 영원한 평화를 이룰 수 있는 원리로 작용한다.

상생의 도가 영원한 평화를 실현할 수 있는 근거는 다음의 성구를 통해서도 드러나고 있다.

> 지난 선천 영웅시대는 죄로써 먹고 살았으나 후천 성인시대는 선으로써 먹고 살리니 죄로써 먹고 사는 것이 장구하랴, 선으로써 먹고 사는 것이 장구하랴. 이제 후천 중생으로 하여금 선으로써 먹고 살 도수를 짜 놓았도다.[134]

즉 후천에서의 상생이란 성인시대로서 선(善)을 먹고 사는 것을 말한다. 선천은 웅패의 술이 지배한 영웅시대로서 죄로써 먹고 살았

---

[134] 『典經』 교법 2장 55절.

으므로 후천에 비해 결코 장구할 수가 없다. 왜냐하면 상대적 파괴와 그로 인한 원한의 누적으로 결국에는 자기파멸로 치닫기 때문이다. 하지만 상생이 지배하는 후천세계에서는 어떠한 원한도 발생하지 않고 오히려 적극적인 이타행(利他行)을 실천함으로써 선이 선을 낳아 이루는 영원한 평화를 보게 된다. 이처럼 영원한 평화가 되기 위해서는 타인 또는 타 공동체를 대하는 가치관 자체의 변화가 필수적이라 하겠으며 '상생'은 이러한 대타적 가치관의 핵심으로 자리하고 있다.

대순사상에서 밝히고 있는 '상생'은 위와 같이 현대 인류평화를 위한 지도이념으로 제시되고 있다는데 그 특징을 발견할 수 있다. 선천의 상극시대를 넘어서 후천의 상생시대를 맞이한다는 것은 이미 시대적 변화에 대한 이정표를 제시하는 것에 다름 아니다. 특히 '상생'이 지니고 있는 이념적 가치를 현실사회가 가장 공감할 부분에서 찾는다면 역시 '평화'를 꼽을 수 있을 것이다. 이 때 상생은 구성원들간의 화해와 조화 나아가 호혜평등으로까지 이어지는 영구적 가치를 지닌 것으로 보고 전 인류가 공유해야만 될 진리를 드러내고 있다 하겠다.

3. 해원상생의 실천방법론

해원상생의 진리를 현실에서 실천하기 위해서는 그 주된 방법에 대한 이해를 필요로 한다. 여기에는 신앙체계 내에서 하나의 신앙적 표현 형태로 나타나는 실천이 있을 수 있고, 사회생활 속에서의 실천도 있다. 전자의 형태를 규정하는 것이 바로 수도생활이며 그 구체적인 방법은 '신조(信條)'의 형태로 나타난다. 후자는 대(對)사회적 모범을 보이는 것으로써 곧 종단의 '훈회(訓誨)'와 '수칙(守則)'을 생활화하는 것이 된다. 이 양자(兩者)를 고루 겸비하여 수도생활에 만전을 기하고 또한 타인과 사회에 대한 책임의식으로 모든 생활을 해나갈 때 비로소 해원상생을 실천한다고 할 수 있을 것이다. 본 절에서는 이에 대한 구체적인 내용을 언급해보기로 한다.

1) 신조에 의한 수도생활

대순진리회의 신조는 종단의 교리체계에 있어서 종지(宗旨), 목적(目的)과 더불어 그 중심을 이루는 항목이다. 즉 신조는 교리적으로 규정된 하나의 신앙적 실천방법에 대한 조항으로 볼 수 있다. 종지에서 표현된 진리적인 이념을 통해 이상적 인간상을 이루기 위해서는 신조에 나타난 교훈을 철저하게 지켜나가야 한다. 아무리 진리가 위대하다할지라도 그것을 현실에서 실현할 수 없다면 공허하다. 종단의 목적에서 명시된 인간과 세계의 궁극적인 경지를 이루기 위해서는 반드시 신조의 실천을 통해서만이 도달 가능함을 명시한 것이다.

본래 '신조'라는 말의 의미는 사전적으로 ①신앙의 개조(箇條), 교의(敎義), ②굳게 믿고 있는 생각, 도그마(dogma), 신념(信念) 등을 말한다.[135] 특별히 종교문화에서는 이러한 신조를 하나의 '신앙고백' 또는

---
[135] 『국어대사전』 민중서림, 1997 참조.

어느 특정 종교에서의 본질적인 믿음 내용을 요약한 것을 가리킨다.[136] 이때 신조의 영어단어 '크리드(creed)'는 믿음보다 앞서는 것이 아니라 믿음을 전제로 하는 고백적인 내용으로서 언제나 내적인 삶 속에서 나온다고 한다.[137] 이와 같은 신조의 의미는 대표적 계시종교에서 말하는 '신앙의 규범'을 해설한 것이다.[138] 한편 대순진리회 교리 내에서의 신조는 기성의 종교적 의미와 정확히 일치하지는 않는다. 오히려 종지와 목적 사이에서 그 진리를 현실에 구현하기 위한 방법론 혹은 교훈, 훈계 등의 의미가 강하다. 이때의 영어단어는 '크리드(creed)' 보다는 '프리셉트(precept)'에 가깝다. 따라서 신조에 관한 문제는 지적인 측면도 포함하지만 행위적인 측면이 보다 강조된다는 점에서 실천학의 관점에서의 해석이 중요하다고 본다. 진리의 인식도 중요하지만 이를 어떻게 체험하고 표현할 것인가 하는 점이 신조 이해의 관건이 된다는 말이다.

대순진리회 신조는 크게 두 가지 영역으로 나뉜다. 하나는 사강령(四綱領)이며, 또 하나는 삼요체(三要諦)이다. 이 중에서 사강령은 다시 안심(安心)·안신(安身)과 경천(敬天)·수도(修道)로 나눌 수 있으며, 삼요체는 성(誠)·경(敬)·신(信)의 세 가지로 구성된다. 사강령(四綱領)에서의 '강령'이란 신앙을 같이하는 모든 사람들의 행동 전체를 통솔하는 공통된 행동지침을 말한다. 삼요체에서의 '요체'는 신앙인 각자에게 요구되는 필수적인 생활자세가 있음을 말한 것이다. 이처

---

[136] *The Encyclopedia of Religion*, Vol. 4, Mircea Eliade, Macmillan Publishing Company. 1987.
[137] 필립 샤프 저, 박일민 역 『신조학』 기독교문서선교회,2000,p.8. 영어단어 Creed는 라틴어 'Credo'(I believe)에서 유래하였다.
[138] 위의 책, p.11.

럼 하나의 신앙실천을 위해서는 전체를 통솔하는 지침도 필요하고 또 개별적인 자아로부터 우러나오는 자세도 필요하다. 이 두 가지는 새의 양 날개와 같이 상호 불가분의 관계에서 고루 갖추어졌을 때 비로소 그 목적하는 바의 이념을 달성할 수 있게 된다고 본다.

(1) **사강령**四綱領

① **안심**安心 · **안신**安身

'안심'과 '안신'에 대해서는 『대순진리회요람』에 이미 해설되어 있으므로 이에 입각하여 의미를 규정할 필요가 있다.[139]

> 안심(安心)
>
> 사람의 행동(行動) 기능(機能)을 주관(主管)함은 마음이니 편벽(偏辟)됨이 없고 사사(私邪)됨이 없이 진실(眞實)하고 순결(純潔)한 본연(本然)의 양심(良心)으로 돌아가서 허무(虛無)한 남의 꾀임에 움직이지 말고 당치 않는 허욕(虛慾)에 정신(精神)과 마음을 팔리지 말고 기대(企待)하는 바의 목적(目的)을 달성(達成)하도록 항상(恒常) 마음을 안정(安定)케 한다.
>
> 안신(安身)
>
> 마음의 현상(現象)을 나타내는 것은 몸이니 모든 행동(行動)을 법례(法禮)에 합당케 하며 도리(道理)에 알맞게 하고 의리(義理)와 예법(禮法)에 맞지 않는 허영(虛榮)에 함부로 행동(行動)하지 말아야 한다.

---

[139] 대순진리회 교무부, 『대순진리회요람』 2003, p.15.

위의 설명에 따르면 먼저 '안심'은 '마음'에 문제에 대한 이해에서부터 출발한다. 마음이란 사람의 행동 기능을 주관하는 특별한 내적 기관이다. 이어서 이러한 마음은 항상 정상적인 상태를 유지하여야 하는데, 그 주된 모습이 바로 '양심(良心)'이라는 것이다. 양심의 실질적인 상태에 대해서는 허무한 남의 꾀임에 움직이지 않고, 당치 않는 허욕에 함부로 사로잡히지 않는 것을 말한다. 그리하여 궁극적으로는 기대하는 바의 목적을 달성하게 하는 것으로서 '안심'의 중요성을 강조한다. 여기서 '안(安)'의 의미는 주로 '안정(安定)'으로 풀이되고 있다. 요약하면 안심이란 '모든 행동의 주관자인 마음이 양심의 상태를 지님으로써 기대하는 바의 목적을 달성하도록 항상 마음을 안정케 하는 것'이다.

다음으로 '안신'에서는 몸에 대한 정의가 나온다. 즉 몸은 '마음의 현상을 나타내는 것'이다. 이어서 이 몸은 행동으로 드러나는데, 모든 행동을 법례와 도리에 알맞게(합당)함으로써 역시 몸을 안정케 한다는데 그 핵심요지가 있다. 여기서 '안(安)'의 의미는 설명상 '(법례에) 합당함' 혹은 '(도리에) 알맞음' 등으로 풀이할 수 있을 것이다. 즉 '안신'이란 '마음의 현상에 해당하는 몸이 그 모든 행동을 도리와 예법에 합당케 하는 것'이 된다.

이상에서 보는 바와 같이 '안심'과 '안신'은 각각 마음과 몸의 안정과 올바름에 대한 규정으로 볼 수 있다. 마음과 몸은 서로 유기적으로 연관되어 있으며 마음의 안정이 곧 몸의 행동을 올바르게 하는 근거이다.[140] 또한 모든 행동거지를 예의에 합당하게 할 때 마음도 안정될 수 있다. 안심과 안신은 이처럼 신조에 있어서 가장 먼저 거론되는 조목이며, 특히 이율령(二律令)으로서 모든 수도인들의 기본적인 행동강령이 되고 있다.

② **경천**敬天 · **수도**修道

'경천'과 '수도'에 대해서는 『대순진리회요람』에 다음과 같이 설명하고 있다.

> 경천(敬天)
> 모든 행동(行動)에 조심하여 상제님(上帝任) 받드는 마음을 자나 깨나 잊지 말고 항상(恒常) 상제(上帝)께서 가까이 계심을 마음 속에 새겨 두고 공경(恭敬)하고 정성(精誠)을 다하는 마음을 잊지 말아야 한다.
>
> 수도(修道)
> 마음과 몸을 침착(沈着)하고 잠심(潛心)하여 상제님(上帝任)을 가까이 모시고 있는 정신(精神)을 모아서 단전(丹田)에 연마(鍊磨)하여 영통(靈通)의 통일(統一)을 목적(目的)으로 공경(恭敬)하고 정성(精誠)을 다하는 일념(一念)을 스스로 생각(生覺)하여 끊임없이 잊지 않고 지성(至誠)으로 봉축(奉祝)하여야 한다.

윗글에서 보면 우선 '경천'은 최고신격으로서의 '상제님'에 대한 존재를 전제하고, 그 권위에 대한 신앙을 위주로 공경과 정성의 태

---

140 『대순지침』 p.49, "심안신태(心安身泰)란 마음이 안정되어야 몸이 태평하다는 뜻이다".

도를 다할 것을 말하고 있다. 상제님은 대순진리회 신앙의 대상으로서 우주 삼라만상을 삼계(三界)대권(大權)으로 주재(主宰)관령(管領)하시며 관감(觀鑑)만천(萬天)하시는 전지전능한 하느님을 뜻한다.[141] 신앙인은 모름지기 이와 같은 하느님의 존재 앞에서 자신의 행동을 조심하지 않을 수 없고 또한 항상 가까이 계심을 느낄 수 있어야 된다는 것이다. 그렇다면 평소의 행동은 언제나 상제님 앞에 선 인간의 모습으로 그 마음에 외경심이 가득해야만 하므로 '경천'은 그와 같은 '공경'과 '정성'의 마음으로 상제님을 섬길 것을 강조한 것이다. 즉 '경천'이란 곧 상제님에 대한 공경과 정성의 태도를 일컫는다. 여기에서 '경(敬)'은 공경과 정성을 함축한 단어이며, 천(天)은 최고의 신격(神格)을 나타내는 말로써 이해할 수 있다.

'수도'는 '경천'과의 관련 속에서 이해될 수 있다. 경천에서 언급된 공경과 정성의 자세는 곧 내면의 침착(沈着)과 잠심(潛心)으로 돌아와서 끊임없이 자신의 몸과 마음을 단속하고 통제하여 상제님을 향한 일념이 생활화되도록 하여야 한다는 것이다. 경천에서는 신앙대상을 향한 향외적(向外的)인 특성이 강조된다면, 수도에서는 자기 내면의 향내적(向內的)인 특성이 드러난다. 향외적인 면에서는 신앙대상으로서의 상제님에 대한 믿음을 전제로 그 관계 하에 놓여있는 인간의 공경과 정성을 강조하고 있으며, 향내적인 특성 하에서는 인간 내면의 영적인 가치를 근거로 하여 자기완성의 길로 향해 나아가는 수행의 면모를 밝히고자 한다. 여기서 '수도'의 의미를 요약하면

---

[141] 위의 책, p.7 참조.

곧 "상제님 모시는 정신을 연마하여 영통을 하기 위한 마음과 몸의 활동"을 뜻하고 있다.

이상에서 경천과 수도의 공통된 자세는 '공경'과 '정성'이다. 신앙인이 마주하고 있는 '상제님'의 존재에 대해서 언제나 엄숙하고 외경하는 마음으로 공경과 정성을 다한다면 그와 같은 정신을 자신의 내면에 연마함으로써 영통을 통일하는 경지에까지 이르게 된다는 것이다. 이로써 수도의 목적이 달성된다고 하므로 경천과 수도는 신조의 주된 강령이 되고 있다.

(2) **삼요체**三要諦

① **성**誠

성(誠)의 의미에 대해서는 『대순진리회요람』에 다음과 같이 정의되어 있다.

> 도(道)가 곧 나요, 나가 곧 도(道)라는 경지에서 심령(心靈)을 통일하여 만화도제(萬化度濟)에 이바지할지니 마음은 일신(一身)을 주관하며 전체를 통솔(統率) 이용(理用)하나니, 그러므로 일신(一身)을 생각하고 염려하고 움직이고 가만히 있게 하는 것은 오직 마음에 있는 바라 모든 것이 마음에 있다면 있고 없다면 없는 것이니 정성(精誠)이란 늘 끊임이 없이 조밀하고 틈과 쉼이 없이 오직 부족함을 두려워하는 마음을 이름이다.

위의 글을 살펴보면 여기서는 우선 인간의 마음을 중심으로 설명하면서 그 마음은 근본적으로 천하창생을 구제하는 만화도제(萬化

度濟)에 이바지해야 한다고 본다. 그러기위해서는 항상 조밀하고 틈이 없는 상태를 유지해야 한다. 마음과 몸의 관계에서 마음은 몸을 통솔하는 주된 기관이며 이 마음의 작용에 의해 몸의 행동과 사려작용을 가능하게 한다. 따라서 '성'이란 이러한 마음의 주된 작용을 전일(專一)하게 하여 원하는 바의 목적을 달성하기 위한 지속적인 심적 상태를 말한다. 한편 『대순지침』에서는 이와 같은 '성'의 내용을 다음과 같이 풀이하고 있다.[142]

(가) 성(誠)은 사람의 정·기·신(精·氣·神)의 합일의 진성(眞誠)이다.
(나) 천도의 운행이 차착(差錯)이 없으므로 남이 모름에 괘의치 말아야 한다.
(다) 불일이이(不一以二)의 본심인 인선(仁善)의 자성(自誠)이 도성(道誠)의 정석(定石)이 되므로 성이 아니면 만물도 존재하지 못한다.
(라) 전경에 "성을 지극히 하라"하셨으니 성의 소귀(所貴)함을 깨달아 봉행하여야 한다.
(마) 성은 거짓이 없고 꾸밈이 없이 한결같이 상제님을 받드는 일이다.

즉 '성'은 먼저 그것의 본질적 가치에 있어서 인간이 지닌 정(精)·기(氣)·신(神)을 합하여 오직 순일무위(純一無僞)하고 진실무망(眞實無妄)한 것임을 지칭한다. 둘째로 '성'은 남이 보나 안보나 오직 자신의 정성을 다하는 것을 말한다. 특히 남이 보지 않는 곳에서는 항상 상제님이 지켜보고 계심을 생각하여 마음을 게을리 해서는 안 된다

---
[142] 『대순지침』 pp.51~52.

는 것이다. 셋째로 '성'은 '하나를 둘이라 하지 않음'의 자세로 변함없이 자신의 참된 정성을 다해 나가는 것이 수도인 본연의 임무임을 강조하고 있다. 넷째는 '성'은 지극히 귀한 가치임을 깨달아 생활 속에서 실천 수행해야 함을 말한다. 다섯째는 이 '성'으로써 상제님을 신앙하는 것이 수도인의 본분임을 밝히고 있다. 이러한 의미에서 볼 때 '성'은 수도인으로서 반드시 지켜야 할 삼요체의 하나가 될 수 있다는 것이다.

② 경敬

『대순진리회 요람』에 나타난 경(敬)의 설명을 살펴보면 다음과 같다.

> 경은 심신의 움직임을 받아 일신상(一身上) 예의에 알맞게 행하여 나아가는 것을 경이라 한다.

여기서 살펴볼 수 있는 '경(敬)'의 의미는 주로 예의바른 몸가짐을 가리키고 있다. 몸가짐은 곧 심신(心身)의 조화로써 이루어지며 이것이 천지신명과 타인을 향한 예의로 표현될 때 올바른 경(敬)이 되었다고 할 수 있는 것이다. 『대순지침』에서는 이러한 '경'의 의미를 보다 자세히 설명하고 있다.

> ㈎ 모든 일이 내심의 소정(所定)에 따라 몸으로 표현되는 법이다.
> ㈏ "사람은 누구나 마음을 먹는 대로 행동하게 되는데, 옳은 일도 마음에 두지 않으면 바로 행하지 못한다.(有其心 則有之 無其心 則無之)" 하였으

니, 도인들은 대월상제(對越上帝)의 영시(永侍)의 정신을 권권복응(拳拳服膺)하여야 한다.

㈐ 지성봉축(至誠奉祝)에 변함이 없고 양면이 없어야 경이라 하는 것이다.
㈑ 경은 예의범절을 갖추어 처신 처세하는 것이다.

위의 설명에 나타난 경의 의미를 살펴보면 첫째, '경(敬)'은 마음에서 비롯하여 몸으로 표현되는 일체의 행동거지를 단속하는 것을 말한다. 둘째, '경'은 상제님에 대한 신앙을 바탕으로 일상생활의 몸가짐을 바르게 가져야 함을 말한다. 수도인의 마음은 항상 대월상제(對越上帝), 즉 신앙대상이신 구천상제를 외경(畏敬)하고 받들어 모시는 자세를 기본으로 하며, 이와 같은 정신으로 웃어른을 존경(尊敬)하고 섬기며 타인을 경애(敬愛)하는 생활이 곧 경(敬)이 된다고 보는 것이다. 셋째, '경'은 간단없이 지속적이고 일관되어야 하며 내·외가 일치된 모습이어야 한다는 것이다. 넷째로 '경'의 몸가짐은 일상생활에서 모든 예의를 갖출 줄 아는 것을 말한다. 이상의 내용은 삼요체로서의 '경'이 대순 진리의 신앙과 관련하여 그 실천적인 면에서 가치를 발휘하고 있음을 나타내고 있다. 모든 몸가짐의 근원은 마음에서부터 이루어지며 이 마음이 발휘된 것이 행동이다. 그 행동을 바르게 한다는 것은 마음을 바르게 가진 결과이며, 그 마음과 몸이 일치가 되어 우러나온 모든 행동이 경(敬)의 판단 기준이 된다. 모든 처세에 있어서 그 상황에 적합한 예의를 실천할 수 있어야 하는데, 그 예의를 실천하면서 그 마음이 없이 행하는 것은 경(敬)이 될 수 없다.

이상에서 볼 수 있는 바와 같이 경(敬)에 대한 이해는 기본적으로 몸가짐에 대한 것을 다루고 있으며, 그 몸가짐이 곧 그 마음의 자세와 연결되어 항상 일치된 모습을 갖추어 나가는 것이 경(敬)의 주된 의미로 이해된다.

③ 신信

'신(信)'의 의미에 대해서는 『대순진리회 요람』에 다음과 같이 설명하고 있다. 즉

> 한 마음을 정한 바엔 이익과 손해와 사(邪)와 정(正)과 편벽과 의지로써 바꾸어 고치고 변하여 옮기며 어긋나 차이가 생기는 일이 없어야 하며 하나를 둘이라 않고 셋을 셋이라 않고 저것을 이것이라 않고 앞을 뒤라 안 하며 만고(萬古)를 통하되 사시(四時)와 주야(晝夜)의 어김이 없는 것과 같이 하고 만겁(萬劫)을 경과하되 강하(江河)와 산악(山岳)이 움직이지 않는 것과 같이 하고 기약(期約)이 있어 이르는 것과 같이 하고 한도(限度)가 있어 정한 것과 같이 하여 나아가고 또 나아가며 정성(精誠)하고 또 정성(精誠)하여 기대한 바 목적에 도달케 하는 것을 신(信)이라 한다.

위의 설명에서 살펴볼 수 있는 '신(信)'은 우선 마음의 성(誠)과 몸의 경(敬)이 하나로 일관되어 모든 일을 행할 때 드러나는 결과를 놓고 말하는 것임을 알 수 있다. 이러한 신(信)은 마치 사시(四時)와 주야(晝夜)의 변화가 어김없이 일정한 것과 같고, 강하와 산악이 변함없이 고정된 것과 같다는 것이다. 이렇게 항상 변함이 없고 지속적인 정성을 들여나간다면 누구나 기대한바 목적을 달성할 수 있으므

로 이를 '신'이라 한다. 『대순지침』에서는 '신'을 다음과 같이 풀이하고 있다.

㈎ 자각이 없으면 확신이 서지 않는다.
㈏ 전경에 "농부가 곡식 종자를 갈무리하여두는 것은 토지를 믿는 까닭이라"하셨으니 가식(假飾)이 없는 신앙의 본의(本意)에 위배됨이 없어야 한다는 뜻이다.
㈐ 백성이 국가를 믿지 않고 자식이 부모를 믿지 않는다면 난신적자(亂臣賊子)가 될 것이다.
㈑ 수도자가 믿음이 부실하면 결과적으로 난법난도자가 된다.
㈒ 일관성의 믿음을 사실화하여 삼계(三界)삼법(三法)의 성·경·신으로 자아대성(自我大成)을 위한 작업이 신(信)인 것이다.
㈓ 믿음은 의심없는 굳은 신념인 것이다.
㈔ 성(誠)은 기심(欺心)이 없어야 하며, 경(敬)은 예절을 바르게 행하는 것이며, 믿음은 의심을 품지 않아야 하는 것이다.
㈕ 포덕·교화·수도 및 모든 일이 성·경·신을 떠나서는 이루어질 수 없다는 것을 깨달아야 한다.
㈖ 성·경·신으로 해원상생을 이루며 생사판단도 결정되는 것이다.

위의 설명을 토대로 살펴볼 수 있는 신(信)은 크게 다음의 세 가지로 요약하여 말할 수 있다. 첫째, 진리에 대한 자각을 통해 자발적인 실천을 행하는 것으로 외면가식(外面假飾)이 없어야 한다는 것이다. 둘째, 모든 질서와 예법 그리고 자아실현을 위한 의심 없는 굳은 신념을 말한다. 셋째, '신'은 '성', '경'과 결합하여 포덕·교화·수도의 모든 신앙 활동에 있어서 근간이 되는 것이다. 이처럼 '신'은 자기 확신과 타인에 대한 신뢰 그리고 나아가 목적을 이루기 위한 확고한 신념으로서 모든 일의 성과를 가름하는 기준이 되는 것이 곧 '신(信)'이라고 하겠다.

이상을 정리하자면 성과 경 그리고 신은 삼요체로서 신앙적 실천의 기본자세를 이루고 있다. 특히 주목해야 할 바는 성·경·신 삼요체가 바로 해원상생의 진리를 실천하는 방법이 될 수 있으며 생사판단도 결정하는 핵심적인 신조임을 자각하여 수도에 정진해야 함을 강조하고 있다.

2) 훈회와 수칙의 생활화

해원상생의 방법에 있어서 훈회와 수칙은 대순종단의 수도인으로서 갖추어야 할 가장 기본적인 생활 자세를 규정하고 있다. 특히 해원상생의 진리와 관련하여 그 이념을 구현하기 위한 구체적인 조목이요 대사회적 실천이라는 점에서 훈회와 수칙의 중요성은 더욱 강조된다. 훈회와 수칙을 생활화함으로써 수도인은 곧 수도의 목적을 달성할 수 있고 또한 사회적 귀감이 되어 상제님의 덕화를 선양하게 되는 것이다.[143] 이에 훈회와 수칙에 대한 심도 있는 이해가 필요하다 하겠다.

---

[143] 『대순지침』 pp.43~44 참조.

(1) 훈회訓誨

대순진리회의 훈회는 다음과 같이 총 5가지의 조목으로 구성되어 있다.

> 첫째, 마음을 속이지 말라.
> 둘째, 언덕을 잘 가지라.
> 셋째, 척을 짓지 말라.
> 넷째, 은혜를 저버리지 말라
> 다섯째, 남을 잘 되게 하라.

이상의 훈회내용은 모두 신앙대상이신 구천상제님의 가르침에 입각한 것이다. 훈회를 실천한다 함은 곧 구천상제님을 신앙하고 그 가르침에 따른다는 것을 뜻한다. 따라서 대순진리회 신앙인이라면 누구나 준수하고 항상 상기해야만 하는 사항이 바로 훈회라고 할 수 있다. 이와 같은 훈회에 대해 『대순지침』에서는 다음과 같이 설명하고 있다.

> 마음을 속이지 않는 데서 서로가 신뢰할 것이고,
> 언덕을 잘 가지므로 화목할 것이며,
> 척을 짓지 않는 데서 시비가 끊어질 것이고,
> 은혜를 저버리지 않는 데서 배은망덕이 없을 것이며,
> 남을 잘 되게 하는 공부이니 이것이 우리 도의 인존사상이며 바로 평화사상인 것이다.

즉 훈회를 준수함으로써 상호간의 신뢰가 회복되고, 관계가 화목해지며, 시비논란이 없어지고, 배은망덕하지 않으며 나아가 인존과 평화의 사상을 구현할 수 있다는 것이다. 수도인 각자는 무엇보다 훈회를 생활화함으로써 대순진리의 가치를 실현하는데 앞장서야 할 것이다.

한편 훈회에는 근본적으로 해원상생의 원리가 담겨있다고 본다. 첫째, 마음을 속이는 것은 곧 나쁜 마음을 먹고 남을 해치는 것이므로 결과적으로 남의 원망을 사게 된다. 이것은 해원의 진리에 정면으로 위배되므로 해원을 위해서는 마음을 속이지 말아야 한다. 마음을 속이지 않는 것은 곧 양심을 지키고 언제나 정직과 진실로서 사람을 대하는 것이므로 궁극적으로 상대도 진실하게 되고 잘되게 한다. 따라서 마음을 속이지 않는 것은 해원상생의 첫걸음이라고 할 수 있다.

둘째, 언덕을 잘 가져서 남을 항상 칭찬하고 격려하게 되면 상대가 용기를 얻어 열심히 노력하게 되고, 이어서 좋은 결과를 얻으면 상대에게 감사하게 되어 결과적으로 상생이 될 수 있다. 반대로 언덕을 잘 가지지 못하고 욕을 하면 이 역시 상대가 원을 품게 되므로 해원에 위배된다. 따라서 언덕을 잘 가지는 것은 해원하는 것이고 상생하는 길이라고 본다.

셋째, 척을 짓는 것은 남으로 하여금 나에 대해 원한을 갖게 만드는 것이다. 따라서 척을 짓지 않음으로써 해원하고 상생하는 길임을 알 수 있다.

넷째, 은혜를 저버리고 모른 체 하는 것은 상대를 섭섭하게 만드는 것이다. 섭섭하면 곧 척이 되므로 해원에 위배된다. 은혜를 갚게 되면 상대는 감사함을 느끼고 다시 더 큰 은혜를 베풀게 되므로 상생의 효과를 발휘할 수 있다. 따라서 은혜를 저버리지 않는 것이 바로 해원상생하는 길이 된다고 본다.

    다섯째, 만일 남을 못되게 하면 곧 척이 되므로 해원에 위배된다. 남을 잘 되게 하면 그것이 해원이고, 그 보답으로 나 또한 잘 되므로 상생이 될 수 있다.

    이상의 5가지 훈회를 통해 볼 때 모두 해원상생의 원리가 관통하고 있으며, 이로써 해원상생을 실천하는 길이 곧 훈회를 준행하는 것임을 알 수 있다.

(2) 수칙守則

수칙은 앞에서 언급한 훈회의 가르침을 보다 구체적이고 사회적으로 실천하기 위한 세목(細目)이다. 이러한 수칙은 훈회와 더불어 해원상생을 근본원리로 삼는다. 수칙의 내용은 다음과 같다.

    一, 국법(國法)을 준수(遵守)하며 사회도덕(社會道德)을 준행(遵行)하여 국리민복(國利民福)에 기여(寄與)하여야 함.

    二, 삼강오륜(三綱五倫)은 음양합덕(陰陽合德)·만유조화(萬有造化) 차제(次第) 도덕(道德)의 근원(根源)이라, 부모(父母)에게 효도(孝道)하고, 나라에 충성(忠誠)하며, 부부화목(夫婦和睦)하여 평화(平和)로운 가정(家庭)을 이룰 것이며, 존장(尊丈)을 경례(敬禮)로써 섬기고 수하(手下)를 애휼(愛恤) 지도(指導)하고, 친우간(親友間)에 신의(信義)로써 할 것.

三, 무자기(無自欺)는 도인(道人)의 옥조(玉條)니, 양심(良心)을 속임과 혹세무민(惑世誣民)하는 언행(言行)과 비리괴려(非理乖戾)를 엄금함.

四, 언동(言動)으로써 남의 척(慼)을 짓지 말며, 후의(厚意)로써 남의 호감(好感)을 얻을 것이요, 남이 나의 덕(德)을 모름을 괘의(掛意)치 말 것.

五, 일상(日常) 자신(自身)을 반성(反省)하여 과부족(過不足)이 없는가를 살펴 고쳐 나갈 것.

위의 수칙을 살펴보면 먼저 국법을 준수하고 사회도덕 및 국리민복에 기여함은 곧 보명(保命)·안주(安住)가 국가사회의 은혜이므로 헌신 봉사의 충성으로써 사회발전과 공동복리를 도모하며 국민의 도리를 다하여야 한다는 데서 우러나올 수 있는 것이다. 일찍이 조정산 도주님의 창도이념에도 나와 있듯이 "구국(救國)제민(濟民)의 마음으로 국민운동에 참여하라"고 하였으므로 국민의 의무를 수행하고 권리를 바로 행하는데서 해원상생의 실천이 가능하다고 본다.[144] 또한 '국법에 순응하고서야 신앙의 자유가 보장된다'고 하였으므로 국법준수와 종단활동은 불가분의 관계에 있음을 보여준다.[145]

둘째, 삼강오륜은 모든 인간관계에 있어서 상호 도리를 다하고 윤리 도덕을 행하는 기본적인 원리를 밝힌 것이다. 부자지간, 군신지간, 부부지간, 장유(長幼)지간, 친구지간에서 각각 자신의 도리를 다한다면 어떤 원한도 발생하지 않을 것이다. 따라서 이와 같은 윤리도덕을 행하는 것이야말로 모든 갈등과 투쟁을 종식시키게 되므

[144] 『대순지침』 p.25.
[145] 『대순지침』 p.33.

로 곧 해원상생을 실천하는 길이 될 수 있다고 본다.

셋째, 무자기는 곧 마음을 속이지 않는 것이다. 사람의 모든 언어 행동은 마음의 표현이라고 할 수 있다. 그 마음에는 양심과 사심의 두 가지가 있는데, 양심은 천성(天性) 그대로의 본심이며 사심은 물욕에 의하여 발동하는 욕심이라고 하였다.[146] 여기서 양심을 수호하고 사심을 제거함으로써 모든 일을 투명하게 처리하고 이어서 어떤 누구의 원망도 사지 않으므로 해원상생을 실천하는 것이라고 할 수 있다.

넷째, 말은 마음의 소리요 덕은 도심의 자취라고 하였다.[147] 화(禍)와 복(福)은 언제나 언덕(言德)에 의하여 일어나는 것이므로 언덕을 특별히 삼가야한다고 한다. 잘못된 언동은 곧 남에게 척을 짓게 되므로 해원상생의 진리에 어긋난다고 할 수 있다. 따라서 남이 나의 덕을 알건 모르건 언덕을 조심하는 것이 곧 해원상생을 실천하는 길이라고 본다.

다섯째, 자신에 대한 반성은 곧 타인에 대한 태도의 변화를 가져올 수 있다. 타인과의 관계에서 자신의 과부족을 생각하고 언제나 남이 잘 되도록 노력하는 것은 상생대도를 실천하는 길이 된다. 근본적으로는 자신의 양심을 속이지 않는데서 출발하여 타인을 배려하고 나아가서 타인과의 힘을 합하여 모든 일을 성사시킬 수 있을 때 비로소 해원상생이 이룩될 수 있음을 말한다.

이상으로 살펴본 수칙들은 모두 훈회의 연장선상에서 고찰된 것

---

[146] 『대순진리회요람』 pp.18~19.
[147] 『대순진리회요람』 p.19.

이다. 훈회와 수칙은 수도인의 신앙생활은 물론 일상에서의 삶의 자세를 규정하기도 하므로 무엇보다도 생활화하는 것이 필요하다. 그 근본원리는 해원상생에 있으므로 훈회와 수칙이야말로 수도의 목적달성을 위한 필수적인 실천방법임을 알 수 있다.

제4장

신앙의 경전 - 전경론

1. 전경典經의 개요

『전경(典經)』은 대순진리회 신앙의 대상이신 구천상제님의 역사와 가르침을 담고 있는 성스러운 책이다. 『대순지침』에 따르면 "대순진리는 전경(典經)을 근본으로 하여 참다운 도인이 되도록 교화하여야 한다."[148]라고 하여 『전경』의 중요성을 강조하고 있다. 시·공간의 제약 없이 진리를 대대로 전승하기 위해서는 하나의 명문화된 매체가 필요한데 『전경』은 바로 이러한 진리 전승의 문헌적 근거라는 점에서 신앙체계의 주요한 축이 된다.

　일반적으로 '경전(經典, Scripture)'이라고 하면 모든 종교 내에서 숭상하고 있는 '성서(聖書)' 혹은 '경서(經書)'와 같은 책을 말한다.[149] 이 경전은 단순한 책 이상의 특별한 가치를 가지는 것으로 보고 신앙인

---

[148] 『대순지침』 p.17.
[149] '성전(聖典)' '성경(聖經)' '교전(敎典)' 등도 유사한 단어로 사용되고 있으며, 영어단어에서는 'Scripture' 혹은 'Canon' 등이 사용되고 있다.

들 사이에서 신성시되며 암송되는 특징을 지니고 있다. 힌두교에서의 '베다(Veda)', 유대교에서의 '모세오경', 기독교의 '성경(聖經, Bible)', 이슬람의 '코란(Koran)', 불교의 '경(經, Sutra)', 유교의 '사서오경(四書五經)', 도교의 '도장(道藏)' 등은 모두 제종교의 경전에 해당한다. 각각의 경전은 그 발생경위가 다양하지만 하나의 책으로 편찬되기까지 그 종교 내의 고유한 신앙을 배경으로 한다는 점에서 분명한 권위를 지니고 있다. 특별히 종교 내에서 공식적인 과정을 거쳐 확립되고 신앙공동체의 신앙과 삶에 표준이 되는 책이라는 의미에서 경전은 '정경(正經, Canon)'으로 불리기도 한다. 이처럼 경전은 신앙 활동에 있어서 필수불가결한 전승문화이자 모든 종교사상을 배태(胚胎)하는 책인 만큼 『전경』에 대한 이해는 더욱 중요하다 하겠다.

『전경』이 편찬되기까지는 대순종단의 역사에서 전승되어온 구천상제님에 대한 기록이 주요 자료가 되었다고 할 수 있다. 1909년 기유년 음력 6월 24일에 화천(化天)하신 상제께서는 39년간에 걸쳐 허다한 법설(法說)과 교유(敎諭)로써 많은 종도(從徒)들로 하여금 깨우치게 하였으며, 수많은 기행 이적으로 당신의 존재를 확인시켜 주었다. 이에 상제를 추종하던 종도들은 저마다 강렬한 기억과 믿음을 가지고 있었으며, 급기야 상제 화천 후 자파(自派)만의 교단을 만들어 다양한 신앙 활동을 전개시켜나갔던 것이다. 상제의 말씀과 행적에 대한 수집 및 기록은 이 과정에서 자연스럽게 생겨난 것으로 본다.

초기 교단들의 경전화 작업에서 최초로 등장한 문헌을 살펴보면 일제시대 이상호에 의해 편찬된 『증산천사공사기(甑山天使公事記)』(1926)가 있다. 이 책은 경전적 성격보다는 하나의 전기(傳記)적인 특징을 지닌 것이다. 이후에 간행된 『대순전경(大巡典經)』(이상호 저, 1929년 초판)은 보다 경전적인 구조를 지니고 교단의 신앙을 드러내고자 하였다. 이 책은 저자에 의해 6판(1965년 발행)까지 개정되는 과정에서 내용을 가감하고 판본을 달리함으로써 상제신앙을 정립하고자 노력하였다. 이 외에도 구천상제의 말씀을 담고 있는 경전 자료로서는 『보천교지(普天敎誌)』(1964), 『선도진경(宣道眞經)』(1965), 『용화전경(龍華典經)』(1972), 『대성경집(大聖經集)』(1986), 『천지개벽경(天地開闢經)』(1992), 『도전(道典)』(1992) 등 수십 종류에 이른다.[150]

대순진리회의 『전경』 편찬은 종단의 창설과 더불어 시작되었다. 1958년 도주(道主) 조정산(趙鼎山)으로부터 종통을 계승한 도전(都典) 박우당(朴牛堂)께서는 1969년 4월에 전반적인 기구를 개편하시고 종단 대순진리회를 창설하였다. 이어서 경전편찬에 착수하여 마침내 1974년 4월 1일 대순진리회 교무부에서는 『전경』 초판을 발행하게 되었으며, 교정과정을 거쳐 2010년에 이르기까지 총 13판까지 발행하였다. 이외에도 종단에서는 각종 요람 및 규정, 지침서 등의 자료를 아울러 간행하게 되었으니 『대순진리회요람(大巡眞理會要覽)』(1969), 『도헌(道憲)』(1972), 『포덕교화기본원리』(1975), 『대순성적도해요람(大巡聖蹟圖解要覽)』, 『대순회보(大巡會報)』(1983~), 『대순지침(大巡指針)』(1984), 『전경색인집』(1992), 『종단대순진리회 화보집(畵報集)』

---

[150] 고남식, 「해원주제 강증산 전승연구」, 2002, 건국대학교 박사학위논문에서는 총 19종의 경전자료를 제시하면서 각각 해원사상에 대한 주제별 분류를 시도하고 있다. 한편 1978년 이경우의 한국새종교연구원에서 펴낸 『한국 신흥종교 간행물 자료목록』 제2집에서는 교사, 교단, 약사, 교조약사 등을 포함한 간행물을 정리하여 총 230書를 소개하고 있다.

(1999) 등이 그것이다. 여기서 『전경』은 대순진리회의 '정경(正經)'으로서 그 신성한 가치 하에 모든 교화의 근간을 이루고 있다 하겠다.

이상에서 대순진리회 『전경』 편찬의 의의를 살펴보면 다음과 같다. 첫째, 『전경』은 그 구성에 있어서 경전으로서의 독자성을 구축하고 있다. 구천상제의 신이(神異)한 행적을 다룬 타종교의 경전들이 많이 있지만 『전경』은 특별히 강세하신 강증산을 구천상제로 신앙하고 독자적인 구성 하에 그 진리성을 드러내고자 한다는 점에서 차별화될 수 있다고 본다.

둘째, 『전경』은 대순사상의 정체성을 확립한다. 일반적으로 구천상제의 사상에 대한 연구는 학계에서 증산사상으로 규정하여 널리 연구되어 왔던 것이 사실이다.[151] 하지만 이 때 말하는 '증산사상'은 구천상제를 한사람의 사상가로 보고 다양한 시각에서의 연구에 주력한 것이다. 반면에 대순사상은 『전경』을 근거로 하여 강세하신 강증산이 구천상제이심을 신앙하는 관점에서 모든 사상을 전개한 것을 말한다. 따라서 『전경』은 대순사상의 문헌적 근거가 되는 유일한 경전임을 보여준다.

셋째, 종통계승의 정통성을 확보한다. 구천상제의 재세(在世)시 활동한 종도(從徒)들은 상제의 화천과 동시에 저마다의 종교 활동을 전개하였다. 이 과정으로 오늘날 증산교계 교파는 60여 개에 이르고 있다. 이 모든 단체는 증산 상제를 신앙한다고 하나 저마다의 종통계승을 주장하는 실정이다. 대순진리회는 『전경』을 편찬하여 종통

---

[151] 배용덕씨가 주도하여 편찬한 논문집인 『증산사상연구』가 23집까지 지속되어 나왔던 것은 이를 잘 말해준다.

계승이 이루어진 역사적 계기와 그 근거를 갖추고 있으며, 구천상제로부터 도주 조정산 그리고 도전 박우당으로 이어지는 정통성을 드러내고 있다.

2. 전경의 구성 및 주요내용

『전경』의 구성은 행록, 공사, 교운, 교법, 권지, 제생, 예시로 총 7편 17장 837절로 이루어져 있다. 본 문에서는 각 편의 주요내용 및 특징을 살펴보기로 한다.

1) 행록편行錄篇

행록편은 총 5장 223절로 이루어져 있다. 이 편은 강세하신 강증산이 구천상제로서 행하신 연대기적인 기록을 엮은 것이다. 여기에는 상제의 탄강으로부터 유년시절, 청년시절, 주유천하(周遊天下)와 천지공사 그리고 화천(化天)에 이르기까지 상제로서의 행적이 자세히 기록되어 있다. 각 장별 순서는 대체로 앞선 연대부터 다루고 있으나 시기가 정확히 구분되는 것은 아니다. 전체적인 특징에 있어서는 유년시절의 기행 이적과 19세기말 조선사회의 격동기에 처하여 상제께서 겪은 수난, 종도들과의 만남 그리고 사례별 교화의 내용을 두루 다루고 있다. 행록편의 내용을 장별로 요약해보면 다음과 같다.

(1) 행록 1장

구분	주요내용
1~4절	상제의 탄강 이전의 가계(家系) 및 지정학적 배경
5~10절	상제의 탄강, 주요 인적사항
11~19절	상제의 유소년 시절의 행적 및 일화
20~25절	갑오년의 사회적 환란과 처세
26~38절	상제의 기행이적, 신약전서를 불사름, 종도들의 추종, 일진회, 명당에 대한 교화 등

(2) 행록 2장

구분	주요내용
1~6절	광구천하를 위해 전국을 주유(周遊)함 (1897년부터 1900년까지)
7~11절	시루산에서의 공부
12~16절	대원사에서의 공부
17~24절	종도들과의 일화 (김형렬, 김도일, 백남신, 상제의 부친, 안필성 등)

(3) 행록 3장

구분	주요내용
1~8절	장효순의 화난(禍難)
9절	일진회 사건
10절	화적으로부터 순검을 구해줌
11절	태인 신배의 동리에 불을 끔
12절	백남신의 화난을 풀어줌
13~18절	일진회와 아전의 싸움을 말림
19~50절	종도들에게 덕화를 베품 (정괴산, 박창국, 김보경, 황사성, 정춘심, 김병욱, 문공신, 김갑칠, 류찬명, 김자현, 신원일, 차경석, 신경원, 김경현, 김덕찬, 김형렬 등)
51~66절	고부화난을 겪음

(4) 행록 4장

구분	주요내용
1~31절	종도들을 교화하며 덕화를 베품 (차윤경, 안필성, 장성원, 김송환, 최내경, 최창조, 최덕겸, 김준찬, 김덕찬, 김낙범, 박공우, 김준상, 김성국, 손병욱, 황응종, 신경수, 김병계, 고부인, 김윤근, 백남신, 차윤칠, 김갑칠,
32~54절	천지공사와 관련된 여러 가지 일화
55~57절	상제의 화천을 예고함

(5) 행록 5장

구분	주요내용
1~13절	남은 천지공사를 마무리함
14~30절	상제의 화천을 예고하는 많은 일화
31~34절	화천을 준비하심
35절	상제의 화천
36~38절	화천이후의 상황

2) 공사편公事篇

공사편은 총 3장 106절로 이루어져 있다. 여기서는 구천상제의 대역사(大役事)에 해당하는 천지공사(天地公事) 9년간의 기록을 중심으로 그 주요사항들을 다루고 있다. 천지공사는 크게 범주별로 천계공사, 지계공사, 인계공사로 분류될 수 있는데, 이는 모두 천지인 삼계를 개벽하기 위한 공사이다. 『전경』에는 이와 같은 공사에 해당하는 내용을 모아서 종도들의 증언과 함께 고루 소개하고 있다. 시기별 구분은 명확하지 않으며 다만 공사에 관한 기록을 전체적으로 보여주고 있다는 점에서 다른 편과 구분되고 있다.

(1) 공사 1장

이 장에서 다루고 있는 내용으로서는 먼저 천지공사에 관한 대의(大義)와 그 주체로서의 구천상제의 존재를 언급하고 있으며 이외 다양한 공사의 사실이 기록되어 있다. 대체로 다음과 같은 공사 내용이 있다.

구분	주요내용
1~2절	천지공사의 대의(大義)를 밝힘
3~7절	명부(冥府)공사
8절	천하의 종기를 파함
11절	묵은 하늘에 대한 공사
12~13절	동양의 세력을 보존하고 서양세력을 물리치는 공사
14~15절	진묵의 초혼공사
16절	호소신을 부르는 공사
17~19절	수륙(水陸)병진(竝進)공사
23절	화둔(火遁)공사
24절	무고한 생민을 구하고 민족의 활로를 위해 의병을 거둠
25절	촌양반과 아전의 해원
27절	순창 농암 지역의 기운을 씀
28절	전북칠읍의 흉년을 없앰
29절	중천신에게 복을 주는 공사
31절	후천선경의 공사
32절	남녀의 분별을 틔우는 공사
35절	서양의 문명이기를 그대로 두는 공사
36절	의통공사

(2) 공사 2장

구분	주요내용
1~2절	천지공사로 인한 정배(定配)
3~4절	조선국운공사
6절	청국공사
7~12절	약방공사
13	금강산 일만이천봉의 겁기를 제거하는 공사
14절, 21절	사기(沙器)를 옮기는 공사
15	금강산 공사
16, 17, 20절	후천 음양도수를 조정하는 공사
19	역도(逆度)를 조정하는 공사
22	최익현과 박영효의 원을 풀어줌
23	물화상통(物貨相通) 공사
25	대전쟁과 상등국 공사
27~28	개벽공사

(3) 공사 3장

구분	주요내용
1절	매화(埋火)공사
2절	전명숙과 최수운의 해원
3절	선인포전의 기운을 씀
4~5절	단주의 원과 해원공사
6~7절	강산 정기를 뽑아 합치는 공사
8절	인존공사
9절	선령신 공사
11절	북도수를 보는 공사
14~15절	진묵과 도통신의 이야기
17절	진시황의 해원도수를 보는 공사
18절	소중화 대중화 공사

20~21절	천지에 수기를 돌리는 공사
22절	황극신을 옮기는 공사
24절	이십팔수 공사
27절	기차기운을 돌리는 공사
28절	태을주 공사
29절	매화(埋火)공사
30절	군산에서의 공사
31절	신방축 공사
33절	무당도수를 짜는 공사
35절	만국의원 공사
37절	이윤의 도수를 짜는 공사
38절	개벽공사를 천지에 확증함
39~42절	천지공사때 사용하였던 글

3) 교운편敎運篇

교운편은 총 2장 132절로 되어있다. 여기서는 구천상제께서 선포하신 대순진리의 이념을 포함하여 그 가치실현을 위한 종통계승과 전수(傳授)의 역사를 담고 있다. 즉 구천상제의 진리는 도주 조정산에 이르러 체계화되고 법제화되며 도전 박우당으로 계승되어 오늘날의 대순진리회를 이루게 되었음을 밝히고 있다. 교운 제1장에서는 구천상제의 진리가 어떤 형식으로 전해지는가를 다루고 있으며, 교운 2장에서는 상제의 종통을 계승한 도주 조정산의 생애와 도전 박우당으로의 계승을 주 내용으로 한다.

(1) 교운 1장

구분	주요내용
3~4절	김형렬에게 심법을 전수함
5절	사두용미의 교운
6절	유불선에 대한 판단
7~9절	김형렬에 대한 가르침
11절	이치안의 추종
12~14절	김병욱의 추종
15절	일진회에 대한 문제
16절	도와 웅패의 술에 대한 교화
17절	학교에 대한 교화
18절	김석의 입도
19~22절	천지공사와 주문
23	김덕찬에 대한 교화
24	문치도의 추종
25	박공우에 대한 교화
26~27	수부를 들이심
32	대학교 공사
33~36	도통공사
37	상악천권과 하습지기의 가르침
38~42	대두목과 도통
44	전하는 글
45	절사와 제사에 대한 가르침
46	요순의 도
47	8괘와 도통
48	천하사에 대한 문제와 간지
50	상제께서 남기신 글
51~54	종도들에 대한 교화와 교운
55~57	대학(大學)에 대한 가르침
58~65	주문과 수도공부, 천지대순
66절	현무경

(2) 교운 2장

구분	주요내용
1~3절	도주의 탄강
4~6	봉천명과 득도
7~10	귀국과 수행
11~31	종통계승의 과정과 도수공부
32~42	종단 무극도의 역사
43~45	종교단체해산령과 고난
46~61	해방, 종교활동의 부활
62	공부의 방법을 정함
63~65	도전 박우당의 종통계승의 역사
66~67	도주의 화천

4) 교법편 教法篇

교법편은 총 3장 173절로 되어있다. 여기서는 수도와 신앙생활의 규범이 될 만한 내용을 중심으로 구천상제께서 남기신 가르침들을 모아서 전하고 있다. 수도인으로서의 마음자세, 실천방법, 믿음의 문제, 대사회적인 문제, 윤리 도덕의 문제 등을 다루고 있다.

구분		주요내용
주제	장별구분	
계몽	1장	1,6,9,10,13,24,30,31,32,33,34,35,38,61,62,67절
	2장	8,11,24,33,35,36,55,56,58절
	3장	1,4,5,6,7,19,23,26,30,31,32,35,38,39,41,42,43절
상생	1장	2,11,26,56절
	2장	30,44,46절
인내	1장	3,19,27,28절
	2장	15,19,39,48절

인연	1장	4,14,45절
믿음	1장	5절
	2장	1,2,21,32,35,38,41,45,49절
	3장	3,13,17,27,34,45,46절
주체성	1장	7,8,20,65절
	3장	18,29절
예의	1장	12,17,18,47,48절
	2장	47,37절
덕성	1장	15,25,60절
	2장	25,26,31,42절
	3장	11절
복록	1장	16,63절
	3장	9절
수심	1장	21,23,29,36절
	2장	9,10,12,14,20절
	3장	14,25절
실천	1장	22,59절
	2장	51절
	3장	28절
회계	1장	37,39절
	2장	16, 28절
	3장	12,15절
효도	1장	140,41,44절
부부	1장	43,46절
신명계	1장	49,50,54,66절
	2장	17,22,23절
	3장	2,10,22,44
남녀	1장	51,68절
	2장	40,57절
신용	1장	52절
화목	1장	53,55절

정직	1장	57,58절
	2장	7,24절
금전	1장	63,64절
일심	1장	3,4,5,6,13,29,37,52절
	2장	16,20절
음덕	1장	18절
습관	1장	27절
정성	2장	34절
연원	2장	43절
언덕	2장	50절
생각	2장	53절
기국	2장	54절
정심	2장	8절
천륜	2장	21절
남긴 글	2장	47절

5) 권지편權智篇

권지편은 총 2장 71절로 이루어져 있다. 여기서는 구천상제께서 재세(在世) 시에 지녔던 초월적 권능(權能)과 예지(叡智)의 역사를 다루고 있다. 상제께서는 약 40년간 인세에 머무시면서 신통자재(神通自在)로 구애됨이 없이 유일무이한 진리를 선포하셨다. 한 인간의 몸을 지니고 있으면서도 상제로서 행하신 권능과 지혜는 이미 범인의 한계를 넘어선 것이었다. 또한 수많은 사람들의 고난을 해결하고 소원을 이루어줌으로써 상제께서 지닌 절대능력을 뭇 사람들에게 각인시켰다. 이로써 상제에 대한 신앙을 발생시키고 많은 종도들의 추종을 불러일으킨 사실들을 이 편에서 담고 있다.

상제의 주요권능으로서는 자연의 조화를 마음대로 하시며, 인간의 수명을 주관하고 모든 신명을 다스리는 것 등이 있다. 또한 예지력으로서는 과거 현재 미래에 통달하고 사람의 마음을 꿰뚫어보는 것 등을 들 수 있다. 그 구체적 내용은 다음과 같다.

구분	주요내용	장·절	
권능 (權能)	풍운조화(風雲造化), 뇌성벽력(雷聲霹靂), 우로(雨露)상설(霜雪) 등 자연의 변화를 주재하며 다스림	1장	2,3,16,22,23,32
		2장	2,3,6,7,9,10,11,14,15,16,17,19,25,30,32,33,35,36,
	태양을 멈추고 방위를 바꾸며, 좀성을 꾸짖음	1장	4, 27
		2장	18
	모든 신명을 보고, 신명을 움직임(관운장, 진묵 등)	1장	10,20
		2장	21,37
	풍년이 들게 하고 가뭄을 없앰	1장	7,8
	자연 동물을 다스림	1장	26
		2장	5,13
	출타 시에 치도령(治道令)을 내리며, 언제나 달무리 햇무리가 나타남	1장	9,12,13,24,25,31
		2장	4
	종도들의 기도를 들어주심(황응종, 신경수)	2장	12,28
	종도 가족의 병을 낫게 함(박공우)	2장	1
	부채에 도력을 넣음	1장	15
	사회변화를 주재함(세금정책, 이씨와 정씨의 기운 싸움, 손병희의 순회, 여장군 등)	1장	17,33
		2장	20,29
예지 (豫知)	사람의 일을 환히 앎	1장	1,28,29
		2장	8,26,31,34
	사람의 마음을 꿰뚫어보심	1장	19
		2장	22,23
	마을 사람들의 호구와 남녀 수를 환히 앎	1장	14
	하루 또는 한해의 길흉을 앎	1장	5,6,30

교훈 (敎訓)	통정신이 나오고 대선생이 출현함	1장	11
	시와 만사를 지으심	2장	27
	상제의 사명과 삼계대권을 주재하심을 밝힘	1장	21
	항상 남을 좋게 말하라고 하심	2장	24
	무한유사지불명(無恨有司之不明)을 타이르심	2장	38
	노름꾼들을 깨우침	1장	18

6) 제생편濟生篇

제생편은 총 1장 44절로 이루어져 있다. 여기서는 상제께서 재세 시에 행하였던 수많은 민생구제의 역사를 담고 있다. 상제께서는 천하창생을 구제하고 후천선경을 여시고자 9년간의 천지공사를 단행하였던 바, 그 와중에서도 고통 받는 생민의 어려움을 외면하지 않았다. 허다한 방편과 법설로써 수많은 불치병을 치료하고 민생들이 소망하는 바를 모두 이루어주고자 하셨다. 이러한 상제의 행적을 좇아서 그 전해오는 사실들을 제생편에 기록하고 있으며, 상제께서 만인의 추앙을 받게 된 역사적 근거가 되고 있다. 그 구체적 내용은 다음과 같다.

구분	주요 내용	해당 절
치병(治病)	괴병을 다스림	2
	부친의 병을 낫게 함	3
	약재를 쓰지않고 병을 낫게 함	4
	산후복통을 낫게 함	5
	횟배앓이를 낫게 함	6
	치질을 낫게 함	7
	간질을 낫게 함	8

	죽은 자를 살림	9
	체중을 낮게 함	10
	앉은뱅이를 걷게 함	11,25,44
	노인의 지병을 낫게 함	12
	신병을 치료함	13
	문둥병을 치료함	14
	죽음 직전의 병을 낫게 함	15
	오한두통을 낫게 함	20
	발가락의 종창을 낫게 함	21
	폐병을 낫게 함	22
	괴질을 대속함	23
	토질을 낫게 함	24
	다리부종을 치료함	26
	반신불수를 치료함	27
	종도들의 각종 병을 치료함	28,29,40,42
	부러진 다리를 고침	30
	비별(飛鼈)을 치료함	31
	창증을 치료함	32
	천포창을 치료함	33
	안질을 고침	34
	옥살이 병을 치료함	35
	요통을 치료함	36
	이질을 치료함	37
	단독을 치료함	41
권능, 지혜	풍재를 없애고 어업을 흥왕케 함	16,17
	비를 내리게 함	18
	숙질간의 불화를 해결함	19
	부정한 음식을 드시지 않음	38,39
	고견원려왈지(高見遠慮曰智)의 글을 지으심	43

7) 예시편豫示篇

예시편은 총 1장 88절로 이루어져 있다. 여기서는 상제께서 재세 시에 행하신 천지공사의 기록에 입각하여 앞으로 펼쳐지는 후천선경의 미래상을 살필 수 있는 대목들을 다루고 있다. 상제의 천지공사는 당신이 지니신 절대권능으로 인류와 천하창생이 맞이하게 되는 희망찬 미래를 담고 있다. 이에 따라 인류사회는 세계문명과 자연환경, 우주와 신명세계에 있어서 해원상생이 지배하는 도화낙원이 주어진다. 예시편은 바로 그 구체적인 실상과 변화의 과정에 대하여 상세하게 전하고 있다. 주요내용은 다음과 같다.

주제	주요내용	해당절
상제님의 강세	선천의 진멸지경과 강세배경	1,6,8,14
	모친의 근친	2
	김일부의 꿈	3
	독창적인 법	4,5,13,15,73
	천지공사	7,9,10,11,12,16,17
	강성(姜姓)과 강아지	49
도통(道通)	미륵불의 출세	86
	도통줄	18
	문왕과 태공의 도술	21
	병자·정축	33
도수(度數)	도통군자	45,47,50,66,82
	문수보살	19
	칠십이둔	20
	강신농과 강태공	22
	선기옥형,저울갈고리,추,끈,일월대어명,천지대팔문	31
	머리를 깎음	35
	27년 헛도수	53
	삼천(三遷)의 성공	87

전쟁	러일전쟁	23
	청일전쟁	26
괴병(怪病)	병자기이발(病自己而發)	36
	괴병의 유행	41,42
	급살병	43
	서북과 동남	68
	만국의원	72
	사십팔장과 옥추문	78
국가	서양세력을 꺾음	24
	조선(남조선)	25,29,71
	만국제왕	27
	오선위기	28,32
	일본	57,74
	청국	69
지역	원평, 대흥리	44,62
	불가지	54,56
	짚으로 만든 계룡	65
	순창,무안,태인,청주	67
종도(從徒)	고부사람과 황응종	32
	만국대장 박공우	38
	가물치와 차경석	39
	경수와 수명소, 경학과 대학교, 경원과 복록소	46
	한사람의 절	48
	고부인	70
	곤이내짐제지곤이외장군제지 (閫以內朕制之 閫以外將軍制之)	40
인물	민영환의 만사(輓詞)	37
	손병희의 만사(輓詞)와 거의(擧義)	59,60
후천문명	기차와 윤선, 운거	75
	술수를 거둠	76
	백오염주	77
	언어와 문자	34,51

	지상선경	80,81
	강석환이 전해 받은 글	55
	대장과 악척	58
	여동빈의 일화	61
교훈	부친의 차꼬	63
	매사부대자연래(每事不待自然來)	64
	선술과 머슴이야기	83
	한시(漢詩)와 주문(呪文)	84,85,88,89

이상으로 『전경』의 구성과 주요내용에 대하여 살펴보았다. 『전경』의 각 편은 저마다의 주요한 사실과 교훈 그리고 신앙의 근거가 되는 내용을 전체적으로 함축하고 있다. 『전경』은 그 고유의 경전적인 가치와 대순신앙체계의 주요한 축을 구성하고 있다는 점에서 수도인은 언제나 『전경』을 수지(受持)봉송(奉誦)하는 것에 게을리 하지 않아야 할 것이다.

제5장

대순진리회 신앙의 특징

오늘날 대순진리회 신앙은 그 신앙의 대상과 신앙의 진리 그리고 신앙의 실천과 경전을 통해서 종단의 정체성을 보여주고 있으며, 나아가 신앙인의 올바른 가치관을 제시하고 있다. 본 장에서는 이러한 신앙체계의 내용을 종합하여 그것이 지니는 이론적 특징을 살펴보기로 한다.

1. 권화權化적 인격신관

먼저 대순진리회 신앙의 대상에 대한 이해에 있어서 그 이론적 특징을 살펴보면 하나의 특별한 신격(神格)의 존재로부터 출발하고 있다. 대순진리회 요람에 따르면 "무상한 지혜와 무변의 덕화와 위대한 권능의 소유주이시며 역사적 대 종교가이신 강증산 성사께옵서는 구천대원조화주신(九天大元造化主神)으로서 삼계대권을 주재하시고 천하를 대순(大巡)하시다가 인세(人世)에 대강(大降)하사 상도(常道)를 잃은 천지도수를 정리하시고 후천의 무궁한 선경의 운로를 열어 지상천국을 건설하고 비겁(否劫)에 쌓인 신명과 재겁(災劫)에 빠진 세계창생을 널리 건지시려고 순회(巡廻)주유(周遊)하시며 대공사를 행하시니…"[1]라고 하여, 역사적 인물로 탄강하신 강증산이 곧 구천대원조화주신의 화신(化身)임을 말하고 있다. 여기서 구천대원조화주신은 삼계대권을 주재하는 절대능력의 소유주이며 천하(天下)대순(大巡)을 통해 당신의 존재를 드러내는 신통자재(神通自在)한 인격적 최고신이다. 이러한 신이 한 인간의 몸으로 화신(化身)한 역사가 바로 신앙의 본질이 되고 있다는 점에서 대순신앙은 권화(權化)적인 인격신관을 지닌다고 할 수 있다. 권화(權化)라 함은 역사적 인간으로서의 여러 성현(聖賢)이 근원적으로는 동일한 절대자의 다양한 화현(化顯)이라고 보는 것을 말한다. 주로 불교사상의 불타관(佛陀觀)에서도 엿볼 수 있는 이러한 이론은 대순신앙에서의 주된 특징이라고 할 수 있다.

> …그러므로 이 宇宙의 모든 事物 곧 天地日月과 風雷雨露와 群生萬物이 太極의 神妙한 機動作用에 속하지 않음이 있으리요. 그러나 그 機動作用의 妙理는 지극히 澳密玄妙하며 無窮無盡하며 無間無息하야 가히 測度치 못하며 가히 想像치 못할 바이기 때문에 반드시 靈聖한 분으로서 宇宙之間에 왕래하고 太極之機에 屈伸하며 神秘之妙에 應證하야 天地를 管領하고 日月을 乘行하며 乾坤을 調理하고 所謂 天地와 合其德하며 日月

---

[1] 『대순진리회 요람』, 대순진리회 교무부, 1969, p.8

과 合其明하며 四時와 合其序하며 鬼神과 合其吉凶하여 蒼生을 廣濟하시는 분이 數千百年만에 一次式 來世하시나니 예컨대 帝王으로서 來世하신 분은 伏羲檀君文王이시오, 師道로서 來世하신 분은 孔子 釋迦 老子이시며 近世의 우리 姜甑山 聖師이시다.[2]

윗글에서 보면 우주의 근원적이고도 신묘(神妙)한 원리 - 태극(太極) - 가 있어 이 원리는 범인(凡人)으로서는 측도(測度)가 불가능하므로 그 묘리에 응합(應合)하는 인물이 인류 역사 가운데에서 일차식 내세(來世), 교화(敎化)하여 수많은 창생(蒼生)을 널리 구제하게 된다는 것이다. 그 대표적 인물로 일컬어지는 분이 복희·단군·문왕이며 공자·석가·노자와 같은 성인(聖人)들이고 또한 한국 근세의 강증산(姜甑山)성사이시다.

이로써 볼 때 역사적으로 출현하였던 여러 성인들의 역사는 모두 하나의 근원적 진리에 부합됨을 전제하고 있다. 즉 제왕(帝王)이나 사도(師道)는 단지 그 시대의 타고난 신분에 불과할 뿐 궁극적으로는 태극의 신묘한 작용에 따르고 있음을 뜻한다. 하늘에 동·서양의 차이가 있을 수 없듯이 인간이 따라야 할 진리에도 근원적으로 두 가지가 있을 수 없다는 것이다. 이렇게 권화(權化)란 궁극적 진리에 입각한 다양한 현신(現身)을 전제하고 그 시대의 인류가 처한 역사적 상황에 따라 종교적 성인은 얼마든지 다양한 모습으로 우리 앞에 나타날 수 있음을 가르쳐 주는 사상이다.

---

2 『大巡會報』제43호, 대순진리회 교무부 刊, 1993

권화적이라는 말에서 권화(權化)란 주로 불교의『법화경(法華經)』에서 중심사상을 이루는 개념이다.『법화경(法華經)』에서는 가야성도(伽倻成道)[3]의 석가불을 구원실성(久遠實成)[4]의 본불(本佛)이 중생교화를 위해 대자비(大慈悲) 방편(方便)[5]으로 현현한 수적불(垂迹佛)로 보고 있을 뿐 아니라, 나아가 십방삼세(十方三世)의 제불(諸佛)이 모두 그 구원석가불(久遠釋迦佛)의 분신불(分身佛)이라 하여 이 구원석가불에 의하여 제불(諸佛)을 종합 통일하고 있다. 이러한『법화경』의 사상에서 볼 때 십방삼세의 제불은 모두 구원본불(久遠本佛)의 상황적(狀況的) 현현(顯現)이며 수적(垂迹)이라 보지 않을 수 없고, 역으로 그들 무수(無數)의 제불(諸佛)은 모두 이 유일본체(唯一本體)의 구원본불(久遠本佛)에 귀착하게 된다. 이를 권화사상이라고도 하는 바 이러한 권화사상이 후세에는 일반화되었으나 초기대승시대에는『법화경』에 의해 처음으로 제창된 것이다.[6]

---

[3] 중인도 마갈타국 파트나의 서남쪽 62마일 지점에 있는 지금의 "가야(Gayah)"라 부르는 도시, 여기에서 남으로 6마일 지점에 釋尊이 成道한 부타가야가 있다.

[4] 또는 久遠古成·久遠成·久成이라 함. 아득한 옛날에 깨달은 부처님이란 말로, 오랜 과거에 실로 이루었다는 뜻. 즉 부처님은 아득한 옛날에 이미 성불했다고 하는 사상이다. 이는 〈法華經〉의 중심사상의 하나로서 역사적 불타인 석존의 성불에 대비하여 釋迦佛의 영원불멸을 설한 것이다. 곧 부처님이 열반하신 후 제자들이 석존이라는 인격을 통하여 불법을 신봉하려 했음을 나타내는 사상이다. 석존이 보리수 아래서 正覺을 이룬 것은 일체중생을 제도하기 위한 방편이고, 실은 이미 먼 옛적에 깨달은 부처님이라고 말함과 같은 것, 또 아미타불은 十劫전에 正覺을 이루었다고 하지만 실은 그보다 먼 옛적에 성불한 것을 久遠實成이라 한다. (『佛敎學大辭典』, 弘法院, 1993, p.145참조)

[5] 方便이란 범어 upāya의 번역, 즉 좋은 방법을 써서 중생을 인도하는 것. 진실한 가르침으로 인도하기 위해 잠정적으로 마련한 法門, 또는 다른 이로 하여금 깨닫게 하기 위한 수단 등을 말한다. 法華經에서는 특히 중요한 의의를 갖는 것으로 '三乘이 一乘을 위한 方便'이라는 뜻으로 쓰인다.

[6] 魯權用,『佛陀觀의 硏究』,원광대 대학원 박사학위논문, 1987, p.67 ; 한국의 경우에 있어서 韓末의 激動期에 처한 민중의 염원은 불교적 특성에서 보이는 자비정신이 시대적 요청에 隨順하여 그 權化思想으로서의 구세주를 갈망하였으니, 上帝의 權化를

『법화경』관음품(觀音品)에 나타난 불교 권화사상의 단적인 내용을 살펴보면 다음과 같다.

무진의보살(無盡意菩薩)이 부처님께 사뢰었다.
"세존이시여, 관세음보살이 이 사바세계에 몸을 어떻게 나타내시며 중생을 위하여 어떻게 법을 설하시고 방편의 힘은 어떠하십니까?" 하니 부처님께서 무진의보살에게 말씀하시되
"선남자(善男子)야. 이 국토의 중생을 불신(佛身)으로 제도할 자에게는 관세음보살이 불신(佛身)을 나타내서 설법하고 벽지불(辟支佛)의 몸으로써 제도할 자에게는 벽지불의 몸을 나타내어 법을 설하며 범왕(梵王)의 몸으로써 제도할 자에게는 범왕의 몸을 나타내어 법을 설하고 제석(帝釋)의 몸으로서 제도할 자에게는 제석의 몸을 나타내어 법을 설하고 자재(自在)천신(天身)으로서 득도(得度)할 자에게는 자재천신을 나타내어 법을 설하며, 대자재천신(大自在天身)으로서 득도할 자에게는 대자재천신을 나타내어 법을 설하고 …. 집금강신(執金剛神)으로써 득도할 자에게는 집금강신(執金剛神)을 나타내어 법을 설하나니라."(以上 32응신(應身))라고 하였다.[7]

생각하는 것도 당연한 일이라 하겠다. 史家는 이것을 本地垂迹說로서 합리화하고 있으며, 중국의 孔子를 定光菩薩의 化顯으로 보고, 老子를 迦葉菩薩이라고 한 것 등은 法華經의 壽量品이나 方便品이나 觀音品의 사상에서 비롯된 것이다.(尹起鳳,『佛敎權化思想의 韓國的 展開와 大巡思想研究』,동국대 박사학위논문, 1994, p.15) 즉 '本地垂迹'이란 佛陀나 菩薩이 중생을 제도하기 위해 현실의 실정에 맞추어 나타나는 것을 말하며 無漏智의 光明을 은근히 감추고 俗塵과 함께 한다는 뜻으로 和光同塵이라고도 한다.

7 『妙法蓮華經』권7, 觀世音菩薩 普門品 제 25, pp.264~265(『釋氏十三經』新文豊出版公司 刊) 여기에서 보이는 32應身은 방편으로 나타낸 權化身이니, 32는 곧 佛身, 辟支佛身, 聲聞身, 梵王身, 帝釋身, 自在天身, 大自在天身, 大將軍身, 四天王身, 婆羅門身, 小王身, 長者身, 居士身, 宰官身, 比丘, 比丘尼, 優婆塞, 優婆夷, 婦女身, 童男身, 童女身, 天身, 龍身, 夜叉身, 健達縛身, 阿修羅身, 迦樓羅身, 聚那羅身, 摩睺羅伽

즉 불교의 권화는 불타의 자비심이 토대가 되어 일체중생을 평등한 깨달음의 세계로 인도하려는 사상임을 알 수 있다. 사람마다 근기(根機)[8]가 다르므로 본불(本佛)이 모든 사람을 구제하기 위해서는 그 사람의 근기(根機)에 맞는 다양한 현신(現身)으로 중생을 제도해 나가야만 한다. 최하급(最下級)의 근기라면 최하급의 응신으로 나타나며, 최상급의 근기라면 최상급의 응신으로 나타난다는 것이다. 한편 이러한 '권화'사상은 유신론적 '성육(成肉, Incarnation)'이론과도 유사하다고 볼 수 있겠는데, 이때의 '성육'은 특정 종교에 국한된 것이 아니라 모든 위대한 종교적 인물들의 삶을 신적 실재에 대한 응답으로 이해하는 한에서 사용될 수 있는 개념이라 하겠다.[9]

최수운이 창시한 동학(東學)에서는 그 신앙대상으로서 최고신에 해당하는 하늘님 - 상제(上帝) - 을 부르짖은 것으로 유명한데 이 때 하늘님은 자신의 의지로 인간에게 직접적인 가르침을 내리는 존재이다.[10] 하지만 이 전통적인 하늘님은 아직도 우리의 감각을 초월해 있는 "저쪽에(over there)"있는 신(神)이라 한다면, 대순신앙에서는 마치 이웃집 아저씨와 같이 이 세상에 태어난 존재로서의 신인(神人)을

身, 人身, 非人身, 執金剛身등을 말한다.
[8] 교법을 듣고 닦아 얻는 능력과 교법을 받는 중생의 성능(性能)을 말한다.
[9] 존 힉 지음, 변선환 역, 『성육신의 새로운 이해』이화여대출판부, 1997, p.144.
[10] 본래 우리 민족의 하느님에 대한 개념을 가지고 그 신앙대상으로 삼았던 최초의 종교조직은 최수운의 동학으로부터 비롯된다고 할 수 있다. 최수운이 지었다고 알려져 있는 『용담유사(龍潭遺詞)』(1881년 최초 간행)에는 인격적 최고신으로서 'ᄒᆞ늘님'에 대한 신앙을 강조하고 있다. 이는 어법상 'ᄒᆞ늘+님'의 구조로 되어 있으며 우리 민족이 믿어온 최고의 존재인 '하늘'에 대해 인격적 존칭인 '님'자를 붙여 이루어 진 것이다. 즉 한자 문화권에서 일컬어 왔던 궁극적 존재로서의 천(天)에 대해 그 인격성을 드러낸 표현이라고 할 수 있다. (이경원, 『한국의 종교사상』, 문사철, 2010, p.348~349 참조.)

말한다. 이때의 역사적 상황은 선천의 진멸지경으로 묘사된다. 따라서 강증산 구천상제께서는 당신의 절대 권능으로 9년간의 천지공사를 단행하였으며, 이를 통해 선천의 세계를 후천의 선경으로 전환하고, 모든 인간이 신인조화로써 인존(人尊)의 시대를 맞이하게 하였다. 이상의 신앙적 특징을 살펴볼 때 대순신앙에서의 신관(神觀)은 권화적인 인격신관을 지닌다고 할 수 있을 것이다.

2. 미래지향적 진리관

대순진리회 신앙의 내용에서 드러나는 또 하나의 주요한 특징은 그것이 진리관에서 미래지향적인 가치를 지닌다는 점이다. 신앙대상이신 구천상제의 주된 활동으로 거론되는 '천지공사(天地公事)'는 선천의 진멸지경(盡滅之境)을 극복하고 후천의 무한한 선경(仙境)을 건설하기 위한 광구천하(匡救天下)의 역사다. 여기서 천지공사의 주된 진리로 제시된 것은 바로 오늘날 종단의 종지(宗旨)이며 곧 '음양합덕(陰陽合德) 신인조화(神人調化) 해원상생(解冤相生) 도통진경(道通眞境)'이다. 이러한 종지가 바로 대순진리이며, 대순진리가 곧 천지공사의 본질인 것이다. 따라서 대순신앙은 그 진리관에서 볼 때 종지에서 표명하고 있는 내용에 입각하여 그 특징을 이해할 필요가 있다.

먼저 천지공사에 대해서 그 역사적 의의를 살펴본다면 이것은 세계관적으로 '선천(先天)'과 '후천(後天)'을 가름하는 기준이 되는 것이다. 이 세계는 크게 선천과 후천으로 나누어 이해할 수 있는데, 대순신앙에서 보면 선천은 '상극(相克)'에 지배되어 모든 인류와 만물에 '원(寃)'이 맺힌 시대이다. 이 '원'은 모든 상호관계에서 발생한 부정적인 감정상태로서 대립과 갈등, 전쟁과 파괴를 불러일으키는 한계적인 요인이 되었다. 이것이 정상적으로 해소되지 못하고 누적되기만 한다면 인류역사는 언젠가는 멸망하고 다른 존재들까지도 사라지게 된다고 한다. 선천에서는 이제 더 이상의 역사적 발전이란 있을 수 없고 오직 자멸(自滅)의 길만 있을 뿐이다. 구천상제께서 진단한 선천의 역사는 이로써 종말을 고해야만 하는 것으로 보고 전 우주적인 구원의 역사를 단행할 것을 선언한 것이 바로 천지공사이다. 후천은 이와 같은 천지공사를 기점으로 한 새로운 인류문명이며 구원된 우주역사라고 할 수 있다. 즉 천지공사로 인해 주어지는 새로운 세계로서의 후천은 그 우주적 지배원리에서부터 선천과 달리하고 있다. '상생(相生)'은 그 대표적인 원리로서 모든 만물의 상호의존적이고 상호(相互)조력(助力)적인 관계를 지칭하고 있다. 상생이 지배하는 후천은 모든 만물이 갈등 대립보다는 화합을 이루고 투쟁과 파괴보다는 화해와 협력으로 살아나가는 진정한 조화의 세계를 나타내고 있다. 이렇게 보면 선천과 후천은 상호 연속적인 관계에 있는 것이 아니다. 상제께서 이룩하시는 후천은 선천의 발전과정에서 주어지는 자연적인 세계가 아니며 오직 '구천상제'에 의해 지어지는 유일하고 창조적인 세계라고 할 수 있다. 『전경』에 의하면

"그러므로 우리는 개벽하여야 하나니 대개 나의 공사는 옛날에도 지금도 없으며 남의 것을 계승함도 아니오. 운수에 있는 일도 아니오. 오직 내가

지어 만드는 것이니라. 나는 삼계의 대권을 주재하여 선천의 도수를 뜯어고치고 후천의 무궁한 선운을 열어 낙원을 세우리라" 하시고 "너는 나를 믿고 힘을 다하라"고 분부하셨도다.[11]

라고 하여, 천지공사의 창조적인 성격을 표방하고 있다. 따라서 천지공사의 진리는 과거 선천의 세계로 회귀하고자 하는 것이 아니라 새롭게 주어지는 세계로서의 후천을 나타내기 위한 이념으로 보아야 할 것이다. 이에 대순진리회 종지에 대한 이해도 새로워질 수 있다.

'음양합덕(陰陽合德)'이라는 종지에서 '음양'은 동양철학 고전인 『주역(周易)』의 주된 개념이다. 우리가 사는 세계의 기본적인 존재원리를 단적으로 규정하고 있는 이러한 음양은 상호 '대대(對待)'관계에 놓여 있는 모든 사물을 망라하고 있다. 즉 '음양'은 이 세계의 실상(實相)에 해당한다. 그런데 선천에서 음양은 현실적으로 조화를 이루지 못하였으며 특히 인간 사회에서는 부조리와 불평등이 만연한 부정적인 역사가 전개되었던 것이다. 그것은 바로 상극이 지배된 '결원(結冤)'의 역사였기 때문이며 선천의 진멸지경을 초래하였다고 본다. 따라서 후천은 이 모든 음양의 부조화를 해소하고 '결원'을 '해원(解冤)'으로 바꾸며 상극이 아닌 상생을 지배원리로 하는 새로운 세계를 지향하고 있다. 천지공사에 의해 주어지는 후천은 음양이 '합덕(合德)'하는 이상적인 세계이다. 합덕은 '분덕(分德)'의 반대이다. 선천에서 음양은 물론 존재하였으나 그것이 '합덕'이라는 이상적인 세계를

---

11 『典經』 공사 1장 2절.

이룩하지 못하고 분덕된 상태에 머물렀다고 본다. 이러한 합덕은 오직 천지공사로 인한 후천의 세계에서만이 가능하다고 보고 음양합덕이 바로 후천세계를 지향하는 진정한 진리임을 나타내고 있는 것이다.

'신인조화(神人調化)'에서 신(神)과 인간(人間)은 또한 과거로부터 이 세계를 구성하는 두 가지 축이다. 여기서 신은 인간과 구분된 성스러운 존재로서 종교적 대상이 되는 궁극적인 실재 그 자체를 가리킨다. 이러한 신이 어떻게 존재하느냐에 대해서는 '인격적' 혹은 '비인격적' '초월(超越)' 혹은 '내재(內在)' 그리고 '다신(多神)' '일신(一神)' '범신(汎神)' '범재신(汎在神)' '이신(理神)' 등의 여러 견해가 있을 수 있다. 그럼에도 불구하고 신이 인간과 근본적으로 구분되는 점은 이상과 현실의 차이다. 인간은 지극히 현실적인 존재로서 언제나 자신의 유한성에 갇혀 있으며 어떤 영원하고 무한한 것을 동경하며 귀의하는데서 신을 발견한다. 여기서 신은 결코 인간과 동질적일 수가 없고 인간 또한 신이 될 수 없다는 데서 신과 인간은 엄격히 분리되고 있다. 선천의 세계는 바로 이러한 신과 인간의 관계에서 일방적이고 주종(主從)의 관계로 이루어졌다고 해도 과언이 아니다. 설령 인본주의(Humanism)를 말한다 하더라도 오히려 신의 개념이 배재된 인간이성의 독존시대이며 신과 인간의 상호관계를 전제한 것이 아니라고 본다. 따라서 인간의 참된 가치는 선천에서 볼 때 언제나 미숙하고 신의 권위에 미치지 못하는 열등한 역사를 지니고 있는 것이다. 하지만 후천은 신과 인간의 관계가 획기적으로 전환된 시대이다. "천존과 지존보다 인존이 크니 이제는 인존시대라. 마음을 부지런히 하라."(교법2장56절)는 가르침에서도 알 수 있듯이 후천의 인존시대는 인간이 성숙되고 완성되는 인간존엄의 극치를 누리는 시대이다. 여기서 '인존(人尊)'은 결코 신이 배제된 개념이 아니다. 오히려 철저히 신의 권위가 보존되고 그러한 신이 인간과 조화(調化)를 이루는 신인(神人)합덕(合德)의 경지를 말한다. '조화(調化)'는 '조화(調和)'와 '조화(造化)'의 합성으로 본다. 즉 상호 이질적인 관계에 놓여 있는 신과 인간이 서로 만나서 어우러지고(調和), 완전히 새로운 존재로서의 신인(神人)으로 탄생하는 것(造化)이 바로 조화(調化)이다. 이러한 조화를 가능하게 하는 역사가 곧 '천지공사'인 것이다. 따라서 신인조화(神人調化)의 진리는 선천의 세계에서는 전혀 도달될 수 없는 새로운 차원이며 오직 천지공사에 의해 주어지는 미래지향적인 가치를 보여주고 있는 것이다.

'해원상생(解冤相生)'에서 '해원'은 선천의 세계에서 결코 이룩할 수 없었던 부정적인 역사의 전 과정을 보여준다. 인간 사물은 상극이 지배한 상호관계에서 원(冤)이 누적되는 역사를 살았으며 스스로 해결할 수 없는 전 우주적인 고리를 형성하게 되었다고 본다. 일시적으로 특정관계에서의 '원'이 한 때 해소되었다고 말할 수는 있지만 근본적인 해소는 불가능하며 얼마든지 또 다른 '원'을 양산시켜 왔던 것이 바로 선천세계였다. 모든 만물의 상호 유기적인 관계에서 볼 때 '원'은 이미 선천세계를 잠식한 전 우주적인 문제였던 것이다. 선천을 지배한 상극원리로는 더 이상 '결원(結冤)'을 막을 수 없으며 결국 진멸지경에서 헤어 나오기 위해서는 그 연결고리를 끊는 것이 중요하다. 따라서 '해원'은 부분적이 아닌 전체적이고 우주적인 차원에서 이루어져야 하며 그러기 위해서는 우주적 지배원리를 바꾸는 것이 필요하다. 여기에서 '상생'이 거론되며 선천과는 전혀 다른 새로운 차원의 세계를 맞이하게 된다. 즉 상생은 근본적으로 해원을 위한 방법론이며 다시는 원을 발생시키지 않는 영원한 평화의 이념이다. 원이 맺힌 세계를 근본적으로 뜯어고치며 인간 사물이 오직 서로를 위하여 덕을 베푸는 생활을 하는 이상적인 세계가 바로 후천인 것이다. 해원상생의 진리는 이런 점에서 미래지향적인 가치를 지닌다고 본다.

'도통진경(道通眞境)'은 앞에서 언급한 세 가지의 종지이념이 인간과 세계에 걸쳐서 총체적으로 구현된 경지를 말한다. 이른바 음양이 합덕하고 신인이 조화하며 해원하여 상생하는 세계가 바로 도통진경이다. 인간은 자기완성을 이룬 상태에서 인존의 경지를 누리며, 세계는 상서로운 자연과 신명이 화락(和樂)하는 지상천국이 건설되는 것이다. 기성의 전통종교에서는 '대동세계' '극락정토' '천당' 등과 같이 그 종교의 목적을 설정하여 이상세계를 제시한 바 있다. 하지만 이러한 개념은 선천의 종교라는 한계 내에서 일컬어지는 제한적인 것이다. 『전경』에 의하면 "공자(孔子)는 칠십이 명만 통예 시켰고 석가는 오백 명을 통케 하였으나 도통을 얻지 못한 자는 다 원을 품었도다. 나는 마음을 닦은 바에 따라 누구에게나 마음을 밝혀 주리니…"(교운 1장 34절), "도통은 이후 각기 닦은 바에 따라 열리리라"(교운 1장 33절)라고 하여 도통의 보편성을 말하고 있다. 즉 도통은 역사적인 제한이 없으며 특수한 인물에 국한되는 것이 아니다. 후천을 맞이하는 인간은 누구나 도통할 자격이 있으며 모든 사람에게 주어지는 보편적인 경지이다. 왜냐하면 후천은 곧 세계적인 도통진경이기 때문이다. 도통진경에는 물론 자연세계도 포함된다. 이 같은 도통진경은 끊임없이 원이 누적되어온 선천에서는 불가능하였으며 오직 천지공사에 의해서 새롭게 지어져야만 가능한 세계이다. 따라서 '도통진경'은 선천세계에서는 도달될 수 없는 완전히 새로운 세계를 가리키며 천지공사의 역사에 입각해서 후천을 묘사하는 미래지향적 진리임을 표방하고 있는 것이다.

이상에서 살펴본 바와 같이 대순진리회 신앙은 그 진리적인 측면에서 미래지향적인 가치를 지니고 있음을 알 수 있다.

3. 자력과 타력신앙의 조화

대순진리회 신앙은 실천적인 면에서도 하나의 특징을 드러내고 있다고 하겠는데 그것은 바로 자력(自力)적인 면과 타력(他力)적인 면이 공존하고 있다는 점이다. 하나의 신앙에 대해서 자력적인 특징을 지닌다 함은 그 종교적 구원의 힘이 근본적으로 인간 자신에게 주어져 있다는 논리를 말하며, 이에 비해 타력적이라 함은 인간 스스로의 힘보다는 어떤 절대적인 타자(他者)의 힘에 의존하는 것을 말한다. 이러한 신앙적 전통은 궁극적 실재에 대한 이해의 태도를 살펴볼 때 개별 종교의 역사에서 다양하게 나타났다고 볼 수 있다. 대표적으로는 동양종교로서의 유교나 불교에서 자력적인 요소가 강한 반면, 서양종교로서의 유대교, 기독교, 이슬람교 등에서는 타력신앙의 특징이 두드러진다. 유교사상에서 전개된 천인합일(天人合一)의 도덕론이나 불교에서의 성불(成佛)은 모두 인간의 마음속에 내재한 본연적인 성품의 자각을 위주로 하는 것이다. 유대교나 기독교에서의 여호와 하느님은 인간을 창조한 절대자이며 피조물인 인간은 오직 신의 의지와 사랑에 의해서만 구원받을 수 있다고 본다. 물론 자력과 타력이라는 개념은 개별 종교의 발전과정에서 상호 교차되는 특징도 보인다. 원시유교나 대승불교(정토교)에서는 타력적인 세계관을 지니고 있으며, 중세 카톨릭의 자연법사상이나 개신교의 일부 교파(예를 들면 Quaker)에서는 자력적인 요소를 보여주고 있다. 하지만 이와 같은 특징은 개별종교 전통의 사상적 원형을 유지하는 차원에서 전개된 것이며 그 본질이 바뀐 것이라고 볼 수는 없다. 따라서 전통종교는 저마다의 신앙적 특징을 지니고 있으며, 자력과 타력 중 어느 하나의 축에 중심을 두고 있다고 하겠다. 한편 대순진리회 신앙은 기성종교와 달리 자력과 타력의 경계가 엄격하지 않으며 오히려 완벽한 조화의 경지를 추구하고 있다는 점에서 그 특징을 찾을 수 있다는 것이다.

『전경』의 다음 구절은 대순신앙이 지닌 자력적인 특징을 여실히 보여주고 있다.

하늘이 비와 이슬을 박하게 쓰면 반드시 만방에 원한이 있게 되고, 땅이 물과 흙을 박하게 쓰면 만물에 원한이 있게 되고, 사람이 덕화를 박하게 쓰면 만사에 원한이 있게 된다. 하늘의 작용(天用)과 땅의 작용(地用) 사람의 작용(人用)이 모두 마음에 달려있다. 마음이란 귀신의 추기이며 문호이며 도로이다. 추기(樞機)를 열고 닫고 문호(門戶)를 들락날락하며 도로를 오고가는 신에는 혹 선한 것도 있고 혹은 악한 것도 있다. 선한 것은 스승으로 삼고 악한 것은 고쳐 쓴다. 내 마음의 추기와 문호와 도로는 천지보다도 크다.[12]

윗글에서 보면 인간이 지니고 있는 마음은 신(神)이 왕래하는 길이며 천지를 통제관장하는 중추기관이다. 이로써 인간은 자신의 덕을 닦고 마음을 올바르게 가지는 데서 인간완성을 이루고 수도의 목적인 도통을 달성할 수 있다. 또한 도통은 이후 각기 닦은 바에 따라 열린다고 하였다.[13] 여기서 인간의 마음을 닦는 자신의 수양적인 태도가 강조되는 것은 인간의 내면성에 대한 자각과 그 가치의 실현을 추구하는 것에 다름 아니다. "천존과 지존보다 인존이 크니 이제는 인존시대라. 마음을 부지런히 하라."(교법2-56)는 교법처럼 인간의 자발적인 능력이 특별히 부각되고 있는 것이다. 이처럼 인간 본성의 실현을 통해 가장 이상적인 인간상을 이룬다는 정신은 신앙의 자력적인 측면에서 분명한 축을 지니고 있음을 보여주는 것이라 하겠다.

다음은 『전경』 구절에 있어서 타력적인 요소를 지니고 있는 부분이다.

---

12 『典經』 행록 3장 44절 "…天用雨露之薄則必有萬方之怨 地用水土之薄則必有萬物之怨 人用德化之薄則必有萬事之怨 天用地用人用統在於心 心也者鬼神之樞機也門戶也道路也 開閉樞機出入門戶往來道路神 或有善或有惡 善者師之惡者改之 吾心之樞機門戶道路大於天地"
13 『典經』 교운 1장 33절, 교법 1장 29절 참조.

그 삼계공사는 곧 천·지·인의 삼계를 개벽함이요 이 개벽은 남이 만들어 놓은 것을 따라 하는 일이 아니고 새로 만들어지는 것이니, 예전에도 없었고 이제도 없으며 남에게서 이어 받은 것도 아니요 운수에 있는 일도 아니요 다만 상제에 의해 지어져야 되는 일이로다.[14]

그리하여 상제께서 이 세상에 탄강하여 하늘도 뜯어고치고 땅도 뜯어고쳐서 신명이 사람에게 드나들 수 있게 하시고 세상에서 버림을 받은 자들을 찾아 쓰고 모든 것에 운을 붙여 쓰기로 하셨도다. 이것은 삼계를 개조하기 위함이로다.[15]

윗글에서 보면 천·지·인 삼계공사는 오직 구천상제에 의해서 새로 만들어지는 전 우주적인 개벽공사이며, 실제로 상제께서 탄강하시어 하늘도 뜯어고치고 땅도 뜯어고치며 사람도 개조하여 새로운 세상을 열게 되었다고 한다. 즉 새로운 천지로서의 후천은 인간의 자발적인 힘보다는 오직 상제에 의해 지어져야 하는 유일하고 절대적인 권능의 역사를 배경으로 하고 있는 것이다. 이로써 보면 인간의 구원 가능성은 모두 강세하신 상제의 존재와 그 역사가 없이는 불가능하다. 또한 '수도(修道)'라고 하는 개념도 여기서는 타력적인 신앙을 전제로 한 종교활동으로 볼 수 있다. 따라서 대순신앙에서의 타력적인 요소는 바로 그 신앙대상에 해당하는 구천상제의 존재에 대한 설명이며, 상제께서는 유일하고 인격적인 성격을 지니고 모든

---

[14] 『典經』 예시 5절.
[15] 『典經』 예시 7절.

인간 사물의 존재기반이 됨으로써 필연적이며 영원한 가치를 지닌다고 하겠다.

이상에서 살펴본 바와 같이 대순신앙은 자력과 타력의 요소를 모두 공유하고 있음을 알 수 있다. 자력적인 관점에서 보면 대순신앙은 오직 인간의 마음이 궁극적인 실재가 되어 이법(理法)적이고 규범(規範)적인 대상을 어떻게 체득하느냐가 관건이 된다. 반면에 타력적인 관점에서 보면 강세하신 구천상제의 존재에 대한 믿음이 강조되어 인간으로서 상제님과의 인격적인 관계를 어떻게 회복하느냐가 수행의 관건이 된다. 이처럼 자력과 타력은 하나의 신앙에 있어서 서로 양립하기 힘든 개념인데도 불구하고 대순신앙에서는 뚜렷이 양립함과 동시에 조화를 이루고 있는 것을 볼 수 있다. 대순신앙의 이와 같은 특성에는 자력과 타력이 지니는 가치를 공히 인정하고 신과 인간이라는 종교적 관계를 이상적으로 통합하는 정신이 담겨있다. 『전경』의 다음 구절은 이에 대한 단서를 제공한다.

> 사람마다 그 닦은 바와 기국에 따라 그 사람의 임무를 감당할 신명의 호위를 받느니라. 남의 자격과 공부만 추앙하고 부러워하고 자기 일에 해태한 마음을 품으면 나의 신명이 그에게 옮겨가느니라.[16]

즉 신은 인간과 분리되어 존재하지 않는다. 오히려 인간의 활동과 더불어 존재하는 상호 의존과 작용의 관계이며 적극적인 조력관

---
16 『典經』 교법 2장 17절.

계이다. 이른바 '상생(相生)'은 신과 인간의 상호관계를 규정하는 개념이 될 수도 있다. 여기서 신은 신으로서의 권위와 능력을 지니고 있어야 하며, 인간 또한 주체적이고 소통 가능한 기관으로서의 마음을 지니고 있어야 한다. 신과 인간이 이렇게 자신의 존재를 긍정하고 서로를 필요로 하는 관계에서 하나의 결합을 이룰 때 자력과 타력은 더 이상 두 가지가 될 수 없으며 하나의 원만한 존재 내에서 이상적인 경지를 보여줄 수 있을 것이다. 대순진리회 종지에서 주창된 '신인조화(神人調化)'의 경지는 바로 이러한 점에서 자력과 타력신앙이 조화를 이룬 이념임을 실감케 하고 있다.

4. 경전의 통전적 성격

대순진리회 신앙의 토대를 이루고 모든 교화(敎化)의 경전적 근거가 되는 것이 『전경(典經)』이다. 『대순지침』에도 언급된 바 있듯이 "대순진리는 『전경(典經)』을 근본으로 하여 참다운 도인이 되도록 교화하여야 한다"라고 하여 『전경』의 중요성을 강조한 바 있다. 『전경』은 대순진리회 신앙체계에 있어서 신앙의 소의경전(所依經典)으로서 언제나 수지(受持) 봉송(奉誦)해야만 한다. 다시 말해서 전경은 신앙 대상이신 구천상제님의 역사와 말씀을 기록한 책이며 그 종통계승의 정통성을 담고 있는 책이다. 이러한 『전경』에 대하여 그 내용을 살펴볼 때 대순진리회 신앙의 특징적인 면을 드러내고 있다고 본다. 그것은 바로 하나의 경전으로서의 신성한 면과 함께 제종교의 경전에 대한 통전적(統全的, Holistic) 성격을 지니고 있다는 점이다. 『전경』 의 통전성(統全性)은 그것이 추구하는 전일적(全一的)적인 가치를 밝히기 위해 주요 종교의 전통을 두루 통합하고 있는 데서 알 수 있다. 이것은 단순한 혼합이 아니라 『전경』의 온전함을 드러내기 위한 방편이며 궁극적 진리로 인도하기 위한 표현양식으로 이해된다. 따라서 대순진리회 신앙의 주된 특징으로써 『전경』의 통전적 성격에 대하여 고찰해 볼 필요가 있다.

『전경』에서 거론되는 주요 종교로서는 유(儒)·불(佛)·선(仙)이 있다. 이 세 가지 종교전통은 동양의 삼교(三敎)사상을 발생시켰으며 아울러 모든 종교문화를 대변하는 것으로 본다. 물론 기독교나 무속도 전래되었지만 앞의 세 가지를 통하여 모든 종교를 유형(類型)화시키고 있다. 다음의 『전경』 구절은 이를 잘 나타내주고 있다.

> 상제께서 六月 열흘께는 심기가 불편하셔서 동곡으로 돌아오시는 길에 청도원 김 송환의 집에 들러서 유숙하시니라. 마침 신경원이 상제를 배알하기에 상제께서 그에게 "네가 올 것을 알고 있었다" 하시고 양지 한 장을 주어 유(儒)·불(佛)·선(仙) 석 자를 쓰게 하시니라. 상제께서 유자 곁에 이구(尼丘), 불자 곁에 서역(西域), 선자 곁에 고현(古縣)이라 쓰시고 그 양지를 불사르셨도다. 상제께서 동곡 약방에 가셔서 모든 종도들에게 六月 二十일에 모이라고 통지하셨도다.[17]

---

17 『典經』 행록 5장 20절.

佛之形體 仙之造化 儒之凡節

道傳於夜天開於子 轍環天下虛靈

敎奉於晨地闢於丑 不信看我足知覺

德布於世人起於寅 腹中八十年神明[18]

위의 인용구에 의해서 살펴보면 일단 유·불·선은 종교적 전형(典型)이 되며 저마다의 가치와 특징을 지니고 있다. 첫 번째 인용문에서 유(儒)는 이구(尼丘), 불(佛)은 서역(西域), 선(仙)은 고현(古縣)에 대응하고 있다.[19] 발생한 지역과 중심인물은 다르지만 모두가 성(聖)의 가치를 구현하기 위하여 뭇사람들을 교화하는 데 목적이 있었다.[20] 이어서 그 종교적 역할의 면에서 각각 일익을 담당하였으니, 불교는 형체(形體)에, 선교는 조화(造化)에, 유교는 범절(凡節)에 그 핵심 가치가 놓여 있다고 본다. 또한 고사(古事)에 있어서 철환천하(轍環天下)는 유교적 가르침의 노력을 말하며, 이는 허령(虛靈)으로써 진리를 설명하였다.[21] 불신간아족(不信看我足)은 불교적 가르침의 노력

---

18 『典經』 공사 3장 39절.
19 '이구(尼丘)'는 유교의 창시자 공자의 이름이면서 공자가 태어난 마을의 뒷산 이름이기도 하다. 공자의 모친이 이 산에 가서 기도하여 공자를 얻었다고 한다. '서역(西域)'은 고대에 중국이 불교의 발상지인 인도지역을 일컫은 말이다. '고현(古縣)'이란 옛 고을이라는 뜻으로, 과거에는 융숭했지만 그 지역의 기운이 다하여 지금은 찾아보기 힘든 것을 말한다. 이는 고대에 지배했지만 지금은 찾아보기 힘들다는 뜻으로 고선도(古仙道)가 있었음을 암시한다.
20 『典經』 행록 5장 38절 "…西有大聖人曰西學 東有大聖人曰東學 都是敎民化民"
21 '철환천하'는 공자가 그의 제자들을 거느리고 중국 일대를 돌아다니며 제후들을 설득하고 교화한 역사를 일컫는다. '허령(虛靈)'은 유교경전『大學集註』에 주자가 "明德者, 人之所得乎天, 而虛靈不昧, 以具衆理而應萬事者也"라고 한데서 근거를 찾을 수 있다. '허령(虛靈)'은 곧 인간이 지닌 천부의 본성에 대한 설명으로서 누구나 성인이 될 수 있는 마음의 본체를 말하며 이를 명덕이라고 하였다. 유교적 성인의 교화근거가 되는 것이다.

으로서, 지각(知覺)으로 진리를 설명하였고,[22] 복중팔십년(腹中八十年)은 선교(仙敎)적인 모습으로서, 신명(神明)이라는 말로 진리를 설명하였다.[23] 이러한 종교들이 역사에 걸쳐서 단계별로(子→丑→寅)나타났고 각각 천(天)·지(地)·인(人) 삼재(三才)와 같이 개별적인 가치를 지니면서도 다 같이 허령·지각·신명으로 묘사되는 인간의 공통된 성스러운 본체를 강조하였다고 보는 것이다.[24]

그렇다면 대순진리회 『전경』에서 추구하는 통전적 성격의 본질은 어디에 있는가. 그것은 바로 삼교(三敎)가 '관왕(冠旺)'의 경지에서 화합하고 온전해지는 것에 있다고 할 것이다. 다음의 『전경』 구절을 살펴보자.

受天地之虛無 仙之胞胎

受天地之寂滅 佛之養生

受天地之以詔 儒之浴帶

---

[22] '불신간아족'은 석가 입멸 후 제자들이 스승의 죽음에 대해 서글피 우니 관에서 석가의 발이 움직여 나옴으로서 불교에 대한 믿음을 가지게 하였다는 고사이다. '지각(知覺)'은 불교가 추구하는 깨달음의 활동이며 또한 누구나 지니고 있는 불성을 자각하여 해탈하는 것이 불교의 목적이기도 하다.

[23] '복중팔십년'은 노자의 일화로서 태어날 때 어미 뱃속에서 80년을 지내다가 태어남으로써 이미 백발노인이었고 모든 것을 깨달은 상태에 있었음을 뜻하는 고사이다. '신명(神明)'에 관해서는 장자(莊子) 전반에 자세히 언급되어 있다. 대표적으로는 다음의 구절을 들 수 있다. "今彼神明至精, 與彼百化, 物已死生方圓, 莫知其根也, 扁然而萬物自古以固存"(『莊子』, 知北楚, 第22)라고 하여, '신명'은 지극히 정밀하므로 어떤 대상으로도 변화가 가능하며, 모든 만물의 모양과 생사변화의 근원이 된다. 전 우주에 가득 차 있고 오랜 옛날 본래부터 존재한 만물의 본체인 것이다.

[24] 『中庸』에는 "心之虛靈知覺, 一而已矣"(中庸章句 序)라고 하여 마음의 허령과 지각은 하나(같음)라고 하였다. 또 『孟子』에는 「盡其心者, 知其性也. 知其性, 則知天矣」(盡心章句上)라고 하고, 朱子 注에 「心者, 人之神明, 所以具衆理而應萬事者也」라고 하여 마음은 곧 사람의 신명이라고 하였다. 따라서 허령과 지각과 신명은 모두 인간의 마음을 묘사하는 말이라고 볼 수 있다.

冠旺

兜率虛無寂滅以詔[25]

위의 한문구절은 삼교에 관한 본질과 그 역사적 단계를 밝히고 이어서 '관왕(冠旺)'과 '두솔(兜率)'이라고 하는 두 단어를 통해서 대순신앙이 삼교를 포함하고 새로운 의미를 전달하고자 하는 것을 엿볼 수 있다. 이를 분석하기 위해서는 우선 '관왕'과 '두솔'에 대한 의미부터 고찰할 필요가 있다.

먼저 '관왕'의 의미는 여러 발전단계 중의 하나로서 그 최고 정점에 위치한 경지를 일컫는 말이다. 『전경』에서는 이러한 발전단계를 총 12개로 나누고 천지의 쓰임이라고 불렀다. 즉 포(胞)→태(胎)→양(養)→생(生)→욕(浴)→대(帶)→관(冠)→왕(旺)→쇠(衰)→병(病)→사(死)→장(葬)은 천지의 용(用)으로서 모든 만물의 생겨남과 사라짐을 규정하는 원리이다.[26] 인간이 만들어지고 태어나서 성장하고 늙어 죽는 과정도 여기에 속한다. '포태'에서는 무(無)로부터 유(有)로의 과정으로서 없던 인간이 새로 만들어져 하나의 태아로 형성된 단계이다. 이는 곧 조화(造化)의 현상이라고 볼 수 있다. '양생'에서는 각각 구체적인 몸체가 자라고 형성되면서 일정한 형태를 띠게 되는 과정이며 완전히 몸체를 갖추었을 때 세상 밖으로 태어나게 된다. 이는 곧 형

---

[25] 『典經』 교운1장 66절.
[26] 『典經』 제생 43절, "…天地之用 胞胎養生浴帶冠旺衰病死葬而巳, 養則收藏處 藏則出用處 觀其收藏出用之物 以致出也…" 여기서 12단계는 전통적으로 동양의 역학(易學) 특히 명리학(命理學) 분야에서 인생의 길흉단계를 설명할 때 사용되어온 용어들이다.

체(形體)의 현상이며 이러한 형체는 하나의 근본 태아에 이미 그 분화의 가능성을 담고 있다고 본다. '욕대'에서는 태어난 인간이 다른 사람과 관계를 맺고 사회생활을 하기 위한 교육을 받는 단계이다. 이 과정에서 필요한 것이 범절(凡節)인데, 이는 원만한 인간관계를 위해 배워야 할 가르침이면서 다양한 절차 요령에 해당한다. 그 다음 단계로서의 '관왕'은 완전한 인격을 갖춘 성숙한 성인으로서 자신의 지위를 가지고 왕성하게 자신의 역할을 다하는 모습을 일컫는다. '쇠병사장'은 그 왕성함이 다하여 쇠약해지고 병들고 죽어서 다시 천지의 근원으로 돌아가는 과정이다.

이상의 설명을 토대로 '관왕'과 이전의 '포태' '양생' '욕대'와의 관계를 고찰하면 우선 이 모든 성장과정은 하나의 인간이 그 모습을 달리하면서 자라나는 현상을 말한다. 즉 인간적 본질은 변함이 없되 지적 성숙의 정도나 처세하는 면에서는 완전히 다른 인간이다. 인간으로서 완전한 모습을 보이기 위해서는 이러한 관왕에 이르러야 하며 또한 관왕에 이르기 위해서는 그 이전의 과정을 반드시 거쳐야만 한다. 이를 개별 삼교와의 관계에 적용하면 다음과 같다. 선(仙)은 '조화'로서 포태의 단계에 해당하고, 불(佛)은 '형체'로서 양생의 단계에 속하며, 유(儒)는 '범절'로서 욕대의 단계에 속한다고 하였다. 그렇다면 '관왕'으로서의 종교는 이러한 '선' '불' '유'와 단절된 것이 아니고 이미 그 속에 과정으로써 내포되어 있으며, 과정을 거쳐 현실적으로 성숙된 새로운 차원의 모습을 지향하는 것이다.[27] 그 '새로움'이

---

[27] 이는 마치 화이트헤드의 과정철학적 사유와도 연관시켜 생각해 볼 수 있다. 화이트헤드 철학에 의하면 '과정'이란 '多者(many)'로부터 '一者(one)'에로의 창조적 진전이

란 다름 아닌 새로운 현실문제에 처하여 그에 걸맞은 새로운 사상과 실천을 제시하는 것이다.

'관왕'의 의미와 아울러 '두솔(兜率)'의 의미에 대해서도 살펴보면 다음과 같다. 첫째, 두(兜)는 중국식 한자옥편에서 찾아보면 동사로서 ①싸다, 품다 ②에워싸다, 둘러싸다 ③몽땅 틀어쥐다, 독점하다 ④책임지다 등의 뜻이 있다.[28] 이를 '거느릴 솔(率)'자와 관련하여 해석하면 '모두 품어 거느린다'가 된다. 한편 '도솔'은 불교사상에서 '도솔천(兜率天)'의 약칭으로 부르면서 '두'를 '도'로 읽고 하나의 고유명사로 취급하였다. 이때 '도솔천'은 산스크리트어 〈tuṣita〉의 음역(音譯; 음을 빌려 한자로 나타낸 것)으로서 '미륵보살의 정토가 있는 곳'을 가리킨다.[29] 따라서 '도솔천'에서의 '도솔'은 원래 번역이 불가능하다. 하지만 위의 인용문에 나타난 '두솔'은 '허무적멸이조'와 함께 하나의 문장을 이루고 있으므로 한문식 문법으로 번역이 가능한 구조이다. 번역하자면 '허무와 적멸과 이조를 모두 품어 거느리다'가 된다. 그렇다면 이 문장은 앞의 '관왕'이 의미하는 종교적 경지를 부연 설명한 것으로 볼 수 있는 것이다.

요약하면 관왕은 곧 포태와 양생 그리고 욕대를 거쳐 성숙된 창조적 완성의 경지이다. 그 종교적 경지를 설명하면 선(仙) 불(佛) 유

다. 여기서 일자는 그것을 탄생시킨 다자와는 별개의 것으로서의 새로운 존재이며, 이렇게 해서 생겨나는 새로운 다자는 계속해서 새로운 일자들을 탄생시키게 된다고 한다. 〈다자〉와 〈일자〉 사이의 이와 같은 규칙적인 순환적 변화가 곧 과정이다. (오영환 역, A.N.화이트헤드 저, 『과정과 실재』, 민음사, 1991, p.613 참조)

[28] 『中韓辭典』, 고려대 민족문화연구원, 2006 ; 한국 한자옥편에서는 ①투구 ②두건 ③미혹함 등으로 나오지만 이러한 내용만으로는 그 본래의 뜻을 파악하기 어렵다.
[29] 이 때 사용된 한자가 兜 또는 都 인데, '兜率'이라고도 하고 '都率'이라고도 한다.

(儒)를 모두 포함하고 이를 종합적으로 거느린다는 것이다. 말하자면 대순진리회 신앙의 경전에서 다루는 종교적 이념과 그 실천적 내용은 선(仙)의 조화(造化)와 불(佛)의 형체(形體), 유(儒)의 범절(凡節)이 서로 조화(調和)를 이루는 것을 나타낸다. 이 세 가지가 정족(鼎足)이 되어 새로운 차원의 진리를 떠받히고 있다는 점에서 대순진리는 통전적 성격을 지니며 아울러 『전경』은 그 특징을 담고 있는 유일한 신앙의 경전이라고 하겠다.

찾아보기

ㄱ

갑골문(甲骨文)　27, 28, 29, 41, 182
강륜(綱倫)　129, 130, 131
강문회(姜文會)　68
개벽공사(開闢公事)　21, 85, 139, 282, 283, 309
개벽장(開闢長)　80
건곤(乾坤)　121, 122, 137, 207
고헌(古懸)　312, 313
공생(共生)　220, 236, 237, 238, 239, 240
곽말약(郭沫若)　30
관아(官衙)　99
관장(官長)　99
광구천하(匡救天下)　7, 16, 70, 73, 74, 82, 96, 279, 300
구제창생(救濟蒼生)　90
국사(國史)　32, 33
국시(國是)　92
궁극적 실재(窮極的 實在)　14, 17, 19, 39, 205, 206, 207, 240, 306
권능(權能)　15, 21, 22, 25, 48, 51, 64, 66, 76, 77, 80, 85, 97, 105, 132, 139, 140, 143, 151, 156, 173, 242, 287, 288, 290, 294, 300, 309
권양덕(權良德)　68
귀신(鬼神)　38, 39, 47, 48, 248, 307
규범(規範)　310
근기(根機)　299
금강산(金剛山)　94, 107, 152, 282
기독교(基督敎)　13, 18, 200, 201, 275, 306, 307, 312
기운(氣運)　40, 79, 103, 104, 106, 107, 122, 151, 165, 168, 175, 207, 210, 211, 281

ㄴ

노자(老子)　224, 226, 296
논어(論語)　205
누멘(numen)　186
니체(Nietzsche)　200, 201

ㄷ

대대(待對)　224, 227, 228, 235, 248, 249, 274, 302
대덕(大德)　223, 253
대동세계(大同世界)　209, 305
대월상제(對越上帝)　264
대중화(大中華)　135, 250, 282
도(道)　7, 17, 18, 40, 61, 64, 120, 138, 141, 162, 205, 206, 215, 226, 242, 243, 253, 261
도교(道敎)　18, 31, 205, 275
도덕경(道德經)　224
도력(道力)　89, 288
도법(道法)　128
도솔천(兜率天)　317
도수(度數)　21, 22, 46, 56, 81, 85, 92, 93, 97, 98, 99, 102, 104, 117, 122, 127, 128, 131, 133, 135, 137, 140, 141, 143, 164,

찾아보기　**319**

209, 214, 242, 243, 244, 253, 283, 285, 291, 302
도장(道藏) 275
도통(道通) 86, 87, 93, 109, 138, 140, 141, 249, 284, 291, 305, 308
도통진경(道通眞境) 5, 22, 91, 99, 119, 138, 139, 140, 141, 142, 300, 305, 306
도화낙원(道化樂園) 54, 99, 111, 291
동곡(銅谷) 70, 76, 113, 165, 166, 167, 312
동신제(洞神祭) 35
동이전(東夷傳) 33
동학(東學) 8, 67, 68, 71, 299
동학혁명(東學革命) 70

ㄹ

르상티망(Ressentiment) 199, 200, 201, 202, 203, 204
리(理) 18

ㅁ

마나(mana) 18
막스 베버(Max Weber) 202
막스 셸러(Max Scheler) 201, 202
만수(萬修) 106
만화도제(萬化度濟) 261
매화(埋火) 149, 153, 282, 283
면례(緬禮) 73, 74
명부공사(冥府公事) 21, 56, 97, 102, 103, 209, 211
목적(目的) 91, 255, 257, 259
무극도(無極道) 90, 91, 92, 119, 285
무신론(無神論) 14
문명신(文明神) 43, 52, 53, 57, 58, 127, 141, 157
문호(門戶) 47, 48, 307, 308
문화다원주의(文化多元主義) 220
물신(物神) 59

물화(物貨) 109, 117, 118, 145
미수(眉叟) 77

ㅂ

방편(方便) 297
범신론(汎神論) 40
범재신(汎在神) 303
범절(凡節) 313, 316, 318
법(法) 18
법론(法論) 118
법화경(法華經) 297, 298
불교(佛敎) 163, 205, 275, 295, 297, 298, 299, 306, 307, 313, 317
불타관(佛陀觀) 295

ㅅ

사강령(四綱領) 91, 256, 257
사명당(四明堂) 107
사서오경(四書五經) 275
산신(山神) 35
삼계대권(三界大權) 12, 21, 289, 294, 295
삼계대순(三界大巡) 66
삼국(三國) 31, 32
삼상(三相) 122
삼요체(三要諦) 91, 256, 261, 263, 264, 267
삼재(三才) 100, 111, 162, 314
상극지리(相克之理) 98, 131
상도(常道) 21, 52, 55, 58, 60, 63, 64, 80, 82, 97, 157, 206, 209, 294
상생(相生) 21, 22, 23, 56, 97, 98, 125, 132, 133, 145, 146, 209, 213, 214, 215, 216, 217, 218, 219, 220, 221, 222, 224, 225, 226, 227, 228, 229, 230, 231, 232, 235, 236, 238, 239, 240, 241, 242, 243, 244, 245, 247, 249, 250, 252, 253, 254, 269, 270, 285, 301, 302, 305, 311

상통천문(上通天文) 140, 141
서기(書記) 32, 33
서역(西域) 312, 313
서화담(徐花潭) 232
선천(先天) 21, 23, 54, 55, 56, 57, 60, 61, 62, 63, 64, 75, 78, 81, 82, 83, 85, 96, 97, 98, 101, 104, 106, 107, 109, 110, 111, 112, 116, 117, 122, 125, 126, 130, 131, 132, 137, 143, 145, 209, 211, 213, 214, 215, 241, 242, 243, 244, 245, 246, 247, 250, 252, 253, 254, 291, 300, 301, 302, 303, 304, 305, 306
설문해자(說文解字) 30, 182, 192, 195, 222, 223
성경(聖經) 275
성불(成佛) 205, 307
성육(成肉) 299
성인(聖人) 63, 64, 166, 252, 253, 296, 316
성현(聖賢) 295
소중화(小中華) 249, 282
손자병법(孫子兵法) 227
수기(水氣) 105, 106, 283
수도(修道) 91, 141, 256, 259, 260, 261, 266, 267, 273, 284, 285, 308, 309
순일무위(純一無僞) 262
시바(Siva) 18
식혜(食醯) 134, 169, 171
신격(神格) 20, 47, 48, 51, 129, 260, 294
신도(神道) 46, 52, 54, 58, 60, 97, 98, 132, 133, 145, 157, 209, 211, 214, 215, 216, 243
신력(神力) 74, 76, 78
신명계(神明界) 11, 37, 39, 45, 51, 52, 53, 58, 60, 63, 64, 74, 82, 84, 102, 144, 157, 163, 286
신시(神市) 152
신인불이(神人不二) 113
신인의도(神人依導) 99
신인조화(神人調化) 5, 22, 50, 91, 99, 119, 128, 129, 130, 132, 142, 300, 303, 304, 311

신인합본(神人合本) 129
신인합일(神人合一) 113
신조(信條) 15, 91, 92, 95, 255, 256, 258, 261
신통자재(神通自在) 287, 295
심령(心靈) 261

ㅇ

알라(Allah) 18
야훼(Yahweh) 18
양심(良心) 257, 258, 269, 271, 272
언덕(言德) 268, 269, 272, 287
연운(緣運) 118
영(靈) 38
예지(叡智) 287, 288
오상(五常) 174, 175
오행(五行) 174, 231, 235, 240
왕필(王弼) 225
용비어천가(龍飛御天歌) 36
우사(雨師) 43, 151
우암(尤庵) 77
웅패(雄覇) 252, 253, 284
원대(怨懟) 184
원울(冤鬱) 15, 99, 111, 184
원체(冤滯) 184
원초(冤楚) 184
원한(怨恨) 61, 62, 182, 183, 192, 193, 203, 210
유기(留記) 32, 33
유력(遊歷) 25, 66, 70
유신론(有神論) 14, 299
율령(律令) 118
음양조화(陰陽調和) 120, 125, 127
음양합덕(陰陽合德) 5, 22, 91, 99, 119, 120, 126, 127, 128, 129, 142, 270, 300, 302, 303
이구(尼丘) 312, 313
이마두(利瑪竇) 51, 57, 58, 103, 157, 163
이법(理法) 99, 310

이슬람(Islam)　13, 18, 275, 306
이윤(伊尹)　85, 122, 283
이율령(二律令)　259
이적(異蹟)　22, 74, 76, 78, 275, 278, 279
인덕도수(人德度數)　92
인본주의(人本主義)　303
인신(人神)　42, 66
인존(人尊)　47, 48, 110, 112, 113, 114, 129, 130, 141, 156, 190, 191, 268, 269, 300, 303, 304, 305, 308

ㅈ

자연신(自然神)　28, 42, 43
잠복도수(潛伏度數)　92
장풍(長風)　164
재겁(災劫)　295
재화(災禍)　21, 55, 97, 106, 209, 210, 213, 214, 215, 243
전국시대(戰國時代)　30, 31
정경(正經)　275, 277
정성(精誠)　259, 260, 261, 265, 287
정족(鼎足)　318
정토(淨土)　13, 317
제천(祭天)　35
조상신(祖上神)　28
종단(宗團)　7, 11, 12, 15, 24, 37, 90, 92, 93, 94, 95, 100, 119, 142, 255, 271, 276, 285, 294, 300
종도(從徒)　12, 20, 90, 92, 150, 154, 275, 277, 292
종장(宗長)　103, 109, 163
종지(宗旨)　7, 15, 22, 23, 91, 92, 95, 96, 119, 132, 142, 180, 182, 204, 218, 255, 256, 300, 302, 305, 311
종학(宗學)　11
주역(周易)　55, 120, 123, 160, 222, 223, 224, 234, 241, 302
주재신(主宰神)　51, 53
중용(中庸)　205

중찰인의(中察人義)　140, 141
중화(中和)　126
지각(知覺)　314
지기(地氣)　40, 103, 104, 105, 106, 117, 118, 137, 138, 139, 140, 148, 165, 190
지상선경(地上仙境)　7, 15, 16, 96, 111, 244, 293
지신(地神)　42
지존(地尊)　47, 48, 112, 129, 130, 156, 190, 191, 303, 308
진묵(震默)　103, 133, 148, 157, 163, 281, 282, 288
진실무망(眞實無妄)　262
진여(眞如)　18

ㅊ

천도(天道)　52, 58, 60, 63, 113, 123, 157, 262
천령(天靈)　34
천리(天理)　59, 85, 157
천신(天神)　33, 42, 44
천인합일(天人合一)　307
천제(天帝)　30, 33, 36
천존(天尊)　18, 21, 22, 44, 47, 48, 112, 129, 156, 190, 191, 303, 308
천하대순(天下大巡)　65, 66
최고신(最高神)　7, 11, 19, 20, 28, 30, 42, 44, 50, 51, 53, 54, 63, 64, 65, 67, 74, 75, 77, 78, 81, 143, 295, 299
최수운(崔水雲)　68, 78, 79, 103, 133, 150, 154, 163, 170, 178, 282, 299
추기(樞機)　47, 48, 307, 308

ㅋ

카시러(Cassirer)　146

ㅌ

탄강(誕降)　25, 66, 67, 68, 78, 88, 212, 278, 279, 285, 295, 309
태극(太極)　160, 161, 168, 224, 232, 233, 296
태허(太虛)　228, 229, 232, 233

ㅍ

풍유(諷諭)　22, 118

ㅎ

하달지리(下達地理)　140, 141
해원상생(解冤相生)　5, 7, 17, 22, 23, 91, 99, 119, 132, 142, 180, 182, 216, 254, 255, 266, 267, 269, 270, 271, 272, 273, 291, 300, 304, 305
해탈초신(解脫超身)　15, 22, 82
허령(虛靈)　313, 314
현무경(玄武經)　161, 175, 284
형체(形體)　313, 316, 318
호승예불(胡僧禮佛)　104, 105, 170
혼백(魂魄)　38
홍문관(弘文館)　88
화기(火氣)　106
화신(化身)　20, 75, 79, 82, 97, 110, 159, 295
황천(皇天)　30, 34
후천(後天)　21, 22, 23, 25, 54, 55, 56, 63, 75, 81, 85, 87, 96, 97, 98, 103, 110, 111, 112, 113, 115, 116, 117, 121, 126, 128, 130, 131, 132, 137, 138, 140, 141, 143, 150, 179, 209, 210, 213, 241, 242, 243, 244, 245, 246, 247, 250, 252, 253, 254, 282, 292, 295, 300, 301, 302, 303, 304, 305, 306, 309

■ **저자약력**

이경원(李京源)

- 1966년 부산 출생
- 부산대학교 졸업 (경제학사)
- 성균관대학교 유학대학원 졸업 (문학석사)
- 동국대학교 불교대학원 졸업 (문학석사)
- 서강대학교 신학대학원 졸업 (철학석사)
- 성균관대학교 대학원 한국철학전공 졸업 (철학박사)
- 미국 Claremont, Center for Process Studies 방문학자
- 미국 Institute for Signifying Scriptures 연구위원
- 한국종교학회 상임이사
- 한국신종교학회 감사
- 한국철학사연구회 학술이사
- 한국동양철학회 연구위원
- 대진대학교 대순종학과 교수 (1999~현재)

주요저서

* "한국 근대 천(天)사상 연구"(박사학위논문, 1999)
* 『한국철학사상가 연구』(공저) 서울: 철학과 현실사, 2002
* 『새로 쓰는 동학』(공저) 서울: 집문당, 2003
* 『동방사상과 인문정신』(공저) 서울: 심산, 2007
* 『한국철학사』(공저) 서울: 새문사, 2009
* 『한국의 종교사상』 서울: 문사철, 2010(2011년 학술원 우수도서)
* 『한국 신종교와 대순사상』 서울: 문사철, 2011

Lee Gyung-won
E-mail : leegw@daejin.ac.kr